논리력을 키우는

영어 글쓰기

이요안 지음

지은이 **이요안** yoanlee@sogang.ac.kr

미국 오하이오 주립대학교(The Ohio State University)에서 대화분석(conversation analysis)과 영어교육으로 박사 학위를 받았다. 미국 드폴대학교(DePaul University)에서 전임교수로 근무했고, 2007년부터 서강대학교 영문과 교수로 재직 중이다. 한국응용언어학회 회장을 역임했으며 현재 서강대학교 교무처장과 교수학습센터장을 겸임하고 있다. 미국 스펜서재단(The Spencer Foundation)과 한국연구재단의 대규모 연구과제를 다수 수주했고 현재는 융합연구과제의 연구책임자로서 '인간과 기계와의 실시간 대화'에 관한 연구를 수행하고 있다. 국제학술지에 논문을 꾸준히 발간했으며 국제저명학술지인 TESOL Quarterly의 편집위원을 거쳐 현재 System과 Classroom Discourse의 편집위원으로 활동하고 있다. 지난 2011년에 서강 글쓰기센터를 설립해 5년 동안 운영하면서 선진적인 튜터링 시스템과 전공 글쓰기(Writing Across the Curriculum)를 개발하고 이를 국내 여러 대학으로 확산시켰다. K-MOOC에 개설한 강좌인 〈논리적 영어 글쓰기〉는 블루리본 강좌로 선정되었고 2022년에는 교육부장관상을 수상했다. 저서로는 『분석 손석희 인터뷰』(박영사, 2021)가 있다.

논리력을 키우는 영어 글쓰기

초판발행 2023년 7월 28일

지은이 이요안 / **펴낸이** 전태호
펴낸곳 한빛아카데미(주) / **주소** 서울시 서대문구 연희로2길 62 한빛아카데미(주) 2층
전화 02-336-7112 / **팩스** 02-336-7199
등록 2013년 1월 14일 제2017-000063호 / **ISBN** 979-11-5664-660-0 93740

총괄 박현진 / **책임편집** 김평화 / **기획 · 편집** 임여울 / **교정** 윤미현
디자인 박정우 / **전산편집** 백지선 / **제작** 박성우, 김정우
영업 김태진, 김성삼, 이정훈, 임현기, 이성훈, 김주성 / **마케팅** 길진철, 김호철, 심지연

이 책에 대한 의견이나 오탈자 및 잘못된 내용에 대한 수정 정보는 아래 이메일로 알려주십시오.
잘못된 책은 구입하신 서점에서 교환해 드립니다. 책값은 뒤표지에 표시되어 있습니다.
홈페이지 www.hanbit.co.kr / 이메일 question@hanbit.co.kr

Published by HANBIT Academy, Inc. Printed in Korea

논리력을 키우는

영어 글쓰기

이요안 지음

English Writing & Logical Reasoning

한빛아카데미
Hanbit Academy, Inc.

입체적 사고를 길러주는 논리적 영어 글쓰기

필자는 20년이 넘는 기간 동안 미국과 한국에서 다양한 방법으로 영어 글쓰기를 지도해 왔습니다. 그중 가장 효과적인 방법은 학생과 마주 앉아서 글에 대해 대화하는 것이었습니다. 대화를 하면서 교수는 학생에게 자세한 피드백을 제공할 수 있습니다. 하지만 이러한 과정을 거치고도 글을 어떻게 수정해야 할지 막막하다고 토로하는 학생들이 많습니다. 이는 학생들이 글의 맥락에 맞게 피드백을 적용하는 과정을 보지 못했기 때문입니다. 이에 필자는 컴퓨터 화면에 학생의 글을 띄워놓고 학생과 대화하면서 그 글의 내용을 수정해 나갑니다. 이렇게 수정해 나가는 과정을 직접 확인하면 학생들은 글이 어떻게 논리적으로 연결되는지, 주장은 어떻게 입증할 수 있는지 등을 알게 되고, 글이 점차 완성되어 가는 과정을 체험하게 됩니다. 이런 작업을 거친 학생들은 최종적으로 훨씬 더 설득력 있는 글로 수정해 옵니다.

최근 생성형 AI와 같은 인공지능 기술로 인해 글쓰기의 효용성이 화두가 되고 있습니다. 그럼에도 불구하고 정보를 이해하고 다양한 지식을 종합하여 주장을 도출하는 입체적인 사고를 기르는 데 글쓰기만큼 효과적인 학습 방법을 찾기는 어렵습니다. 더군다나 글쓰기는 자아를 표현하고 사람 간의 유대감을 높이는 사회적·정서적 소통을 가능하게 하는 수단이기도 하기에 최선을 다해서 발전시켜야 하는 역량이기도 합니다.

이 책에서는 논리적으로 주장하는 글은 어떻게 작성하는지 그 방법을 제시합니다. '논리적'이라는 말은 문장과 문장, 그리고 문단과 문단이 연결되어 글 전체에 일관성이 보인다는 뜻입니다. 여기에 데이터나 사례를 통해 내용을 적절히 입증한다면 주장에 설득력이 실리게 됩니다.

하지만 이를 영어 글쓰기에 담아내기는 쉽지 않습니다. 특히 비원어민으로서 문장이나 문단을 연결하여 논리적이고 실증적인 글로 풀어내기란 여간 어려운 일이 아닙니다. 현재 영어 글쓰기 교재나 유튜브 등의 자료들이 내용보다는 어휘나 문법 등 영어 형식에 집중되어 있는 이유이기도 합니다.

이러한 상황을 감안하여 이 책에서는 아이디어를 생성해 이를 문장으로 표현하고, 더 나아가 문단으로 확장하면서 논리를 세워 나가는 학습 방법을 제시합니다. 논리를 세워 나가는 데 필요한 구성요소를 학습하고 이를 문장과 문단으로 쌓아 나가는 과정을 단계별로 시연합니다. 모니터에 글을 띄워놓고 학생과 대화하듯이 간단한 영어 문구에서 시작하여 문장을 연결하는 방법, 읽기 자료를 요약하고 주장을 입증하는 방법 등도 제시했습니다. 독자들은 이러한 과정을 통해 자연스럽게 초고를 작성한 후 이를 수정하는 과정을 거쳐 세련된 글을 만드는 경험을 하게 될 것입니다. 그리고 마지막 두 장에서는 문법이나 어휘 등 언어 형식을 수정하여 내용을 논리적으로 연결하는 방법도 자세히 설명합니다.

이 책에서 제시하는 방법은 필자가 미국 대학에서 5년간 원어민 학생들에게 학문적 글쓰기를 지도한 경험과 서강대학교에서 15년 이상 학생들을 지도하고 글쓰기센터를 설립하여 운영한 경험을 기초로 했습니다. 또한 연구 분야인 'Second language writing'과 'English Studies'의 주요 트렌디한 내용도 반영했으며 글쓰기나 수사학과 관련된 흥미롭고 다양한 내용도 담았습니다.

이 책의 내용은 온라인 공개강좌 서비스 K-MOOC에 개설된 〈논리적 영어 글쓰기〉와 연계되어 있습니다. 이 강좌는 고등학생, 대학생은 물론 학부모와 외국에 체류하고 있는 한국인 유학생, 영어 논문을 준비하고 있는 이공계 연구원들, 제안서를 작성하거나 자기소개서를 준비하는 직장인에 이르기까지 다양한 분들이 수강하고 있습니다. 이는 영어 글쓰기가 사회 여러 분야에서 다양한 방식으로 쓰이고 있다는 반증입니다. 이 책에서 제시하는 방법을 통해 모든 독자분들이 논리적 영어 글쓰기에 대한 소기의 성과를 얻을 수 있기를 기원합니다.

2023년 7월

지은이 **이요안**

미리보기

Chapter
01

논리적 글쓰기란?
Introduction

영어 글쓰기는 대학에서 수업 과제나 리포트, 논문, 학술 서적을 작성할 때, 그리고 직장에서 제안서나 보고서, 이메일 등을 쓸 때도 사용합니다. 기술 발전이 이루어진 지금은 SNS나 유튜브 등에서 세계인들과 소통하기 때문에 영어 글쓰기가 더더욱 필요합니다. 1장에서는 논리적 글쓰기가 무엇인지 정의를 내려보고 영어 글쓰기에 어떻게 적용시켜 학습할 수 있는지 살펴봅니다.

장 도입글

해당 장의 내용을 왜 배우는지, 무엇을 배우는지 소개합니다.

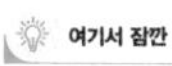

여기서 잠깐

스테이시 번스Stacey Burns라는 학자는 1980년대 중반에 글을 쓰는 사람의 작업 과정을 영상으로 촬영했습니다. 이때는 개인용 컴퓨터가 보급되기 전이기 때문에 글을 쓸 때 주로 타자기를 사용했습니다. 그런데 타자기는 컴퓨터처럼 내용을 쉽게 수정할 수 없기 때문에 고쳐야 할 내용이 많으면 전체 페이지를 다시 쓰는 지루한 과정을 거쳐야 했습니다.

번스Burns는 깨끗이 정리된 결과물만 분석하면 쓰기 과정에서 나타난 여러 문제들과 이를 극복하기 위해 저자가 어떤 선택을 하는지 알 수 없다는 점을 지적하였습니다. 우리는 글을 평가할 때 결과물을 보고 그 과정을 유추하는데, 이것만으로는 쓰기 과정에서 글쓴이가 경험하는 내용을 정확히 알기 어렵습니다. 따라서 쓰기 과정을 집중해서 살펴보아야 한다는 결론이 나옵니다.

C. 논리적 글쓰기를 위한 학습 방법

글쓰기 결과와 과정이 언제나 일치하지 않는다는 사실을 고려한다면 어떻게 학습하는 것이 좋을까요? 세련되고 효능감 있는 글쓰기를 위해서는 다음과 같은 절차가 필요합니다.

❶ 남의 글을 읽고 판단할 수 있어야 한다.
❷ 글을 구체적으로 살펴보아야 한다.
❸ 초고를 쓰고 수정 작업을 거쳐야 한다.

우선 다른 사람의 글이 논리적인지를 독립적으로 판단할 수 있어야 합니다. 그런 판단을 하기 위해서는 글을 구체적이고 세밀하게 살펴보는 습관을 길러야 합니다. 특히 문장 간, 또는 문단 간의 연관성을 세밀하게 추적해야 정확한 판단을 할 수 있습니다. 그리고 첨삭과 수정 작업을 나누어 작업하는 것이 필요합니다. 문법상의 오류를 찾아내고 단어를 바꾸는 정도의 작업은 첨삭editing이지 수정revision은 아닙니다. 수정은 글의 전반적인 내용이나 구조, 방향성 등 거시적 관점에서 글을 다시 살펴보는re-vision 과정을 지칭합니다. 수정 작업이 첨삭 작업과 어떻게 구별되는지 예를 들어 살펴보겠습니다.

여기서 잠깐

참고로 알아두면 좋은 내용과 실생활 속 예시를 설명합니다.

Writing Practice 1-2 소요시간 : 10분

Q 다음 글을 읽고 같은 주제를 언급한 문장끼리 묶어봅시다.

(1) My English teacher in my high school was the reason why I wanted to be a teacher. **(2)** Students are mostly focusing on getting a good grade in college entrance examination. **(3)** I want to create learning environment in which students feel comfortable. **(4)** Good teachers pay attention to students and support them with feedback. **(5)** Students can be emotionally defensive if they are uneasy and afraid of learning. **(6)** This is because when students face problems that lead to emotional distress, their concentration decreases drastically.

Solution 1-2

이 글을 수정하려면 어떤 주제를 다루고 있는지, 그리고 각 문장이 어떻게 구성되어 있는지 살펴보아야 합니다. 이를 위해서 가장 먼저 해야 할 일은 같은 주제를 언급하는 문장들로 묶어 보는 것입니다.

(1)은 글쓴이의 선생님에 대해 언급하고 있으나 **(2)**는 학생들의 점수에만 관심이 있다고 하였으니 **(1)**, **(2)**는 떨어뜨려 놓겠습니다. **(3)**도 학습 환경에 관해 언급하기는 하지만, **(2)**와 바로 연결되어 보이지는 않으니 떼어 놓습니다. **(4)**를 보면 좋은 선생님에 대해 언급했으니 선생님을 언급한 **(1)**과 같이 묶을 수 있습니다. **(5)**에서는 학생들이 emotionally defensive라고 했고 **(6)**도 emotional distress라는 주제를 다루고 있으니 두 문장은 같이 묶을 수 있습니다. 그리고 **(3)**을 보면 학습 환경에서 feel comfortable이라고 했기 때문에 **(3)**도 **(5)**~**(6)**과 같은 주제라 할 수 있습니다.

Sample Answer

(1) My English teacher in my high school was the reason why I wanted to be a teacher. **(4)** Good teachers pay attention to students and support them with feedback.

(2) Students are mostly focusing on getting a good grade in college entrance examination.

(3) I want to create learning environment in which students feel comfortable. **(5)** Students can be emotionally defensive if they are uneasy and afraid of learning. **(6)** This is because when students face problems that lead to emotional distress, their concentration decreases drastically.

Writing Practice

앞서 배운 내용을 활용할 수 있도록 실습 예제를 제공합니다.

Solution

문제에 접근하는 방법을 소개합니다.

Sample Answer

문제의 예시 답안과 해설을 보여줍니다.

Sample 1-1

The definition of assimilationism celebrates personal achievement and self–reliance. **(2)** It means each person is unique and all people have same set of universal human rights, needs and responsibilities. **(3)** There exists fair society which is one in which all individuals, regardless of their background, are granted equal rights and opportunities.

동화주의
- 개인
- 공정한 사회에 대한 논의O

(4) But pluralism uphold group identity as a vital if not primary, construct of a personhood, highlighting a fact of life that we are different types of persons defined by social categories such as race, ethnicity, language culture and national origin. **(5)** So it separates people into different level.

다원주의
- 사회
- 공정한 사회에 대한 논의X

(1)에서 글쓴이는 동화주의가 개인적 성취(personal achievement)와 자립(self–reliance)을 추구한다고 정의합니다. **(2)**에서는 **(1)**에 대한 해석을 내놓으며 각각의 개인은 고유한 존재이므로 인권, 요구, 그리고 책임이 있다는 뜻이라고 설명합니다. **(3)**에서는 공정한 세상이라면 배경과 상관 없이 같은 권리와 기회를 갖는다고 합니다. 즉 개인적 성취가 중요하고 동등한 기회와 권리를 갖는 것이 동화주의라는 내용이 첫 문단을 이루고 있습니다.

이에 비해 **(4)**에서는 구성원이 어떤 사람인지를 판단하기 위해 집단의 정체성(group identity)이 중요하다는 내용이 다원주의라고 설명하고 있습니다. 이미 우리는 민족, 언어, 문화 등의 사회적 범주(social categories)로 분류되기 때문입니다. 뒤이어 **(5)**에서는 다원주의가 사람들을 각기 다른 수준으로 나눈다고 정리하고 있습니다.

그러면 두 문단은 적절히 연결되어 있을까요? 첫 번째 문단에서 개인에 대한 관점을 논했고, 두 번째 문단에서는 집단에 대해 언급했기 때문에 비교 및 대조의 방식으로 연결되었다고 볼 수 있습니다. 하지만 첫 번째 문단에서 공정한 사회(a fair society)가 어떤 사회인지 기술했는데 두 번째 문단에서는 집단에 대해 언급했지만, 공정한 사회가 어떤 사회인지는 기술하지 않았습니다.

지문

다양한 유형의 글쓰기 데이터를 제공합니다.

지문 해석

주어진 지문을 어떻게 이해하고 활용할 수 있는지 상세하게 해석합니다.

이 책의 사용 설명서

■ 강의 보조 자료

한빛아카데미 홈페이지에서 '교수회원'으로 가입하신 분은 인증 후 교수용 강의 보조 자료를 제공받을 수 있습니다. 한빛아카데미 홈페이지 상단의 〈교수전용공간〉 메뉴를 클릭하세요.

http://www.hanbit.co.kr/academy

■ 동영상 강의 안내

본 도서는 K-MOOC의 〈논리적 영어 글쓰기〉 강의 내용을 담고 있으며, 해당 온라인 강의는 다음 경로에서 시청할 수 있습니다.

K-MOOC 홈페이지 접속 → 〈논리적 영어 글쓰기〉 검색 → '학습하기' 또는 '청강 등록' 선택

목차

Chapter 03 주장과 아이디어 생성하기

Chapter 04 글쓰기와 읽기

Chapter 05 주장문 구성하기

Chapter 09 주제를 연결하여 쓰기

Chapter 10 일관성 있는 글쓰기

Chapter 11 논리적 오류 파악하기

Chapter 12 글의 내용에 연관성 세우기

Chapter 13 쓰기 발달 단계와 첨삭하기

Chapter 14 수정하여 완성하기

Chapter 01

논리적 글쓰기란?

Introduction

1.1 영어 글쓰기 입문
1.2 무엇을 어떻게 시작할까요?

영어 글쓰기는 대학에서 수업 과제나 리포트, 논문, 학술 서적을 작성하거나 직장에서 제안서, 보고서, 이메일 등을 쓸 때 사용합니다. 기술 발전이 이루어진 지금은 SNS나 유튜브 등에서 세계인들과 소통하기 때문에 영어 글쓰기가 더더욱 필요합니다. 이 장에서는 논리적 글쓰기가 무엇인지 정의를 내려보고, 영어 글쓰기에 어떻게 적용시켜 학습할 수 있는지 살펴봅니다.

Section 1.1

영어 글쓰기 입문

A. 논리적 글의 특징

논리적 글은 '의미가 연결되어 일관성이 있는 글'이라고 정의할 수 있습니다. 일관성 있는 글을 쓰기는 쉽지 않으나 몇 가지 특징을 파악하면 체계적으로 접근할 수 있습니다. 논리적으로 쓰인 글은 우선 문장과 문단이 적절히 연결되어 있어 이해하기 쉽습니다. 이해가 잘 되는 글은 당연히 설득력을 갖게 됩니다. 하지만 이해가 잘 되는 글이라고 해서 반드시 설득력이 있다고 볼 수는 없기 때문에, 증거나 예시가 적절히 제시되어야 합니다. 정리해 보면 논리적 글의 특징은 다음과 같습니다.

❶ 의미가 연결되어 있는 글
❷ 이해가 잘 되는 글
❸ 설득력이 있는 글
❹ 증거나 예시가 적절히 제시된 글

그렇다면 영어로 된 글을 읽었을 때 논리적인지 아닌지를 바로 알 수 있을까요? 학생들에게 매우 잘 쓰여진 글과 초급 수준의 글을 비교하라고 하면 쉽게 구별해 냅니다. 하지만 중간 수준의 글을 같이 끼워 넣으면 세 가지 수준을 정확히 평가하기 어려워 합니다. 왜 그럴까요? 예를 들어보겠습니다.

Writing Practice 1-1

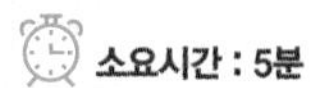

Q 다음 글은 대학 졸업 후 영어 교사가 되기를 희망하는 학생의 자기소개서입니다. 글을 읽고 논리적으로 잘 쓴 글인지 아닌지를 판단하고 그 이유를 영어로 적어봅시다.

(1) My English teacher in my high school was the reason why I wanted to be a teacher. **(2)** Students are mostly focusing on getting a good grade in college entrance examination. **(3)** I want to create learning environment in which students feel comfortable. **(4)** Good teachers pay attention to students and support them with feedback. **(5)** Students can be emotionally defensive if they are uneasy and afraid of learning. **(6)** This is because when students face problems that lead to emotional distress, their concentration decreases drastically.

This passage is (logical / not logical) in that (   ).

Solution 1-1

이 글이 논리적인지 정확하게 판단을 내리기 위해서는 글을 자세히 읽어보아야 합니다. **(1)**은 teacher에 관해 언급하고 있는데 **(2)**는 students에 관한 내용입니다. 그렇다면 **(1)**과 **(2)**가 연결이 되어 있는지 살펴보아야 합니다. **(3)**은 자신이 교사로서 어떤 학습 환경을 조성할 것인가에 대해 논의한 내용이 들어 있습니다.

그러면 **(4)**는 어떨까요? 이 문장은 다시 teacher에 대한 주제로 돌아와 피드백에 대해 언급하고 있습니다. 그리고 **(5)**는 students로 돌아가 학습에 대한 부정적인 감정(emotion)에 대해 논하고 있고, **(6)**에서는 이를 정서적 장애(emotional distress)라는 주제로 연결하고 있습니다. 이렇게 보면 **(5)**와 **(6)**은 감정(emotion)이라는 주제로 묶일 수 있지만, **(1)**~**(4)**와는 긴밀성이 다소 떨어져 보입니다.

여기까지 놓고 생각해 보면 글 전체가 학습이라는 큰 주제로는 묶여 있어서 어느 정도 일관성이 있다고 생각할 수 있습니다. 그러나 문장 간 내용이 매우 촘촘하게 연결되어 있다기 보다는 여러 아이디어가 나열되어 있다는 인상을 받습니다. 이런 내용을 영어로 다음과 같이 정리할 수 있습니다.

Sample Answer

This passage is (not logical) in that (each sentence is not connected closely).
혹은 This passage (lacks a logical connection among sentences).

B. 논리적 글로 수정하는 방법

그렇다면 글은 어떤 방식으로 수정해야 할까요? 여러분보다 글을 잘 쓰는 사람이 피드백을 주면 그대로 수정하면 될까요? [그림 1-1]에는 영어 글쓰기에서 자주 보이는 세 가지 피드백이 담겨 있습니다. **Elaborate**는 '추가 설명을 하라'는 요청이고 **Clarify**는 '명확하게 작성하라'는 말이며 **Specify**는 '구체적으로 기술하라'는 주문입니다.

여러분이 이러한 피드백을 받는다면 어떤 느낌이 들까요? 피드백 내용에는 공감하지만 어떻게 수정해야 할지 막막하게 느낄 수 있을 듯합니다. 그리고 무엇을 어떻게 해야 할지 좀 더 구체적인 조언이 필요하다고 생각할 수 있습니다.

Personal Statement on Teaching
Sogang Kim

In my opinion, 'true education' should involve not only the learner's needs and interest but also the active interaction between the teachers and the learners or among peers. However, what I realized that Korean education seems to ignore this important element as it focuses on the product rather than the process. There seem to be some serious discrepancy between the true education and real education

Elaborate on this!

In lang... the problem is more serious. Every English class of secondary schools places a heavy emphasis on reading and grammar. Many Korea students quickly lose their interest in English as a communicative means and simply try to memorize points to get better grades in Korean SAT. I feel strongly about this problem and therefore want to pursue a teaching career. I am determined to restore the true education in Korea. In the writing below, I offered a couple of teaching principles that will guide my teaching to realize the true education in my teaching.

Teaching and Real-Life

My first principle is to start with life-related content to make students familiar with English. As William Pinar (1975) had suggested 'autobiographical method' to reflect one's own life, content that is related to one's life can be an effective way to express each student's subjective inner side. This will result in students' interest-focused learning and help them to be closer with the subject.
In terms of writing, this principle can be applied to L1 as well as L2. Wl... ool student, my Korean teacher made us to do short writings three times... writing about each person's own 'life', which was also called 'life writing.' Students could write whatever about their daily lives or thoughts freely.

Clarify this!

Since "having a context in which learners can write without risk is especially important for their continued language development" (Williams, 2005), for me this experience made me get closer to the writing because I didn't have to worry about the form or in-depth content of the writing. One of the most effective ways to achieve this is to give opportunity to students to have free L2 writing. If this is achieved, it will let students reflect upon themselves and help them to have confidence (Lee, 2011). Also, they will get more close to and be ready to do more organized writing.

Specify this!

Teaching through Interaction

Also, I think teaching should contain the aspect of the social interaction between teacher and students, as well as among students. One of the most effective ways is discussion or debating among students with feedback from the teacher, and this also can be applied to L2 writing. When I was a high school student, I made En... ıctivities, we decided to write short essays after e...

How are these two sentences connected?

Since lots of friends didn't know how to write organized essays, I made simple manual sheet with brief explanation on basic five-paragraph essay form and then explained to them. They understood well and wrote individual essays after each session is over with peer editing. Also, through debating, they could interact with themselves with ideas or opinions and eventually could develop in great writings. It was a really tremendous experience for me and I realized social activities among students can be helpful and exchanged ideas can be integrated into organized writings.

그림 1-1 피드백 예시(1)

이에 반해 [그림 1-2]는 매우 구체적인 피드백을 담고 있습니다. 이 글에는 평가를 담은 메모들이 포함되어 있고 본문의 특정한 문장이 취소되거나 수정되어 있기도 합니다. 그리고 글 하단에는 전반적인 평가를 담은 피드백이 기술되어 있습니다. 여러분은 이런 평가를 받으면 어떻게 반응하나요? 아마도 '이제 어떻게 쓰는지 알겠어요.'라고 생각할 수 있습니다. 하지만 '이렇게 문제가 많은데 내가 글쓰기를 잘 할 수 있을까?'라며 자신감을 잃어버릴 수도 있습니다.

Display Questions: An Effective Resource for ESL Class

The one of the main purposes of ESL class is to help ~~making~~ students to use ~~produce~~ the target language. To achieve this teaching ~~the classroom~~ goal, the teacher tries to use various strategies. ~~Among different methods in language classrooms, one~~ One of the most frequently used forms is questioning (White & Lightbown, 1984; Long & Sato, 1983) techniques. According to some research (Long & Sato, 1983), teachers ask questions up to 200 one during one session. The most representative types of questioning in class are two: display questions and referential questions (Long & Sato, 1983: Nunn, 1999). Display questions refer to known information questions that the teacher already knows the answer or has established at least the parameters for the students' replies (Lee, 2006). This type of question is used for testing the knowledge of the students. In contrast, referential ~~Referential~~ questions are the forms which ask for ... may not know (Lee, 2006).

Begin a new paragraph.

...e have been arguments on the effectiveness of display questions in ESL class. Some researchers have negative glance on the display questions (Lynch, 1991; Brock, 1986; White & Lightbown, 1984). Others consider the display questions are crucial resources in classrooms (Lee, 2006; Mehan, 2001). ~~These controversial issues are derived from the different view of display questions.~~ The former concentrates on the linguistic category of the question while the latter pays attention to the sequential production of the questions. In this paper, we insist that display questions in ESL classrooms are investigated in the perspective of sequential process ~~rather than that of linguistic category. In addition, the display questions are also important device that~~ make the teache... 'assroom goal.

Remove the redundant part

Display questions consist of ... ply-Evaluation (Mehan, 2001). The teacher initiates a sequence by asking a question in the first turn, which calls for a reply from the students in the next turn. The turn routinely goes back to the teacher who then comments on the adequacy of the reply in the third turn. Considering the three-turn sequences as a robust structure, Lynch (1991) cast doubt on the effectiveness of display questions in the

There are a few things I would like you to consider.

1. The main argument is not established clearly in your introduction. Some arguments are inserted in the conclusion. However, each part of the paper needs to play own respective part more clearly.
2. You cited some important sources. Yet, your descriptions of a few articles are not entirely accurate. Before citing these sources, determine whether the paper is a empirical paper, or conceptual paper. Then, use them accordingly.

You are on the right track. Keep writing!

그림 1-2 피드백 예시(2)

피드백의 내용이 많은 경우 대부분의 사람들은 언급한 내용을 그저 기계적으로 고치고 잘 모르는 부분은 그냥 넘어가는 선택을 합니다. 그러나 이렇게 언급된 문제를 기계적으로 수용하기만 하면 피드백에서 의도한 내용을 제대로 개선하지 못하는 경우가 많습니다. 피드백은 중요하지만, 그 내용이 자세하고 다양한 것만이 능사는 아닙니다. 피드백은 현재 작성된 글이 아이디어를 생성하는 초고 단계인지, 혹은 형식을 다루어야 하는 첨삭 단계인지 등에 따라 다르게 제공되어야 합니다.

여기서 잠깐

스테이시 번스Stacey Burns라는 학자는 1980년대 중반에 글을 쓰는 사람의 작업 과정을 영상으로 촬영했습니다. 이 때는 개인용 컴퓨터가 보급되기 전이기 때문에 글을 쓸 때 주로 타자기를 사용했습니다. 그런데 타자기는 컴퓨터처럼 내용을 쉽게 수정할 수 없기 때문에 고쳐야 할 내용이 많으면 전체 페이지를 다시 쓰는 지루한 과정을 거쳐야 했습니다.

번스는 깨끗이 정리된 결과물만 분석하면 쓰기 과정에서 나타난 여러 문제들과 이를 극복하기 위해 저자가 어떤 선택을 하는지 알 수 없다는 점을 지적했습니다. 우리는 글을 평가할 때 결과물을 보고 그 과정을 유추하는데, 이것만으로는 쓰기 과정에서 글쓴이가 경험하는 내용을 정확히 알기 어렵습니다. 따라서 쓰기 과정을 집중해서 살펴보아야 한다는 결론이 나옵니다.

C. 논리적 글쓰기를 위한 학습 방법

글쓰기 결과와 과정이 언제나 일치하지 않는다는 사실을 고려한다면 어떻게 학습하는 것이 좋을까요? 세련되고 효능감 있는 글쓰기를 위해서는 다음과 같은 방법으로 학습해야 합니다.

1. 남의 글을 읽고 판단할 수 있어야 합니다.
2. 글을 구체적으로 살펴보아야 합니다.
3. 초고를 쓰고 수정 작업을 거쳐야 합니다.

우선 다른 사람의 글이 논리적인지를 독립적으로 판단할 수 있어야 합니다. 그런 판단을 하기 위해서는 글을 구체적이고 세밀하게 살펴보는 습관을 길러야 합니다. 특히 문장 간, 또는 문단 간의 연관성을 세밀하게 추적해야 정확한 판단을 할 수 있습니다. 그리고 첨삭과 수정 작업을 나누어 작업하는 것이 필요합니다. 문법상의 오류를 찾아내고 단어를 바꾸는 정도의 작업은 첨삭editing이지 수정revision은 아닙니다. 수정은 글의 전반적인 내용이나 구조, 방향성 등 거시적 관점에서 글을 다시 살펴보는re-vision 과정을 지칭합니다. 수정 작업이 첨삭 작업과 어떻게 구별되는지 예를 들어 살펴보겠습니다.

Writing Practice 1-2

소요시간 : 10분

Q 다음 글을 읽고 같은 주제를 언급한 문장끼리 묶어봅시다.

(1) My English teacher in my high school was the reason why I wanted to be a teacher. **(2)** Students are mostly focusing on getting a good grade in college entrance examination. **(3)** I want to create learning environment in which students feel comfortable. **(4)** Good teachers pay attention to students and support them with feedback. **(5)** Students can be emotionally defensive if they are uneasy and afraid of learning. **(6)** This is because when students face problems that lead to emotional distress, their concentration decreases drastically.

Solution 1-2

이 글을 수정하려면 어떤 주제를 다루고 있는지, 그리고 각 문장이 어떻게 구성되어 있는지 살펴보아야 합니다. 이를 위해서 가장 먼저 해야 할 일은 같은 주제를 언급하는 문장들로 묶어보는 것입니다.

(1)은 글쓴이의 선생님에 대해 언급하고 있으나 **(2)**는 학생들의 점수에만 관심이 있다고 했으니 **(1)**, **(2)**는 떨어뜨려 놓겠습니다. **(3)**도 학습 환경에 관해 언급하기는 하지만, **(2)**와 바로 연결되어 보이지는 않으니 떼어 놓습니다. **(4)**를 보면 좋은 선생님에 대해 언급했으니 선생님을 언급한 **(1)**과 같이 묶을 수 있습니다. **(5)**에서는 학생들이 emotionally defensive라고 했고 **(6)**도 emotional distress라는 주제를 다루고 있으니 두 문장은 같이 묶을 수 있습니다. 그리고 **(3)**을 보면 학습 환경에서 feel comfortable이라고 했기 때문에 **(3)**도 **(5)**~**(6)**과 같은 주제라 할 수 있습니다.

Sample Answer

(1) My English teacher in my high school was the reason why I wanted to be a teacher. **(4)** Good teachers pay attention to students and support them with feedback.

(2) Students are mostly focusing on getting a good grade in college entrance examination.

(3) I want to create learning environment in which students feel comfortable. **(5)** Students can be emotionally defensive if they are uneasy and afraid of learning. **(6)** This is because when students face problems that lead to emotional distress, their concentration decreases drastically.

Section
1.2 무엇을 어떻게 시작할까요?

학생들의 과제를 평가하는 교수님들은 글쓰기 능력이 대학생들이 갖춰야 할 기본 역량이라고 판단하고, 글쓰기를 통해 학습 결과를 평가하는 경우가 많습니다. 그런데 제출된 과제물을 읽다보면 학생들의 쓰기 능력이 부족함을 느끼게 됩니다. 하지만 바쁜 강의 일정과 진도 등을 생각하면 글쓰기를 가르치기 위해 따로 시간을 내기가 매우 어렵습니다.

그렇다면 학생의 입장은 어떨까요? 학생들은 어떻게 평가받을지에 대한 관심이 많습니다. 그래서 '다른 방법이 있는데 왜 하필이면 쓰기를 해야 해?'라는 의문을 가질 수 있습니다. 그러므로 글쓰기 과제를 수행할 때에는 쓰기의 목적을 분명히 알아야 하고 어떤 종류의 글을 써야 하는지 명확하게 파악하는 것이 좋습니다.

교수	학생
기본 역량으로 글쓰기 능력을 갖추고 있어야 한다.	어떻게 평가받을지에 대한 관심이 매우 높다.
학생들이 수업 내용을 이해하고 응용하기를 바란다.	글쓰기에 자신이 없다.
학생들의 읽기, 쓰기 능력이 부족하다고 생각한다.	글쓰기 과제가 있는 수업은 되도록 피한다.
읽기, 쓰기를 따로 가르쳐야 된다고 느끼지만, 실제 그렇게 하기는 어렵다.	글쓰기가 왜 필요한지 의문을 갖는다.

그림 1-3 글쓰기에 대한 교수와 학생의 입장

A. 글쓰기의 분류

글쓰기는 다양한 방식으로 분류할 수 있습니다. 이 책에서는 글쓰기에서 중요한 연구 분야인 기능 언어학Functional linguistics의 분류법을 소개합니다. 이는 슐레페그렐Schleppegrell이 제시한 방법으로 학생들이 초·중·고, 그리고 대학에 진학하면서 학습하게 되는 과정과도 일치합니다.

1. **Personal 장르**: 사적인 영역의 글을 지칭하며 시간 순서대로 나열하는 recount로 시작한 후 사건을 도입, 전개, 절정, 결말 등으로 재구성하는 narrative로 진화합니다. 여기서는 무서웠다 혹은 즐거웠다 등의 평가가 가미되기도 합니다.
2. **Factual 장르**: 사실에 근거해서 쓰는 글을 지칭하며 일의 절차나 순서를 기술하는 procedure와 사실관계를 알리는 report가 있습니다.
3. **Analytical 장르**: 분석하는 글을 지칭하며, 사건의 인과관계 혹은 이유를 기술하는 account, 사건을 설명하고 해석하는 explanation, 일반화하거나 주장하는 exposition과 argument가 있습니다.

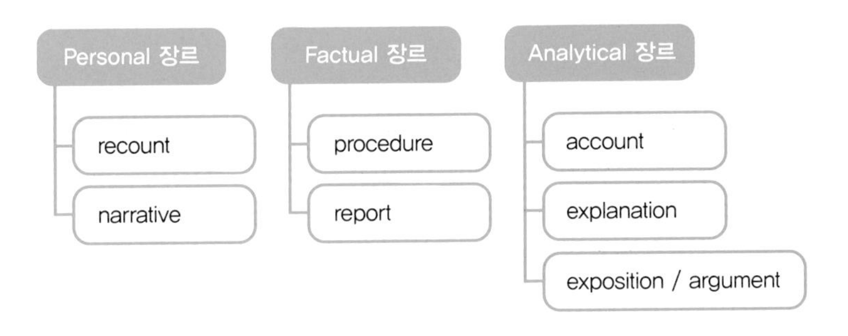

그림 1-4 글쓰기의 분류

이 외에 시나 소설, 혹은 시나리오 대본 등의 문학 작품을 새롭게 만들어내는 창작creative writing과 자신의 의견을 내세우는 주장argumentative writing으로 나누는 방법도 있습니다. 주장하는 글은 대학이나 사회에서 사용되는 쓰기 작업의 3/4 정도에 해당하며 이 책에서 주로 다루는 장르입니다.

B. 논리적 글쓰기를 위한 역량

그렇다면 논리적인 글을 쓰는 데 필요한 역량은 무엇일까요? 이를 위해서 다음과 같이 세 가지 영역의 관계를 살펴봐야 합니다.

1. 쓰기와 생각하기(Writing and Thinking)
2. 쓰기와 읽기(Writing and Reading)
3. 쓰기와 언어 사용하기(Writing and Language Use)

이들은 글쓰기와 매우 밀접한 관계가 있으며 이를 통해서 구체적인 학습 방법을 도출할 수 있습니다. 이 세 가지에 대해 하나씩 살펴보겠습니다.

■ 쓰기와 생각하기

글쓰기를 생각할 때 가장 먼저 떠오르는 역량은 '생각하기'입니다. 이 둘의 연관성이 어떻게 드러나는지에 대해서 존 게이지John Gage가 매우 설득력 있게 설명했습니다.

> **(1)** Writing is thinking–made–tangible, thinking that can be examined because it is on the page and not all in the head, invisibly floating around. **(2)** Writing is thinking that can be stopped and tinkered with. **(3)** It is a way of making thought hold still long enough to examine its structures, its possibilities, its flaws. **(4)** The road to clearer understanding of one's own thoughts is traveled on paper. **(5)** It is through the attempt to find words for ourselves, and to find patterns for ourselves in which to express related ideas, that we often come to discover exactly what we think.

게이지는 쓰기가 생각을 들여다볼 수 있게 만들어 준다고 주장합니다**(1)**. 이는 머릿속에 정리되지 않은 상태로 떠돌아다니는 생각을 붙들어서 종이나 화면 위에 나타낼 수 있기 때문입니다. 이렇게 생각을 붙잡아 두고 내용을 이리저리 굴리면서 구조도 보고, 가능성도 보고, 문제점도 발견합니다 **(2)~(3)**. 다시 말해 어떤 생각을 표현하기 위해 단어를 찾아내고 패턴을 모아 연결하는 과정에서 논리를 정리할 수 있게 되는 것입니다**(4)**. 그리고 이런 일련의 과정을 거쳐 결국 우리가 원하는 생각을 찾게 됩니다**(5)**. 정리하자면 글쓰기는 우리가 생각에 작업을 걸 수 있도록 만들어줍니다.

우리는 미진한 글을 보면 '아, 생각을 잘못하니까 글이 잘 안 나오지.'라고 생각합니다. 이는 생각을 끝낸 후 글에 쏟아내면 된다는 전제가 깔려 있습니다. 그래서 충분한 대화나 토의 없이 생각을 쏟아낸 글을 완성본이라 생각하며 제출합니다. 그러나 이런 글은 수정 작업을 거치지 않았기 때문에 독자가 이해하기 쉽게 정리되어 있을 가능성이 적습니다. 따라서 선생님들의 평가는 비판적일 수밖에 없고, 이를 접한 학생들은 절망하게 됩니다.

그래서 우리는 글쓰기와 생각의 과정에 대해 좀 더 깊이 살펴볼 필요가 있습니다. 게이지는 글을 쓰는 과정 자체가 생각을 만들어나가는 과정이라고 주장합니다. 이 주장은 생각이 한 번에 완성되는 것이 아니라 여러 단계를 거쳐 성숙해진다는 의미입니다. 이와 관련해서 페리Perry라는 학자의 연구가 흥미로운 시사점을 줍니다. 그는 미국 대학생들의 사고 발달 과정을 연구하여 이를 세 단계로 나누었습니다.

A 학문적인 사안에는 정답이 있으며 대학교육은 이 정답을 알아가는 과정이다.

B 학문적인 사안에는 다른 의견이 있을 수 있으므로 이를 인정해야 한다.

C 학문적인 사안은 실증적인 증거와 논리가 충분히 주어질 때 타당성을 갖는다.

그림 1-5 대학생들의 사고 발달 과정

우선 입문 단계에 있는 학생들은 A처럼 생각합니다. 그래서 정답을 알아내기 위해 수업시간에 열심히 필기하고 교수님이 말씀하신 내용을 기억하려고 노력합니다. 여기서 발전하여 중간 단계인 B에 도달하면 학생들은 전문가들 간 의견이 다르다는 사실을 발견합니다. 그래서 사람들의 의견을 인정해야 한다는 상대주의적 관점을 취하게 됩니다. 그러므로 수업 과제에서 자신이 좋은 점수를 받지 못하면 '교수님은 내 아이디어를 좋아하지 않으시는구나.'라고 생각합니다.

여기서 더 발전하면 학생들은 C처럼 생각하는데, 이들은 주장의 타당성을 찾기 위해 증거와 예시를 내세워 치열하게 생각한 결과를 가지고 논리를 세우게 됩니다. 즉, 상대주의에서 나오는 중립적인 태도에서 벗어나 자신의 고유한 입장을 글로 표현하게 됩니다. 페리의 연구가 시사하는 바는 사고 역량이 한 번에 기적적으로 이루어지는 것이 아니라 꾸준한 학습을 거쳐 단계적으로 발전한다는 사실입니다.

 **여기서 잠깐**

뇌 과학에서도 비슷한 내용을 도출한 연구 결과가 많습니다. 뇌 과학 전문가인 소이어Sawyer의 말에 따르면 창의적 사고는 천재의 머리에서 갑자기 튀어나오는 것이 아니라 이미 존재했던 생각들에 근거해서 생긴다고 합니다. 창의적 사고와 일반적 사고가 뇌의 같은 부위를 사용하므로 일상생활 중에서도 자극이 생기면 창의적 사고가 지속해서 발화될 수 있다는 뜻입니다. 그래서 샤워하다가 혹은 지하철에서 좋은 아이디어가 떠오르기도 하는 것입니다.

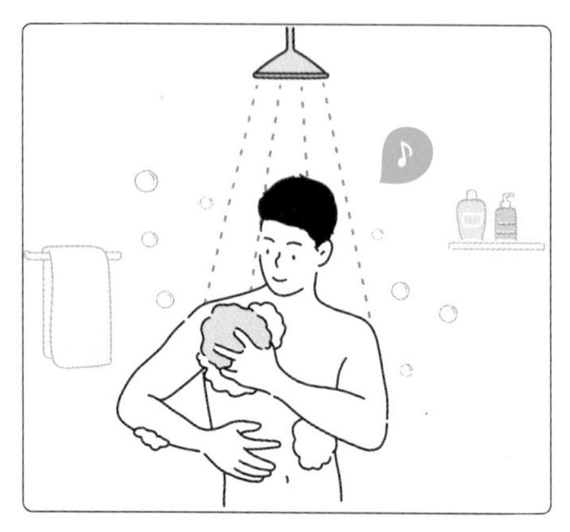

그림 1-6 일상 속 창의적 사고

■ 쓰기와 읽기

쓰기와 읽기는 매우 밀접한 관계를 맺고 있습니다. 이는 학생들이 작성한 글을 살펴보면 명확해집니다. 이제 '다문화적 언어 소통'이라는 글에서 소개한 동화주의assimilationism와 다원주의pluralism에 대해 작성된 세 편의 글을 살펴보겠습니다.

읽기 자료에서 소개된 동화주의는 소수민족 혹은 여성이나 장애인 등도 사회의 주류mainstream에 동화되어야 모든 구성원에게 평등하고 공정한 사회를 만들 수 있다는 주장입니다. 반면에 다원주의는 사회적 소수가 자신이 속한 그룹의 정체성을 유지하고 차별을 당하지 않도록 제도적으로 뒷받침되어야 한다고 주장합니다.

우선 첫 번째 글을 읽고 잘 쓰여진 글인지 판단해 보겠습니다.

Q The author describes assimilation and pluralism. Each view reveals several strengths and weaknesses. What are some ways to close the gap created by these two different views?

Three core principles of classical liberalism–individualism, universalism, and procedural equality continue to directly and powerfully underpin the mainstream thinking. These liberal ideals shape the arguments commonly referred to as assimilationism. Its messages celebrate personal achievement and self–reliance (…) and emphasis on individualism, universalism, and procedural equality has been repeatedly promoted in presidential inauguration addresses.

However, prominent in pluralist messages is the idea of the sanctity of the group. This notion is traceable to the experiences of unequal treatment perceived or real of certain individuals along ethnic lines. (…) Pluralist messages are predicated on the persistent reality of racial and ethnic prejudice a reality in which the old liberal ideal of procedural equality is seen as not working well when it comes to serving the needs of certain minority groups. The sense of systematic mistreatment along ethnic and racial lines had given way to a new demand for a new politics of resentment and victimization. This outcome–based conception of equality… in that it allows for differential procedural treatments relative to different groups. In the conclusion, from these messages of two ideas I founded the gap created by social views.

글의 마지막 문장을 제외하고 모두 밑줄을 그어 놓았는데 이는 모두 베껴 쓴 부분입니다. 마지막 문장도 질문의 형식과 매우 유사합니다. 물론 이러한 과도한 표절plagiarism은 윤리적인 문제를 야기합니다. 그런데 표절한 부분을 원본source과 비교해 보면 저자가 읽기 자료를 어떻게 이해했는지 유추할 수 있습니다. 이 학생은 읽기 자료에서 두 이론을 정의하는 부분을 가져다 표절했습니다. 즉, 질문에 대한 답은 하지 못하고 질문에 언급된 두 이론의 정의 내용을 베낀 것입니다.

그렇다면 두 번째 글은 어떤가요?

Q The author describes assimilation and pluralism. Each view reveals several strengths and weaknesses. What are some ways to close the gap created by these two different views?

The definition of assimilation is celebrate personal achievement and self-reliance. It means each person is unique and all people have same set of universal human rights, needs and responsibilities. There exists fair society which is one in which all individuals, regardless of their background, are granted equal rights and opportunities. But pluralism uphold group identity as a vital, if not primary, construct of a person-hood, highlighting a fact of life that we are different types of persons defined defined by social categories such as race, ethnicity, language, culture and national origin.

Two different views, one is equally responsibility and another is socially differentiated. The way that can close the gap is given the same opportunity to differentiated people such as people who have disabilities or gay or lesbians. They are still minority in society and cannot take the same opportunity like others. In my case my foreign friends in Korea, they cannot get a job easily. Even though they can speak Korean and English, they cannot get a job what they want, because of their race or ethnicity or maybe appearance.

이 글도 읽기 자료와 비교해 보면 절반 가까이 표절했습니다. 그러나 두 번째 문단부터는 자신의 문장을 사용했습니다. 우선은 Two different views라고 시작하고 one is equally responsibility라고 했는데 동화주의를 자신의 말로 정의한 내용입니다. 그리고 뒤이어 다원주의도 another is socially differentiated라고 표현합니다. 이렇게 두 이론에 대해 정리한 다음 자신의 주장을 제기합니다. 자신의 말을 사용했다는 점에서 이전 글보다는 나아 보이지만 이 글도 두 이론을 정의한 내용 이상으로 나아가지는 못했습니다.

마지막 글은 매우 길어서 두 문단만 가져왔습니다.

Q Consider pluralism and assimilationism featured in Kim's article. Use these concepts to explain the ethnic tension between Blacks and Latinos.

Understanding the notion of pluralism helps us to better analyze the premise that form the tension between the two ethnic minority groups since both Blacks and Latinos share the pluralist sentiment despite their differences/misunderstandings. In this sense, pluralism may serve as a key to untie the psychological and cultural miscommunication existing between the two groups.

Pluralism argues for the "status equality" to rightly address the fairness issue in the reality of minority groups. While both Blacks and Latinos recognize each other as victims of procedural equality that sides only with the majority, such common grounds of sentiment go no further than the 'functional relationship'…

이 글은 첫 번째 문장부터 글쓴이의 주장이 보입니다. 주장의 핵심은 다원주의가 미국 내 두 소수민족 간 긴장관계의 원인이면서도 해결점의 실마리를 제공한다는 점입니다. 이렇게 두괄식으로 자신의 논지를 제시한 후 나머지 글에서 이 주장에 대한 설명을 전개 및 증명하고 있습니다.

세 편의 글을 살펴보면 학생들이 주어진 읽기 자료를 어떻게 읽고 이해하는지 알 수 있습니다. 이를 통해 읽기 자료의 내용을 이해하는 데 치중하는 학생인지, 혹은 내용을 파악한 후 이를 응용하여 자신의 논지를 끌어내는 학생인지 구별해 낼 수 있습니다.

■ 쓰기와 언어 형식

글을 쓸 때 언어의 형식과 문법 요소의 정확성을 점검해야 합니다. 이 단계는 언어 형식을 고치는 첨삭editing 과정에서 이루어지는데, 이는 글쓰기의 마지막 단계에 하는 것이 좋습니다. 이를 염두에 두고 다음의 두 문장[1] 중에 어떤 문장이 더 잘 읽히는지 살펴보겠습니다.

(1) Decisions in regard to administration of medication despite inability of an irrational patient appearing in a Trauma Center to provide legal consent rest with the attending physician alone.

(2) When a patient appears in a Trauma Center and behaves so irrationally that he cannot legally consent to treatment, only the attending physician can decide whether to administer medication.

일단 (1)은 주어가 매우 깁니다. 그래서 주어와 관련된 동사를 찾기가 쉽지 않습니다. 주어를 계속 설명하려고 전치사구를 계속 붙이다 보니 결과적으로 누가 어떤 행위를 하는지 찾기가 어려워져서 문장의 역동성이 떨어집니다. 이에 반해 (2)는 내용을 주절과 종속절로 분류하고 주어를 각각 a patient와 the attending physicians로 정하고 바로 뒤에 동사를 붙입니다. 이렇게 주어와 동사를 가깝게 결합하니 누가 어떤 행위를 했는지 명확하게 보입니다. 이런 방식으로 글의 핵심 요소를 명확히 하면 문장의 나머지 부분도 빠르게 이해됩니다.

이처럼 첨삭 단계에서는 언어 형식을 수정하여 문장이나 문단을 더 명료하게 만드는 작업을 하게 됩니다. 이 과정에 대해서는 13장과 14장에서 더 자세히 살펴보겠습니다.

1 Williams, J., & Colomb., 『Style: Lessons in clarity and grace (10ed)』, Pearson, 2010

Chapter 02

초고 쓰기와 수정하기

First and Revised Draft

이 장에서는 글쓰기에 익숙하지 않은 초보자 혹은 학생들과 경험이 많은 전문가가 쓰기 과제를 대하는 방법이 어떻게 다른지 알아봅니다. 그리고 초고(first draft)와 수정본(revised draft)을 작성할 때 어떤 전략을 사용해야 하는지 살펴봅니다.

Section
2.1

영어 쓰기에 실패하는 이유는?

A. 초보자와 전문가의 차이

보통 영어 쓰기를 생각하면 [그림 2-1]과 같이 깔끔하게 정리되어 완성된 글을 떠올립니다. 그리고 이런 글을 평가할 때는 주제 및 구성, 일관성, 언어 사용의 정확성과 유창성 등의 기준을 근거로 듭니다. 하지만 이런 방식의 평가는 쓰기 과정에서 나타난 여러 중요한 요소들을 간과할 가능성이 있습니다. 글을 여러 번 쓰고 고치는 과정에서 수많은 선택을 하게 되는데, 이런 선택이 어떤 결과를 가져오는지 추적하지 않기 때문입니다.

Personal Statement on Teaching
Sogang Kim

In my opinion, 'true education' should involve not only the learner's needs and interest but also the active interaction between the teachers and the learners or among peers. However, what I realized that Korean education seems to ignore this important element as it focuses on the product rather than the process. There seem to be some serious discrepancy between the true education and real education.

In language education field, the problem is more serious. Every English class of secondary schools places a heavy emphasis on reading and grammar. Many Korea students quickly lose their interest in English as a communicative means and simply try to memorize points to get better grades in Korean SAT. I feel strongly about this problem and therefore want to pursue a teaching career. I am determined to restore the true education in Korea. In the writing below, I offered a couple of teaching principles that will guide my teaching to realize the true education in my teaching.

Teaching and Real-Life

My first principle is to start with life-related content to make students familiar with English. As William Pinar (1975) had suggested 'autobiographical method' to reflect one's own life, content that is related to one's life can be an effective way to express each student's subjective inner side. This will result in students' interest-focused learning and help them to be closer with the subject.
In terms of writing, this principle can be applied to L1 as well as L2. When I was a middle school student, my Korean teacher made us to do short writings three times a week. It was about writing about each person's own 'life', which was also called 'life writing.' Students could write whatever about their daily lives or thoughts freely.

Since "having a context in which learners can write without risk is especially important for their continued language development" (Williams, 2005), for me this experience made me get closer to the writing because I didn't have to worry about the form or in-depth content of the writing. One of the most effective ways to achieve this is to give opportunity to students to have free L2 writing. If this is achieved, it will let students reflect upon themselves and help them to have confidence (Lee, 2011). Also, they will get more close to and be ready to do more organized writing.

Teaching through Interaction

Also, I think teaching should contain the aspect of the social interaction between teacher and students, as well as among students. One of the most effective ways is discussion or debating among students with feedback from the teacher, and this also can be applied to L2 writing. When I was a high school student, I made English debating club. In order to put on record our activities, we decided to write short essays after each debating theme.

Since lots of friends didn't know how to write organized essays, I made simple manual sheet with brief explanation on basic five-paragraph essay form and then explained to them. They understood well and wrote individual essays after each session is over with peer editing. Also, through debating, they could interact with themselves with ideas or opinions and eventually could develop in great writings. It was a really tremendous experience for me and I realized social activities among students can be helpful and exchanged ideas can be integrated into organized writings.

그림 2-1 자기소개서 완성본

초보자와 전문가는 초고와 수정본에 대해 다소 다른 태도를 보입니다. 우선 전문가들은 초고와 수정본을 확실히 구분하는 경향이 있습니다. 이에 대해 쿠퍼Cooper와 패튼Patton은 다음과 같이 말합니다.

> When professional writers complete a first draft, they usually feel that they are at the start of the writing process. When a draft is completed, the job of writing can begin.

전문적으로 글을 쓰는 사람들에게 초고는 시작점에 불과합니다. 수정 작업을 통해 글이 완성된다는 사실을 알고 있기 때문입니다. 반면에 초보자들은 초고를 완성본으로 여기는 경향이 큽니다. 그래서 처음부터 글을 잘 써서 완성하려고 합니다. 초고를 완성하면 문법이나 어휘 등에 대한 오류를 고치고 제출합니다.

> **(1)** Most students believe that if they think clearly, they will write clearly. **(2)** They thought they had to work everything out before they wrote. **(3)** They acted the belief out ritually by not beginning to write until they had every book and note they might possibly need piled up on their desks. **(4)** When student writers present their draft only in final stages, it is painful to accept criticism of the ideas and suggestions for major revision.[1]

초보자들은 생각을 명료하게 하면 글이 명료하게 나온다고 믿고**(1)(2)** 이를 실천하기 위해 책과 데이터를 쌓아 놓고 읽습니다. 그리고 이 자료들을 다 읽기 전까지는 글쓰기를 시작하지 않는 경향이 있습니다**(3)**. 정보와 지식을 다 얻게 되면 그제야 이 내용을 글에 쏟아붓습니다. 보통 이렇게 하면 마감 시간이 가까워지면서 내용을 분류해 정리하는 시간이 부족합니다. 따라서 여러 생각들이 단순하게 나열된 상태로 글이 마무리될 가능성이 높습니다. 정리가 되지 않은 글들은 당연히 이해하기가 어려워 부정적인 평가를 받게 됩니다. 학생들은 '내 열정을 다 쏟아부었는데 선생님들은 왜 이걸 보지 못하시지?'라며 서운해 하지만, 부정적인 평가 내용이 딱히 틀리지 않았으므로 막막한 심정이 들게 됩니다. 이런 특징이 잘 나타난 예가 1장에서 살펴본 글입니다.

---

1 Hubbard, R. S., & Power, B. M., 『The art of classroom inquiry (2nd Ed.)』, Heinemann, 2003

(1) My English teacher in my high school was the reason why I wanted to be a teacher. **(2)** Students are mostly focusing on getting a good grade in college entrance examination. **(3)** I want to create learning environment in which students feel comfortable. **(4)** Good teachers pay attention to students and support them with feedback. **(5)** Students can be emotionally defensive if they are uneasy and afraid of learning. **(6)** This is because when students face problems that lead to emotional distress, their concentration decreases drastically.

이 글에서는 선생님에 대한 주제**(1)**로 시작했다가 **(2)**에서 대입을 준비하는 학생들에 대한 내용으로 전환됩니다. **(3)**에서는 미래 교사로서의 희망사항을 언급한 후 **(4)**에서 이상적인 선생님에 대해 언급합니다. 그리고 **(5)**~**(6)**에서 학생들의 감정$_{\text{emotion}}$에 대한 기술을 하고 있습니다.

이런 방식은 주제가 정리되지 않고 나열되어 있다는 느낌을 줍니다. 물론 글쓴이가 내용을 이렇게 펼쳐 놓은 나름의 이유가 있을 것입니다. 하지만 논리적으로 정리되어 있지 않으므로 독자들에게는 이해하기 어려운 글이 된 것입니다.

B. 초고와 수정본

글쓰기 전문가들은 '처음부터 잘 쓰려고 하지 말아라!'는 조언을 합니다. 초고$_{\text{first draft}}$는 좀 가볍게 생각하라는 뜻인데 이와 관련하여 미국의 작가 앤 라모트$_{\text{Anne Lamott}}$[2]는 『Shitty First Drafts』라는 제목의 유명한 글을 남겼습니다. 이 글에는 엉망인 초고를 쓴 후에 이를 수정해서 발전시키라는 메시지가 담겨 있습니다. 사실 이 관점은 피터 엘보우$_{\text{Peter Elbow}}$[3]라는 학자를 통해 널리 전파되었습니다.

엘보우는 현대 글쓰기 교육 이론을 성립하는 데 선구자적 역할을 한 학자로 『힘있는 글쓰기$_{\text{Writing with power}}$』[4]라는 책에서 처음부터 잘 쓰려고 할 때 나올 수 있는 여러 가지 폐해를 지적했습니다. 처음에는 쓰고자 하는 내용이 명확하지 않은 경우가 많은데, 이는 자료도 제한적이고 생각도 깊게 한 상태가 아니기 때문입니다. 쓰고자 하는 주제는 생각하고 비교하고 토의하는 과정에서 뚜렷해지는데 처음부터 잘 쓰려고 하면 숙의 과정을 충분히 갖지 않을 확률이 높습니다. 혹자는 개요를 세우면

2 Lamott, A., 『Shitty first draft. In P. Eschholz, A. Rosa, & V. Clark (Eds.),』Language awareness: Readings for college writers (pp. 93–96). Bedford/St. Martin's., 2005

3 http://peterelbow.com/about.html

4 Elbow, P., 『Writing with power: Techniques for mastering the writing process』. New York: Oxford University Press., 1981

되지 않을까 하는 생각을 하는데, 충분한 내용이 없는 상태에서는 개요의 효능감도 떨어지게 됩니다. 그리고 한 번에 쓰려고 하니까 압박감도 늘어나게 되고, 마지막으로 시간상의 제약 때문에 내용을 풍부하게 만드는 데 어려움이 있습니다.

1. 초고를 쓸 때 내가 쓴 내용이 어떤 것인지 명확하지 않다.
2. 쓰고자 하는 주제는 비교하고 토의하는 과정에서 명확해지는 경우가 많다.
3. 개요는 내가 하고 싶은 이야기가 정해지고 난 후 만드는 것이 효과적이다.
4. 한 번에 쓰려고 하면 압박감이 많아진다.
5. 시간이 한정적이기 때문에 내용을 풍부하게 구성하는 데 제약이 많다.

그림 2-2 엘보우의 주장

그러면 어떻게 해야 할까요? 파인딩 포레스터Finding Forrester라는 영화에서 작가인 포레스터가 고등학생인 월레스에게 글을 어떻게 써야 하는지 조언하는 장면이 나오는데, 이 대사가 지난 수십 년간의 글쓰기 교육 연구를 집약한 내용을 담고 있습니다.

> You write your first draft with your heart. You rewrite with your head.
> The first key to writing is to write.

즉, 초고는 가슴으로 쏟아내고 다시 쓸 때는 이성적으로 따져 가면서 쓰라는 것입니다. 그래서 일단 시작하는 것이 중요하다고 조언합니다.

이와 관련하여 엘보우는 글쓰기를 두 과정으로 나누어 생각하라고 권합니다. 예를 들어서 비가 오는 수요일 오후에 카페에 앉아 있으면 무언가 쓰고 싶은 생각이 들 때가 있습니다. 혹은 영상을 시청하다가, 책을 읽다가, 대화하다가 갑자기 좋은 생각이 나는 경우가 있습니다. 이렇게 무엇인가를 표현하고 싶어 하는 것을 글로 표현하는 과정이 창의적 글쓰기creative writing 단계입니다. 이에 반해 비판적 글쓰기critical writing는 내용이 좋고 나쁘고, 설득력이 있고 없고, 문법이 맞고 틀리고, 표현이 적절한지 부적절한지 등 글의 내용과 형식을 판단하고 평가하는 과정을 지칭합니다.

그림 2-3 엘보우의 글쓰기 과정

그리고 엘보우는 판단하고 따지는 비판적 글쓰기의 에너지가 압도하면 창의적 글쓰기가 주는 장점을 억누르게 된다고 주장합니다. 글을 시작할 때 '글의 내용이 별로야.', '나는 문법에 좀 약해.', '난 어휘력이 부족해.'라는 생각에 지배당하면 쓰기에 필요한 동력을 내기가 어렵습니다. 그래서 엘보우는 순서를 바꾸어 창의적 글쓰기부터 시작해야 한다고 주장합니다. 처음부터 잘 쓰려고 하다 보면 판단하고 따지는 비판적 글쓰기가 개입하게 되므로 이를 막고 무조건 시작하라고 조언합니다. 쉽게, 빨리, 그리고 막 써서 되도록 많은 내용을 글에 담는 것이 중요합니다.

창의적 글쓰기를 돕기 위해서는 자유글쓰기freewriting[5]라는 방법이 효과적입니다. 5분, 10분, 혹은 15분 등의 시간을 정해 놓고 아무거나 머리에 떠오르는 생각을 마구 작성하면 많은 글을 생성하게 됩니다. 그러면 글쓰기에 대한 두려움을 줄이고 생각할 소스들을 만들어보는 습관을 들일 수 있습니다. 잠깐 멈추고 이 방법을 연습해 보도록 하겠습니다.

5 우리말로 '내리쓰기'라고도 합니다.

Writing Practice 2-1

소요시간 : 10분

Q 10분 동안 여러분의 머릿속에 떠오르는 내용을 글로 작성해 봅시다. 문단을 만들어도 좋고, 문장 혹은 단어만 나열해도 좋습니다.

Solution 2-1

일정한 주제 없이 머릿속에 떠오르는 대로 써내려가 봅시다. 지금은 논리적 영어 글쓰기에 대해서 논의하고 있으니 이에 대해 써도 됩니다. 하지만 그 주제에 국한되지는 않습니다. 다른 주제로 옮길 수도 있고, 혹은 같은 주제로 다시 돌아올 수도 있습니다

Logical Writing? Is this easy to do for us? This might be too difficult. what else can I say? Any example? Any episodes? Did I have any relevant experience? Should I search the internet? Should I ask ChatGPT about this?

이렇게 생각나는 대로 써내려가 봅시다. 그러다가 막히면 다른 내용을 적을 수도 있습니다.

Nothing comes to me. I want to rest. Writing is difficult. No thinking, hm··· What's for lunch? Should I go to cafeteria? Anybody to call? They are all busy. I can't think of anything today.

그러다가 같은 주제로 돌아올 수도 있습니다.

Korean students have few opportunities to practice English writing. This is because English education focuses on reading and grammars. In this era of AI, is this the right way?

자유글쓰기는 일정한 주제에 대해서도 적용할 수 있습니다.

Writing Practice 2-2

소요시간 : 5분

Q 5분 동안 다음 주제로 자유글쓰기를 해봅시다.

Logical writing in English needs the following skills.

Solution 2-2

Sample Answer

To write logically in English, one needs to know the difference between revising and editing. Expert writers and beginning writers have different approaches toward writing.

One good way to write a logical essay is to classify contents into similar categories…

이런 연습을 하면 내 머릿속에 잠재되어 있는 여러 가지 생각들을 지면이나 컴퓨터 화면으로 끄집어내게 됩니다. 그리고 이 작업을 반복할 수 있도록 좋은 생각들이 떠오를 수 있습니다.

초고 수정하기

2.1에서는 처음부터 잘 쓰려고 하지 말고 창의적인 에너지를 잘 활용해서 많은 아이디어를 쉽게, 많이, 그리고 신속하게 글에 얹어 놓는 창의적 글쓰기로 시작한 후 이를 이성적으로 판단하여 수정하는 비판적 글쓰기로 옮겨가는 과정을 추천했습니다. 지금부터는 이러한 원리를 실현하는 구체적인 방법을 소개하겠습니다.

A. Direct Writing Process

엘보우는 글쓰기에 시간 제한이 있을 때 주어진 시간을 반으로 나누고 처음 반은 초고를 쓰는 데, 그리고 나머지 반은 초고를 수정하는 데 사용하라고 조언합니다.

> The process is very simple. Just divide your available time in half. The first half is for fast writing without worrying about organization, language, correctness, or precision. The second half is for revising.

초고는 언어의 형식에 얽매이지 않고 빠르게 써내려가는 데 집중하는 창의적 글쓰기creative writing 단계입니다. 초고를 쓸 때는 글의 구조, 언어, 정확성 등에 개의치 않고 쓰면 됩니다. 그리고 나머지 반은 초고 수정에 사용하는 비판적 글쓰기critical writing 단계입니다. 나에게 10일의 시간이 주어지면 5일은 초고 작성에, 그리고 나머지 5일은 수정하는 데 사용하라는 것입니다.

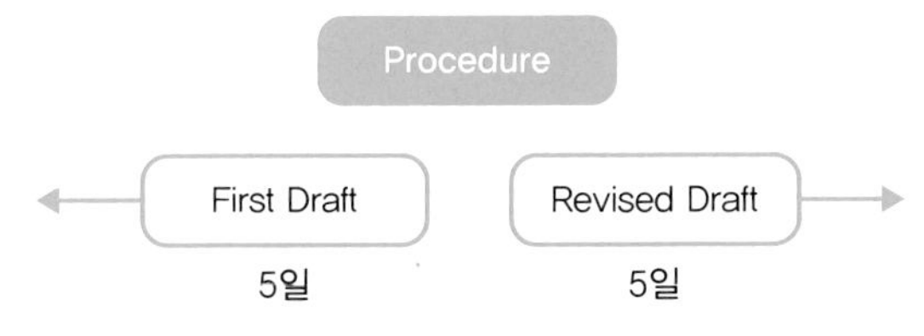

그림 2-4 Direct Writing Process

그런데 이 조언은 현실성이 떨어집니다. 주어진 시간 전체를 글을 쓰는 데만 보낼 수는 없습니다. 그리고 이렇게 시간을 배분하려면 두 가지 전제가 충족되어야 합니다. 우선은 ❶ 초고 작성 과정이 매우 쉬워야 하고 ❷ 수정 작업에 들어가는 시간을 충분히 확보해야 합니다. 50%는 아니더라도 적어도 30% 이상의 시간을 투자해야 합니다.

만약 시간이 더 촉박해서 10일 중 2일만 사용할 수 있다면 여러분은 어떻게 이틀을 보내게 될까요? 아마 다음 그림처럼 마지막 이틀에 몰아서 쓰지 않을까요? 그리고 그 이틀 중에 많은 시간을 서론 introduction을 쓰는 데 보낼지도 모를 일입니다. 내가 본문을 어떤 내용으로 어떻게 써야 할지 구체적으로 모르는 상태에서 이를 소개하는 서론을 쓰는 데 많은 시간을 허비할 수 있습니다.

그림 2-5 글쓰기 작업 시간의 일반적 형태

여기서 Direct Writing Process를 응용해 보면 10일 중 첫날에 초고를 작성하고 8일이 지난 후 마지막 날에 수정 작업을 해야 합니다. 왜 그럴까요? 앞서 1.2.2절에서 다룬 뇌과학 연구에 따르면, 초고를 첫날 작성할 경우 나머지 8일 동안은 뇌가 쉬는 것이 아니라 초고에서 기술한 내용에 대해 적절한 자극이 있으면 생각을 더 발전시킬 수 있습니다. 즉 Direct Writing Process의 핵심은 초고를 작성하여 생각할 소스들을 얹어 놓고 수정 작업을 통해 정리하고 완성해 나가는 것입니다.

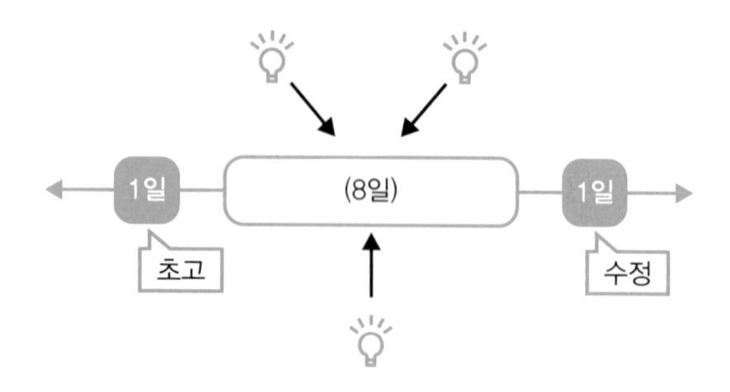

그림 2-6 글쓰기 작업 시간의 제안

B. 초고와 수정 작업 구분하기

Direct Writing Process를 구현하기 위해서는 초고가 어떤 형태이어야 하는지 다시 생각할 필요가 있습니다. 2.1.1절에서 설명한 것처럼 초보자들은 글이 완성되면 이를 초고라 생각하고, 문법이나 단어 등의 오류를 고치는 작업을 수정이라고 여기는 경우가 많습니다. 하지만 주제를 생각하면 떠오르는 생각, 또 이와 관련된 의견, 이야기, 그림, 도표 등 다양한 글감을 모아 놓은 결과물도 초고일 수 있습니다. 그리고 수정은 이런 글감을 정리나 배열하고 불필요한 것들을 제거하며 새로운 생각들을 계속 얹어 나가는 작업입니다. 이렇게 생각하면 초고부터 잘 쓰고자 하는 마음의 부담을 조금 줄일 수 있습니다.

그래서 우리가 생각하는 초고는 [그림 2-7(b)]처럼 완벽한 글이 아니라 [그림 2-7(a)]처럼 메모나 사진 혹은 인터넷 링크를 붙이거나 여러 방식으로 가져온 아이디어, 노트 등이 들어간 형태를 포괄하는 의미로 볼 수 있습니다.

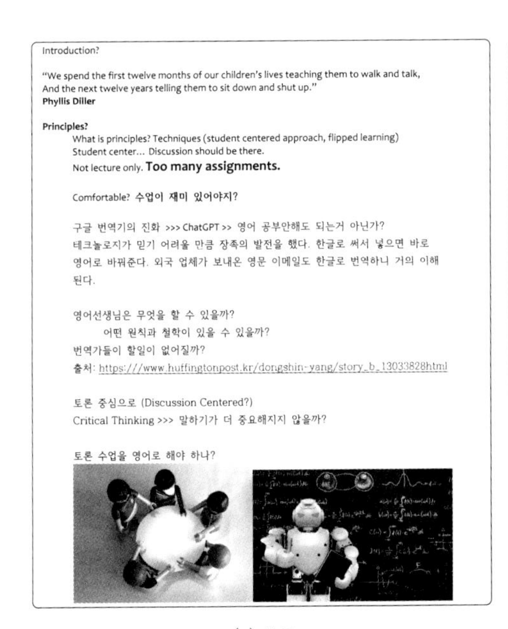

Introduction?

"We spend the first twelve months of our children's lives teaching them to walk and talk,
And the next twelve years telling them to sit down and shut up."
Phyllis Diller

Principles?
What is principles? Techniques (student centered approach, flipped learning)
Student center... Discussion should be there.
Not lecture only. **Too many assignments.**

Comfortable? **수업이 재미 있어야지?**

구글 번역기의 진화 >>> ChatGPT >> 영어 공부안해도 되는거 아닌가?
테크놀로지가 믿기 어려울 만큼 장족의 발전을 했다. 한글로 써서 넣으면 바로 영어로 바꿔준다. 외국 업체가 보내온 영문 이메일도 한글로 번역하니 거의 이해 된다.

영어선생님은 무엇을 할 수 있을까?
어떤 원칙과 철학이 있을 수 있을까?
번역가들이 할일이 없어질까?
출처: https:///www.huffingtonpost.kr/dongshin-yang/story_b_13033828html

토론 중심으로 (Discussion Centered?)
Critical Thinking >>> 말하기가 더 중요해지지 않을까?

토론 수업을 영어로 해야 하나?

(a) 초고

Personal Statement on Teaching
Sogang Kim

In my opinion, 'true education' should involve not only the learner's needs and interest but also the active interaction between the teachers and the learners or among peers. However, what I realized that Korean education seems to ignore this important element as it focuses on the product rather than the process. There seem to be some serious discrepancy between the true education and real education.

In language education field, the problem is more serious. Every English class of secondary schools places a heavy emphasis on reading and grammar. Many Korea students quickly lose their interest in English as a communicative means and simply try to memorize points to get better grades in Korean SAT. I feel strongly about this problem and therefore want to pursue a teaching career. I am determined to restore the true education in Korea. In the writing below, I offered a couple of teaching principles that will guide my teaching to realize the true education in my teaching.

Teaching and Real-Life

My first principle is to start with life-related content to make students familiar with English. As William Pinar (1975) had suggested 'autobiographical method' to reflect one's own life, content that is related to one's life can be an effective way to express each student's subjective inner side. This will result in students' interest-focused learning and help them to be closer with the subject.
In terms of writing, this principle can be applied to L1 as well as L2. When I was a middle school student, my Korean teacher made us to do short writings three times a week. It was about writing about each person's own 'life', which was also called 'life writing.' Students could write whatever about their daily lives or thoughts freely.

Since "having a context in which learners can write without risk is especially important for their continued language development" (Williams, 2005), for me this experience made me get closer to the writing because I didn't have to worry about the form or in-depth content of the writing. One of the most effective ways to achieve this is to give opportunity to students to have free L2 writing. If this is achieved, it will let students reflect upon themselves and help them to have confidence (Lee, 2011). Also, they will get more close to and be ready to do more organized writing.

Teaching through Interaction

Also, I think teaching should contain the aspect of the social interaction between teacher and students, as well as among students. One of the most effective ways is discussion or debating among students with feedback from the teacher, and this also can be applied to L2 writing. When I was a high school student, I made English debating club. In order to put on record our activities, we decided to write short essays after each debating theme.

Since lots of friends didn't know how to write organized essays, I made simple manual sheet with brief explanation on basic five-paragraph essay form and then explained to them. They understood well and wrote individual essays after each session is over with peer editing. Also, through debating, they could interact with themselves with ideas or opinions and eventually could develop in great writings. It was a really tremendous experience for me and I realized social activities among students can be helpful and exchanged ideas can be integrated into organized writings.

(b) 완성본

그림 2-7 글쓰기 초고와 완성본

초고를 잘 쓰기 위한 전략은 무조건 쓰기를 시작해야 한다는 것입니다. 이는 2.1.1절에서 언급한 포레스터가 월레스에게 한 말 'The first key to writing is to write.'와도 동일합니다. 이에 관해 글쓰기 전문가 질Gill[6]은 다음과 같이 말합니다.

---

6 Gill, C. M., 『Essential writing skills for college & beyond』, Oxford., 2014

글을 시작할 때 비평가처럼 따지는 목소리가 나오면 제어해야 됩니다. 그렇지 않으면 부정적인 평가로 여러분의 글을 형편없는 것으로 치부하기 때문입니다. 그래서 이런 부정적인 목소리가 나오면 '나중에 생각할 거니까 아직은 나서지 마!'라고 하고 차후에 수정 작업을 할 때 불러들이면 됩니다.

여기서 말하는 수정은 온전히 글만 보는 시간을 의미합니다. 책을 읽거나 자료를 모으거나 데이터를 모으는 시간은 모두 초고에 보내는 시간입니다. 온전히 글을 보면서 수정하는 시간은 아이디어가 적절한지, 구성은 잘 되어 있는지, 문구의 위치가 바뀌어야 하는지 등 글 전체의 내용이나 구성 등과 같은 중요한 이슈를 다루게 됩니다. 수정하는 시간은 글쓰기에 소요되는 전체 시간 중 적어도 30% 이상이 되어야 합니다. 이를 실생활에 적용해 보면 에세이 시험을 보거나 보고서를 작성하는 시간이 1시간이라면 초고에는 30분에서 40분 정도를 쓰고 나머지 20~30분은 수정하는 데 사용합니다. 이러한 시간 배분은 초고의 완성도에 따라 달라질 수 있습니다.

그림 2-8 초고 작성의 어려움

초고를 작성하기 위해 질Gill이 제시한 몇 가지 제안을 따라가 보겠습니다.

1. 초고를 쓸 때는 일정한 형식이나 순서가 있는 것이 아니므로 나에게 적절한 방법을 찾으면 됩니다.
2. 초고는 빨리, 그리고 쉽게 쓰는 것이 좋습니다.
3. 다양한 방법을 사용하여 글을 작성합니다. 구술한 것을 녹음해도 좋고 그림의 형태로 작성해도 좋습니다.
4. 글을 쓰다가 막히면 그냥 멈추고 다음 내용으로 넘어가도 됩니다.

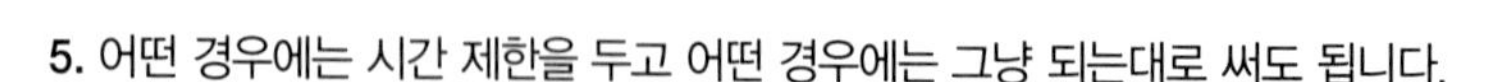

5. 어떤 경우에는 시간 제한을 두고 어떤 경우에는 그냥 되는대로 써도 됩니다.
6. 대화를 해 보는 것이 좋습니다. 대화 상대는 선생님일 수도 있고, 동료 혹은 친구일 수도 있습니다.

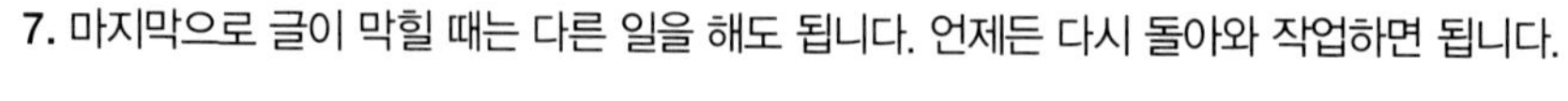

7. 마지막으로 글이 막힐 때는 다른 일을 해도 됩니다. 언제든 다시 돌아와 작업하면 됩니다.

그림 2-9 질의 주장

초고가 완성되고 수정 작업에 들어갈 때 저자는 다음과 같이 조언합니다. 큰 이슈부터 들여다봐야 하기 때문에 ❶ 우선 글의 주장이 드러나 있는지 살피고, ❷ 글의 방향성이 보이는지 파악해야 합니다. ❸ 글의 문단 등이 논리적으로 연결되어 있는지 조사합니다. ❹ 읽기 자료가 적절히 인용되어 있는지도 살펴봅니다. ❺ 큰 주제와 작은 주제가 위계가 맞아 연관성이 있는지 살펴보고 ❻ 두괄식으로 구성되어 있는지도 따져봅니다. 이런 작업이 끝났을 때 비로소 첨삭 과정을 시작하여 문장 구성이 적절한지, 문법과 어휘가 맞는지 점검합니다.

그렇다면 초고 작성법과 수정 작업에 대한 실습을 해보겠습니다. 초고에는 생각나는 아이디어를 빠르게 적으면 됩니다. 어떤 내용이 들어갈지 우선 생각해 보기 바랍니다.

Writing Practice 2-3

소요시간 : 5분

Q 자기소개서 양식에 맞춰 빈칸을 채워봅시다.

Personal Statement
(College Students)

Who am I?
(   )

Educational Background

Major/Minor
(   )

Courses
(   )

Job Experience

Intern
(   )

Part-time
(   )

 **Solution 2-3**

자기소개서는 직장을 구할 때 제출하는 이력서(resume)를 설명하거나 제안서 등에서 자신의 역량을 소개하는 데 쓰입니다. 경력이나 경험 등의 객관적인 내용을 나의 성격, 동기, 성향, 특징 등과 연관시켜 기술하다 보면 자기소개서의 방향과 주제가 드러나게 됩니다.

예를 들어 '내성적이지만 꼼꼼하다.' 혹은 '외향적이고 진취적이다.' 등으로 기술하면 나머지 정보에서 이런 성향을 확인하는 방식으로 글을 구성할 수 있습니다. 그리고 자신의 Educational Background에는 학교, 전공, 그리고 수강한 강좌 등을 기록할 수 있습니다. 그리고 Job Experience도 Intern, Part-time, 혹은 그 외에 다양한 경험을 적어 넣을 수 있습니다.

Sample Answer

Personal Statement
(College Students)

Who am I?
(Hong Gil-dong)

Educational Background

Major/Minor
(Bachelor of Arts in Communication, Hankuk University)

Courses
- (Principles of Marketing)
- (Business Ethics)
- (Organizational Behavior)
- (Corporate Finance)
- (Advertising and Public Relations)

Job Experience

Intern
(Intern, ABC Company, Los Angeles, CA June 2021 – August 2021)

이렇게 초고 작성 방법을 연습했습니다. 두 번째는 글을 수정하는 작업을 들여다보겠습니다. 1장에서 소개한 영어교사가 되고자 하는 학생의 자기소개서 앞부분에서 발췌한 여섯 문장을 다음과 같이 주제가 같은 문장들끼리 묶었습니다. 이번에는 이 문장에 대한 개념을 뽑아 제목을 붙여보도록 하겠습니다.

Writing Practice 2-4

소요시간 : 5분

Q 자기소개서에서 사용된 6개의 문장을 다음과 같이 분류했습니다. 각 문단별로 적합한 제목을 붙여봅시다.

(   )

(1) My English teacher in my high school was the reason why I wanted to be a teacher. **(4)** Good teachers pay attention to students and support them with feedback.

(   )

(2) Students are mostly focusing on getting a good grade in college entrance examination.

(   )

(3) I want to create learning environment in which students feel comfortable. **(5)** Students can be emotionally defensive if they are uneasy and afraid of learning. **(6)** This is because when students face problems that lead to emotional distress, their concentration decreases drastically.

Solution 2-4

여섯 문장에서 **(1)**과 **(4)**는 선생님에 관한 내용이었고 **(2)**는 학생들에 관한 내용이었습니다. 그리고 **(3)**, **(5)**~**(6)**은 학생들의 감정(emotion)을 다뤘습니다. 이는 학습에 관련된 감정의 문제로 이를 감정적인 문제(affective issue), 혹은 심리적 문제(psychological issue)라고 정해 보겠습니다.

이렇게 정하면 **(2)**는 이와 대비되는 개념을 상정할 수 있습니다. 예를 들어 학습에 관한 내용이므로 cognitive issue라고 할 수 있습니다. cognition은 인지적 역량을 지칭하므로 감정적 영역과 대조되는 개념입니다. 그렇게 되면 cognitive issues와 psychological issues를 비교하면서 주장을 전개할 수 있습니다. 그러면 **(1)**과 **(4)**는 teaching으로 개념을 잡을 수 있습니다.

Sample Answer

(Teaching)

(1) My English teacher in my high school was the reason why I wanted to be a teacher. **(4)** Good teachers pay attention to students and support them with feedback.

(Cognitive issue)

(2) Students are mostly focusing on getting a good grade in college entrance examination.

(Psychological issue)

(3) I want to create learning environment in which students feel comfortable. **(5)** Students can be emotionally defensive if they are uneasy and afraid of learning. **(6)** This is because when students face problems that lead to emotional distress, their concentration decreases drastically.

이렇게 상위 개념을 정해 놓으면 이를 중심으로 서론을 작성할 수 있습니다. 예를 들어 선생님을 소개할 때 본문에 언급된 cognitive issue 혹은 psychological issue를 고려해서 작성할 수 있습니다. '선생님이 잘 가르치는 분이어서 cognitive issue의 역량이 뛰어났다.'고 하거나 psychological issues에 민감하셔서 학생들을 잘 다독이셨다.'고 방향을 잡을 수 있습니다. 그렇게 되면 My English teacher was the reason why I wanted to be a teacher라고 기술하고 다음 문장에 She was very attentive to students' emotional needs라고 연결할 수 있습니다. 혹은 선생님이 두 영역 모두 역량이 뛰어났다면 She was a skilled teacher while being attentive to students' emotional needs라고 할 수도 있습니다. 이런 방식으로 본문에서 기술하려는 주장을 두괄식으로 예고하는 효과를 줄 수 있습니다.

이번 장에서는 초고와 수정본을 작성하는 과정에 대해 알아보았습니다. 초고에 나왔던 아이디어를 주제별로 묶어보고 적절한 용어로 제목을 붙이는 과정에서 글에서 전개해 나갈 주장을 파악하고 발전시킬 수 있습니다. 이러한 수정 작업을 통해 생각하고 판단하는 작업이 이루어지게 됩니다. 초고와 수정 작업의 특징을 이해하여 자신에게 맞는 방식을 찾아간다면 논리적 글을 작성하는 데 많은 도움이 될 것입니다.

Chapter 03

주장과 아이디어 생성하기

Arguments and Ideas

이 장에서는 논리적인 글을 작성하기 위한 기본 요소인 전제(premise)와 결론(conclusion)에 대해 학습합니다. 그리고 논리적인 글을 쓰기 위해 아이디어는 어떻게 만들어지는지 그 과정을 살펴봅니다. 유명 작가인 게이먼(Gaiman)의 글을 읽어가면서 작가들의 노하우를 살펴보겠습니다.

Section 3.1

주장문을 어떻게 구성할까?

A. 전제와 결론의 관계

논설문, 연설문, 광고문, 논문과 같이 설득하는 글은 주장이나 의견을 담고 있기 마련입니다. 그리고 주장이 논리적일 때 비로소 설득력을 갖게 됩니다. 그렇다면 주장문은 어떻게 구성되어 있을까요?

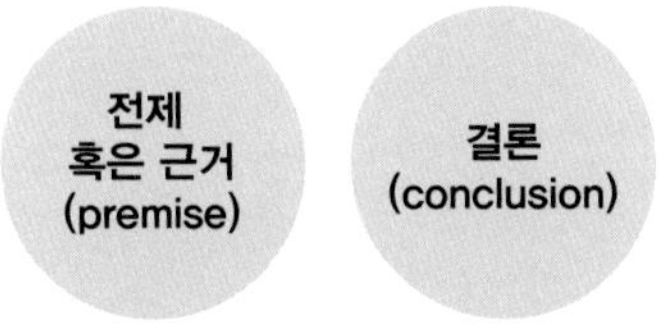

전제
혹은 근거
(premise)

결론
(conclusion)

그림 3-1 주장문의 구성

전제 premise와 **결론** conclusion의 관계를 살펴보면 됩니다. 이 관계에 대한 개념은 다음과 같이 표현할 수 있습니다.

> Premise is a statement in an argument that provides reason or support for the conclusion.

전제는 주장문에서 보이는 말 혹은 글을 지칭하는데, 결론에 대한 이유나 근거를 제시합니다. 다시 말해 결론을 도출하기 위한 근거가 곧 전제라고 할 수 있습니다.

지금부터는 수사학의 영역으로 들어가는데, 이에 관해서는 김용규 선생의 저서 『설득의 논리학』에서 발췌한 내용과 필자가 수집한 내용을 예로 들어서 설명하겠습니다. '명제'는 뜻이 있는 문장 혹은 문구를 의미하는데 전제와 결론 모두 명제의 일종입니다. 그리고 명제 간의 관계를 도출하는 과정에서 추론inference을 하게 됩니다. 그래서 추론의 출발점이자 결론의 근거가 전제라고 정리할 수 있습니다.

그림 3-2 전제와 결론을 통한 추론

B. 단순한 문장의 구성

[그림 3-3]의 예를 살펴봅시다. '민수는 의사가 된 이후 수입이 많아졌다.'라는 문장은 '민수는 의사가 되었다.'와 '수입이 많아졌다.'라는 두 명제로 나눌 수 있고, 각각 전제와 결론을 나타냅니다.

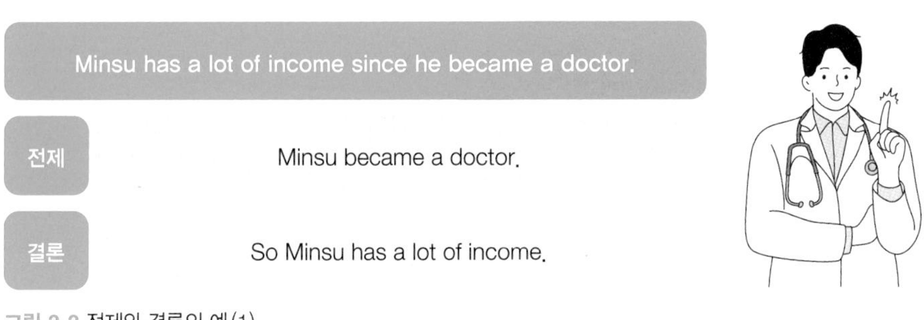

Minsu has a lot of income since he became a doctor.
전제
Minsu became a doctor.
결론
So Minsu has a lot of income.

그림 3-3 전제와 결론의 예(1)

그런데 여기서 명시적으로 드러나지 않는 명제가 있는데 '의사가 되면 수입이 많다.'라는 명제입니다. 이렇게 명제를 드러내지 않아도 되는 이유는 그 내용이 상식의 수준에서 받아들여지는 정보이기 때문입니다. 정리하면 '민수는 의사가 되었다. 그리고 의사는 수입이 많으므로 민수는 수입이 많아졌다.'라는 추론이 가능합니다.

그러면 [그림 3-4]의 예를 살펴봅시다. '외계인은 존재한다. 왜냐하면 당연한 사실이니까.'라고 했는데 언뜻 보면 '왜냐하면'이라는 문구가 마치 인과관계가 있는 것처럼 보입니다. 하지만 논리가 치밀하지 않습니다. 일단 '외계인이 존재한다.'는 명제를 당연한 사실로 받아들여야 하기 때문입니다. 내용을 정리해 보면 위 주장에는 '당연한 사실이니까, 외계인은 존재한다.'라는 비논리적인 명제가 들어 있습니다.

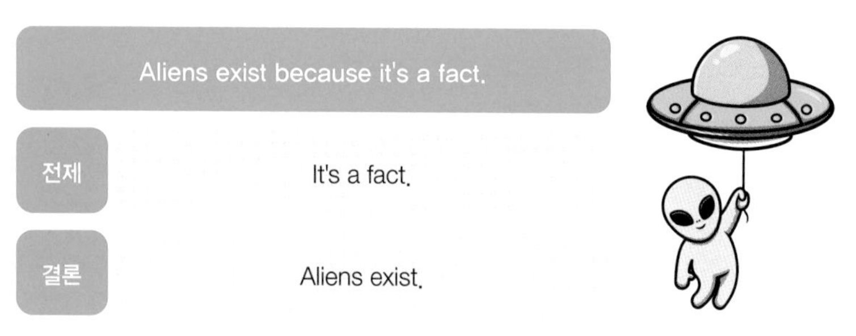

Aliens exist because it's a fact.
전제
It's a fact.
결론
Aliens exist.

그림 3-4 전제와 결론의 예(2)

이럴 때는 어떻게 해야 될까요? 전제를 보강해야 합니다. 예를 들어 '많은 나라에서 UFO가 목격되었기 때문에'라는 식으로 전제를 보강하면 설득력이 있어 보입니다. 한 걸음 더 나아가 '북미 뿐만 아니라 남미, 유럽, 그리고 아시아 등 전 세계적으로 발견된 현상이다.'라고 하면 전제가 더 보강이 됩니다. 조금 더 깊이 들어갈 수도 있습니다. 예를 들어 '이렇게 발견된 UFO는 과학적 사실로 설명이 되지 않는 움직임을 보인다.'라고 하면 '과학기술이 인류보다 앞선 외계인이 있을 것으로 추정된다.' 등으로 확장할 수 있습니다.

이렇게 논리적 글에서는 전제와 결론의 역학관계가 매우 중요합니다. 그러면 다음의 글에서 전제와 결론을 찾아봅시다.

> Because gambling casinos pay a significant amount of taxes, Indian tribes should be allowed to build as many as they want on their land.[1]

1 Cooper, S. & Patton, R., 「Writing logically, thinking critically(7th Ed.)」, Pearson, 2011

미국 정부에서는 Indian reservation이라 불리는 인디언들의 거주 지역에 카지노를 세워 수익 사업을 하도록 허용해 왔습니다. 이 문장의 전제와 결론을 나타내면 다음과 같습니다.

- **전제**: Gambling casinos pay a significant amount of taxes.
- **결론**: Indian tribes should be allowed to build as many as they want.

이런 관계를 보면 전제는 사실을 기술하거나 어떤 내용을 제안 혹은 선언하는 내용을 담고 있습니다. 또한 결론은 주장을 포함하고 있어 행위의 결과, 혹은 가치판단을 담고 있는 명제가 됩니다.

전제(premise)	결론(conclusion)
• 진술(statement)	• 주장(argument)
• 제안(proposal)	• 행위(action statement)
• 선언(declaraation)	• 가치판단(value judgement)

그림 3-5 전제와 결론의 역할

그러면 여기서 잠깐 멈추고 지금까지의 내용을 영어로 써보는 연습을 하겠습니다.

Writing Practice 3-1

소요시간 : 5분

Q1 다음 문장에 근거하여 괄호 안 내용을 채워보도록 합시다.

Premise is a statement in an argument that provides reason or support for the conclusion.

(a) Premise (   ).

(b) Conclusion is (   ).

Q2 Q1의 (a)와 (b)를 한 문장으로 합쳐봅시다.

____

____

____

____

Solution 3-1

Sample Answer

Q1

(a) Premise (supports conclusion).

(b) Conclusion is (a statement that is supported by premise).

혹은 Conclusion is (drawn from premise).

Q2

There is a logical relation between premise and conclusion. This is because conclusion is drawn from premise. In order to learn logical writing, we need to pay attention to the logical relation between premise and conclusion.

C. 복잡한 문장의 구성

지금까지 살펴본 글은 전제와 결론이 하나씩 있는 구조였는데 이보다 더 복잡한 문장을 살펴보겠습니다. 다음 문장을 보면서 전제가 몇 개인지, 그리고 결론과 어떻게 연결되는지 살펴보기 바랍니다.

> **(1)** Soccer fans have long argued that the city should build a downtown soccer stadium. **(2)** If the city does not build a new stadium, the team may leave, **(3)** and a major city deserves a major league team. **(4)** Furthermore, downtown's weather is superior to the wind of the present site, **(5)** and the public transportation to downtown would make the park more accessible.[2]

이 글에서는 축구 경기장을 지어야 한다는 팬들의 주장이 결론입니다**(1)**. 그리고 이 결론에 도달하기 위해 4개의 전제가 붙습니다**(2)~(5)**. 이렇게 전제가 여러 개 있을 경우를 복합 삼단논법이라고 합니다. 또한 각 전제에 이유를 붙일 수 있습니다. 예를 들어, 첫 번째 전제인 'The team may leave.'에 'The two rival cities are looking for a new team.' 혹은 'The facilities of the stadium are outdated.'라는 문장을 추가하는 것입니다.

2 Cooper, S., & Patton, R., 『Writing logically, thinking critically (7th Ed.)』, Pearson., 2011

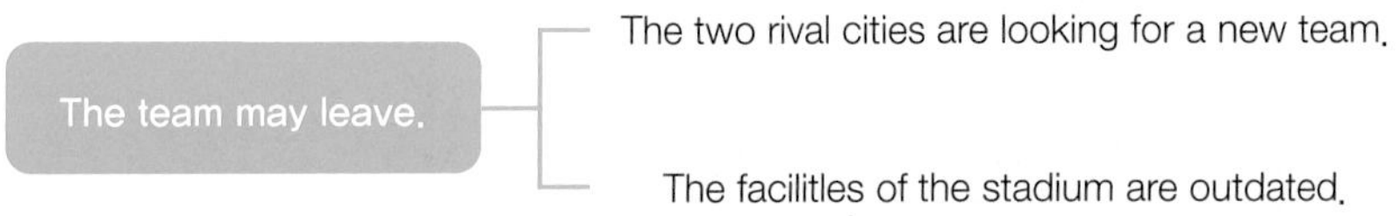

The team may leave.

The two rival cities are looking for a new team.

The facilitles of the stadium are outdated.

그림 3-6 복합 삼단논법의 예시

이렇게 각각의 전제에 또 전제가 붙으면서 전체 글의 결론을 이끌어낼 수 있습니다. 이는 논문과 같은 학문적인 주장에 많이 쓰이는 기법입니다. 이런 식으로 문장과 문장, 그리고 문단과 문단으로 확장하는 연습을 하게 되면 긴 글도 논리적으로 연결할 수 있습니다.

여기까지 글에서 논리를 세우기 위해 알아야 하는 필수 구성요소인 전제와 결론의 관계를 살펴보았습니다. 처음에는 전제와 결론이 하나씩 있는 경우를 살펴보았지만, 그 외에 다수의 전제가 하나의 결론으로 이르는 경우, 그리고 각각의 전제가 또다시 전제와 결론으로 구성되는 경우 등을 살펴보았습니다. 전제와 결론의 관계는 문장과 문단의 구성요소를 자세히 살펴볼 수 있는 도구가 되어 글을 쓸 때도, 그리고 글을 읽을 때도 논리를 구조적으로 파악하는 데 도움이 됩니다.

Section
3.2

아이디어를 어떻게 생성할까?

아이디어Idea를 생성하는 과정은 글의 내용을 다루는 작업입니다. 내용을 다루려면 아이디어의 구성 과정부터 살펴봐야 합니다. 사실 영어 글쓰기에서 내용을 다루는 법을 학습하기란 쉽지 않습니다. 통상 영어 글쓰기와 관련된 교재나 자료는 글의 형식이나 문법 학습 위주로 구성되는 경우가 대부분입니다. 하지만 이 책에서는 글의 내용을 다루는 과정을 깊숙이 들여다 보면서 쓰기 연습을 하기 때문에 꾸준히 따라오다 보면 차츰 내용을 다루는 데 익숙해질 것입니다.

A. 아이디어 발전 과정

'글로 아이디어 생성하기'라는 주제를 다루기 위해 닐 게이먼Neil Gaiman[3]의 글을 살펴보겠습니다. 글의 제목은 'Where do you get your ideas?'인데 게이먼은 유명한 작가이기 때문에 이런 질문을 많이 받았다고 합니다. 이 질문에 게이먼은 누구나 아이디어를 가지고 있으며, 아이디어 자체가 중요한 건 아니라고 했습니다.

하지만 이를 상식적으로 이해하기는 어렵습니다. 심지어 '아이디어가 중요하지 않다면 뭐가 중요한데?'라는 의문이 들기도 합니다. 그러자 제일 어려운 부분은 '시간을 내어 단어와 단어를 써내려가면서 말하고 싶은 내용을 만들어내는 과정'이라고 하면서 다음과 같이 말합니다.

> And hardest by far is the process of simply sitting down and putting one word after another to construct whatever it is you're trying to build: making it interesting, making it new.

3 영국의 유명한 소설가로, 만화책&그래픽노블 작가 겸 오디오 극장 및 영화 각본가이다.

다시 말해 진득하게 앉아서 무엇인가를 써내려가면서 새롭고 흥미롭게 아이디어를 만들자는 것입니다. 사실 글쓰기를 업으로 하는 사람들도 비슷한 말을 합니다. 글은 영감을 받아 막 써서 완성하는 사람도 있지만 대다수의 글은 진득한 숙성의 과정을 거쳐서 탄생된다고 합니다.

그림 3-7 아이디어 생성하기

이 말은 1.2.B절에서 언급했던 존 게이지가 말한 내용과 연결됩니다.

> Writing is thinking–made–tangible, thinking that can be examined because it is on the page and not all in the head, invisibly floating around. Writing is thinking that can be stopped and tinkered with.[4]

즉, 쓰기는 생각을 들여다볼 수 있게 만들어 줍니다. 머릿속에 떠도는 생각을 잡아서 페이지에 보여주고 우리가 거기에 작업을 걸 수 있다고 한 게이먼의 말처럼 아이디어는 진득하게 앉아서 글을 쓸 때 생성된다는 뜻입니다.

게이먼은 'where do you get your ideas?'라는 질문에 대해 다음과 같이 답을 합니다.

- You get ideas from day dreaming.
- You get ideas from being bord.
- You get ideas all the time.

즉, 몽상에 사로잡혀 있거나 심심할 때도 아이디어를 얻을 수 있으니 아이디어 자체는 문제가 아니라고 합니다. 그리고 이렇게 주장합니다. 'The only difference between writers and other

4 Gage, J., 「Why write? In Petrosky (Ed.)」, The University of Chicago Press., 1986

people is we notice when we're doing it.' 작가와 일반 사람이 다른 점은 아이디어가 생길 때 작가들은 그 과정을 의식한다는 것입니다. 의식하니까 아이디어를 글로 잡아서 표현할 수 있는 것입니다.

여기에서 게이먼은 좀 더 구체적인 방법을 제시합니다. 예를 들어 다음과 같은 질문을 하면 아이디어가 생긴다고 합니다.

그림 3-8 생각을 끌어내기 위한 질문

이렇게 물어보면서 자신의 생각을 끌어내는 것입니다. 예를 들어 '내가 아침에 일어나 보니 어깨에 날개가 달려 있다면?' 혹은 '선생님이 수업을 끝내고 학생들을 다 잡아먹으려 한다면?'과 같은 질문에 답하는 과정에서 아이디어가 생겨난다고 합니다.

우리도 몇 가지 상상을 해볼 수 있지 않을까요? '내가 공돈 1,000만 원이 생긴다면?', '체중이 10kg 감소한다면?', 혹은 '내가 대기업 사장이 된다면?' 등의 질문은 어떤가요?

그림 3-9 일상 속 생각 끌어내기

B. 아이디어 발전시키기

게이먼은 아이디어를 다루는 것이 무언가를 창조하는 시작점이라고 강조합니다. 그 아이디어는 어떤 특정한 사람일 수도 있거나 어떤 자연, 혹은 건물, 혹은 단체이거나 이미지일 수도 있습니다. 혹은 여러 아이디어가 묶여서 같이 생각날 수도 있습니다. 이처럼 다양한 형태로 아이디어가 생각났을 때 이를 어떻게 발전시킬까요?

게이먼은 이렇게 말합니다.

> When you've an idea, what then?
> Well, you write.
> You put one word after another until it's finished.

우선 글을 써놓아야만 이에 대해 분석하고, 분류하고, 구체화하는 작업을 할 수 있습니다. 이 작업을 위해서 작가들이 진득하게 앉아 있는 것입니다. 아이디어는 어디선가 마법처럼 얻어지는 것이 아니라 한 단어씩, 혹은 한 문장씩 꾸준히 앉아서 쓰는 과정에서 다듬어져 만들어집니다. 그래서 'Where do you get my ideas?'라는 질문에 게이먼이 'I make them up. Out of my head'라고 답하는 것입니다. 이 내용을 써보면서 연습해 보겠습니다.

Writing Practice 3-2

소요시간 : 5분

Q 아이디어 생성에 관한 게이먼의 주장을 다음 문장의 빈칸을 채우면서 정리해 봅시다.

(a) He wanted me to believe that (   ).

(b) This means that (   ).

(c) He even said that (   ).

(d) I find his idea (   ) because (   ).

Solution 3-2

(a) He wanted me to believe that ideas are not important와 같이 간단하게 쓰거나, 혹은 He wanted me to believe that the process of building ideas is more important than getting them. 등으로 쓸 수 있습니다. 이 문장은 글 전체의 주제를 파악해서 자신의 말로 표현하도록 유도하는 내용입니다.

(b) This means that은 여러분이 쓴 첫 번째 문장을 자신의 말로 설명하거나 해석하라는 요청입니다. 그래서 첫 번째 문장에서 기술한 글을 풀어서 설명하면 This means that the process of writing is more important than getting ideas 정도로 정리할 수 있습니다.

(c) He even said that…은 게이먼의 글 중 중요한 문구를 인용하도록 유도하는 문장입니다. 이런 방법을 직접인용(direct quotation)이라고 하는데, 중요하거나 흥미로운 문구를 자신의 글에 사용하는 방법입니다. He even said, "I make them up."이라고 적고, 이를 설명하는 문장을 덧붙여 Ideas do not happen automatically but they come through the process of writing.으로 나타낼 수 있습니다.

(d) interesting, wrong, appealing, funny, unrealistic 등을 집어넣을 수 있습니다. 그리고 because 이하에서는 여러분이 느낀 점에 대한 이유를 설명하는 내용을 넣으면 됩니다. 예를 들어 I find his idea interesting because it is different from conventional thinking. 혹은 I find his idea important because it emphasizes the process, not just the result, of writing process. 등 여러 가지 방식이 가능합니다.

Sample Answer

(a) He wanted me to believe that (what is important is not the idea, but the process of building it).

(b) This means that (the process of writing is more important than getting ideas).

(c) He even said that (I make them up. Ideas do not happen automatically but through the process of creation).

(d) I find his idea (interesting, counter-intuitive) because (this idea is contrary to conventional thinking. It emphasizes the process, not just the result).

C. 아이디어를 생성하는 방법

지금부터는 아이디어를 생성하는 몇 가지 구체적인 방법을 살펴보겠습니다.

❶ 자유글쓰기

자유글쓰기free writing는 그냥 주제 없이 머리에서 떠오르는 대로 아무 내용이나 적어 내려가는 방법입니다. 혹은 주제를 정해 놓고 써내려가는 방법도 있는데 이는 2장에서 연습해보았습니다. 아무 내용을 막 쓰는 과정이 처음에는 어색할 수 있습니다. 그러나 표현이나 문법 등을 신경 쓰지 않기 때문에 어느 정도 쓰기의 양을 확보하는 데 도움이 됩니다. 그리고 글에 대한 두려움을 줄여주기도 합니다. 그리고 이렇게 쓰여진 글의 토대 위에서 주제를 발전시키거나 다른 상상도 할 수 있게 됩니다.

② 개요 작성

아이디어를 모으는 두 번째 방법은 생각나는 아이템을 정리한 개요 outline를 작성하는 것입니다. 우리가 자기소개서를 작성할 때 학력 educational background과 경력 work experience 등을 나열하여 세분화하는 작업이 여기에 속합니다.

③ 질의응답

이 방법은 우리가 흔히 말하는 육하원칙의 질문 방식을 이용하는 것입니다. 즉 누가(who), 언제(when), 어떻게(how), 왜(what), 어디서(where) 등의 질문에 답을 찾아나가면서 아이디어를 모으는 것입니다. 예를 들어 자기소개서를 작성할 때 'who'라고 하면 나는 누구에게 영향을 받았는가, 혹은 어떤 사람과 일을 했는가 등의 주제로 아이디어를 끌어낼 수 있습니다. 그 다음에 무엇을 했는지, 나는 어떤 경험을 했는지 등도 육하원칙에 부합하는 질문에 답을 찾는 과정으로 생각하면 됩니다.

④ 자료 묶기

브레인스토밍의 또 다른 중요한 방법은 자료조사를 통해 도표, 차트 등으로 데이터를 묶어보는 것입니다. 이렇게 묶는 과정에서 새로운 아이디어나 주제를 찾을 수 있게 됩니다.

⑤ 큐빙

큐빙cubing은 주사위 같은 정육면체를 지칭합니다. 주사위가 여러 면으로 구성되어 있는 것처럼 한 주제에 관해 여러 면으로 생각해 보는 작업입니다. 자기소개서를 쓸 때 특정한 경험을 학생의 입장이나 직장인의 입장에서, 혹은 초보자와 전문가의 견해를 포함하여 기술하는 등 다양한 관점을 기술해 보는 것이 좋은 예입니다.

⑥ 연상

연상associate은 주어진 내용을 다른 경험이나 사물 등으로 연상해서 떠올리는 작업입니다. 나의 경험, 부모님의 경험, 혹은 지인들의 경험을 연상시켜 새로운 아이디어를 만들어내거나, 비유를 할 때 사용하는 '마치'라는 표현 등으로 설명하는 방법입니다.

⑦ 기술

기술 describe은 현상을 설명하는 방식입니다. 예를 들어 'What happened? How does it look? How does it sound? How does it taste or smell?' 등의 질문에 답을 하는 것으로 자세히 기술하는 방식입니다. 예를 들어 필자가 매 학기마다 강의를 해보면 수강하는 학생들의 느낌이 다릅니다. 어떤 수업에는 학생들이 긴장된 상태에서 강의를 듣고 있으며, 또 어떤 수업은 재미있는 학생들이 많아 농담을 주고받기도 합니다. 이런 상황들을 자세히 기술함으로써 다양한 수업 적응 방식에 대해 설명하거나 주장할 수 있게 됩니다.

⑧ 찬반 주장

찬반 주장 argue for and against it은 내가 찬성하는 쪽, 반대하는 쪽의 입장을 살펴서 기술하는 것입니다. 주장의 장단점 등을 입체적으로 파악할 수 있어 아이디어를 세련되게 정리할 수 있는 효과가 있습니다.

⑨ 그룹화 또는 라벨링

그룹화grouping 또는 라벨링labelling은 모아진 자료들을 일정한 기준대로 정리하는 작업입니다. 아이디어끼리 묶어서 제목을 달아보거나 제목끼리 연결해 보는 작업을 하다 보면 여러 아이디어들의 위계를 세워 분류하는 매우 분석적인 작업이 될 수 있습니다. 앞서 자기소개서의 샘플을 심리적 문제 psychological issue와 인지적 문제 cognitive issue로 분류한 것이 그 좋은 예입니다.

이번 장에서는 주장문을 구성하는 기본 요소인 전제와 결론에 대해 알아보았습니다. 다양한 방식의 주장문이 존재하는데, 전제와 결론을 찾아내는 과정에서 주어진 글의 논리를 추적할 수 있다는 사실을 알 수 있습니다. 그리고 아이디어를 어떻게 만들어내는가에 대해서도 살펴보았습니다. 지난 2장에서도 언급했듯이 아이디어는 머릿속에서 정리된 후 쓰기에 적용하는 경우도 있지만 쓰기 과정에서 아이디어가 생성되고 성숙되기도 한다는 사실을 살펴보았습니다.

Chapter 04

글쓰기와 읽기

Reading and Writing

이 장에서는 쓰기와 읽기의 관계에 대해 논의합니다. 새로운 주제에 관한 글을 읽어가면서 고유한 주장을 도출하는 방법을 학습하고 실제 영어로 작성된 수필을 자세히 읽어가며 주장하는 글이 어떻게 구성되는지 살펴봅니다.

Section 4.1

영어 읽기는 쓰기에 어떻게 도움이 될까?

A. 읽기 자료 비교

영어 쓰기를 늘리기 위해서는 읽기와의 관계를 살펴보아야 합니다. [그림 4-1(a)]는 우리나라 고등학생들의 영어교과서 중 출판사가 공개한 샘플[1]의 일부분입니다. 지문이 있고 하단에 그림도 포함되어 있습니다. 도입부 내용이라 지문에서 보이는 문장이 매우 복잡해 보이지는 않는데 이것은 복문이 많이 없기 때문입니다. 복문은 주절, 종속절 등이 많이 들어간 복잡한 문장을 말합니다.

Reading 1

PSYCHOLOGY

Dream Big, Start Small

PREDICTING Look at the subheadings on pages 12 to 14 and guess what each paragraph is mainly about.

What are your big dreams in life? Perhaps your goal is to have a perfect body, complete a marathon, or become a best-selling author. However, despite having a strong will to achieve these goals, you may find yourself giving up after just a few days.

Why Do I Keep Failing to Achieve My Goals?

Most of the time, we focus on our big goals. Big goals are easy to visualize. We can imagine ourselves feeling satisfied in front of the mirror, smiling at the finish line, or signing our books for our fans. These big goals give us direction and purpose in our daily lives. However, you should be careful that you don't bite off more than you can chew. Rather than helping us, big goals can tempt us to make unrealistic changes to our lives. For example, imagine that one day you decide to slim down like a supermodel. For one week, you push yourself far too hard at the gym. You injure your leg and need to take two weeks off to recover. In the end, you gain weight instead of losing it.

Strategy in Use

Q1 Underline the sentence that shows the main idea in the second paragraph on this page.

Self-Study

Q1 Check T if the sentence is true or F if it is false.

- Big goals can drive us to make unrealistic changes to our lives. (T/F)

despite achieve focus on ... visualize bite off ... chew tempt ... to-v unrealistic injure

12 | Lesson 1

(a) 고등학교 교과서

precepts, rituals, values, and expectations for conduct. We are taught how to follow the norms of the group. In this way we perpetuate the cultural system. When a person becomes a college professor and joins a particular academic institution, she or he is taught about the mission of the institution, past academic heroes (faculty who have won awards, published prestigious works), the importance of "publish or perish" versus the importance placed on effective instruction, the role of sports or liberal arts in the institution, commitment to multiculturalism, and so on. The symbols and norms change over the life of the system, but there is enough consistency in what is handed down to be able to define the boundaries between systems (universities) and distinguish cultural members of one system from members of another.

Types of Cultures

Many groups (though not all) form cultural systems. Examples of many types of groups have already been included. In some cases, shared history or geography provides commonality of worldview or lifestyle, which helps create and reinforce a cultural system of communication.

To create a culture, groups must first define themselves as a group. This definition may be made on the basis of nationality, ethnicity, gender, profession, geography, organization, physical ability or disability, community, type of relationship, or other factors. We will discuss many of these groups later.

Once the group defines itself as a unit, a cultural system may develop. For instance, U.S. Americans define themselves as a group based on the use of English as a shared code; reinforcement of democracy through political discussion and action; individual rights and freedoms of speech, press, religion, and assembly as explicitly described in the Bill of Rights and enforced in the courts; and so forth. Attorneys or sales clerks or homemakers may be linked by similarities in daily activities and standard of living. Friends may see their group as including persons who like the same activities and support one another.

National and Ethnic Cultures. To better understand the many different types of cultures, we can categorize them from the more general and more common to those that are more specific. National and ethnic cultures are fairly general. These kinds of groups base membership on heritage and history that has been handed down through several generations. Their history is based on traditions, rituals, codes of language, and norms.

Persons who share the same nationality were born in a particular country and spent a significant number of years and a period of socialization in that country. Such socialization promotes and reinforces particular values, beliefs, and norms. Because many people contribute to the creation of a national culture's symbols, meanings, and norms, "national culture" is fairly abstract, so predictions about language use and what symbols mean can only be generalized. Japanese national culture, for instance, has been described as collectivistic, high context, high on power distance, and other-face oriented (Gudykunst & Ting-Toomey, 1988). Yet not all Japanese people follow these norms in every situation. But if we compare Japanese to Germans, the Japanese, as a group, are more group oriented and emphasize status hierarchies more than do Germans as an overall group (Hofstede, 1980).

Ethnicity is a bit different: Ethnic groups share a sense of heritage, history, and origin from an area outside of or preceding the creation of their present nation-state of residence (Banks, 1984). Ethnic groups, in most but not all cases, share racial characteristics, and many have a specific history of having experienced discrimination. In the United States, ethnic group members include African Americans, Asian Americans (Japanese Americans, Chinese Americans, Vietnamese Americans, Korean Americans, and so on), Mexican Americans, Polish Americans, Irish Americans, Native American Indians, and Jewish Americans, just to name a few examples.

Remember that national and ethnic cultures are the *communication systems* that are created by persons who share the same nationality or ethnicity. From this perspective, culture is the process of creating a perceived commonality and community of thought and action. Culture is based on what people say and do and think and feel *as a result* of their common history and origins.

Gender. Many subcategories of gender cultures exist. Groups create, reinforce, and teach what is interpreted as feminine or masculine. Groups also reinforce what is appropriate or inappropriate for a good husband, wife, feminist, chauvinist, heterosexual, gay, or lesbian. Mothers and fathers, religious leaders, teachers, and

(b) 대학 교재

그림 4-1 교재에 따른 지문 비교

1 양형권, 『영어독해와 작문』, 능률교과서 샘플 페이지, 2015

그렇다면 대학에서 사용하는 영어 교재는 어떨까요? [그림 4-1(b)]는 대학 영문과 특정 과목에서 사용하는 교재[2]입니다. 다문화에 대한 이론을 기술한 내용이 들어 있습니다. 고등학교 교재와 달리 복잡한 텍스트로 구성되어 있고 그림이나 도표가 없습니다. 산문prose의 내용이 매우 집약되어 있다는 사실도 확인할 수 있습니다. 주절main clause과 종속절subordinate clauses이 포함된 복문complex sentences이 많습니다. 이런 구성을 통해 내용 지식content knowledge이 학문적인 방식으로 표현되어 있습니다.

두 지문의 특징을 한두 문장으로 써보는 연습을 해보겠습니다.

Writing Practice 4-1

소요시간 : 5분

Q1 [그림 4-1]에서 두 지문의 특징을 찾아 빈칸을 채워봅시다.

(a) Some notable features of the text (a) include ( ).

(b) Some notable features of the text (b) include ( ).

Q2 위 (a)와 (b)를 비교하는 문장을 적어봅시다.

Solution 4-1

Sample Answer

Q1 (a) Some notable features of the text (a) include (sentences that are not terribly complicated. / There are some pictures. / There are few complex sentences, which makes it easy to understand).

(b) Some notable features of the text (b) include (that its contents are expressed in complex sentences, there are no pictures in the text, and the paragraphs are long and sophisticated).

2 Samovar, L., Porter, R. & McDaniel, E., 『Intercultural communication: A reader (13th Ed.)』, Thompson Wadworth., 2012

Q2 High school texts are organized with simple sentences that are easy to process. In contrast, university texts contain academic contents that are expressed through a number of complex sentences.

최근에는 기술의 발전으로 일반인들도 전문적인 내용을 쉽게 접할 수 있게 되어 읽기가 더욱 중요해졌습니다. 인터넷 플랫폼이 발달하면서 전문적인 내용을 읽고 해석해 주는 유튜버들이 많이 늘고 있는 현상이 좋은 예입니다. 그렇다면 우리가 텍스트를 읽을 때 뇌에서는 어떤 일이 일어나고 있는지 살펴볼 필요가 있습니다. [그림 4-2]에서는 피실험자가 읽기 활동을 할 때 시선을 추적하는 eye-tracking 연구의 결과[3]를 보여주고 있습니다. 독자의 시선을 추적해 보면 글을 복사기처럼 한 방향으로만 스캔하며 읽어가는 것이 아니라 읽어가면서 멈추고 되돌아가는 순환 과정을 거친다는 사실을 알 수 있습니다.

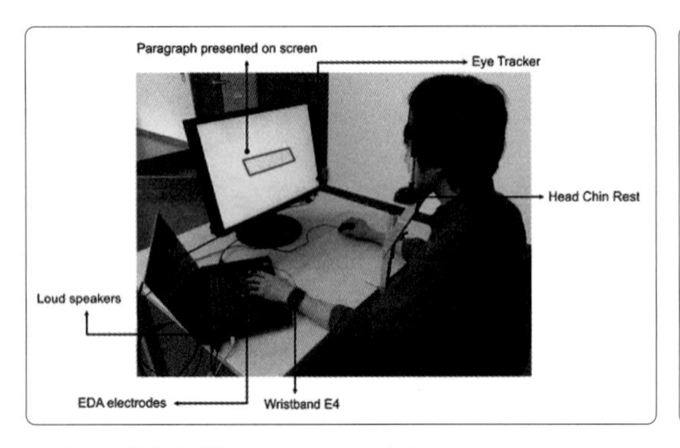

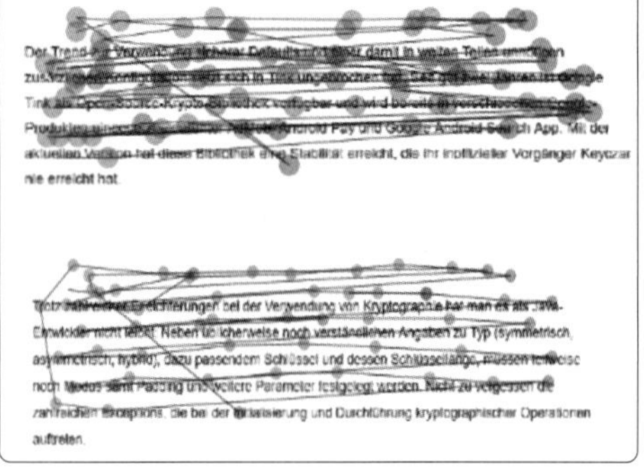

그림 4-2 읽기에 관한 eye-tracking 과정

이것은 내용을 한 번에 처리하는 것이 아니라 다양한 과정을 거쳐 머릿속에서 내용 지식을 재구성한다는 뜻입니다. 다시 말해 읽기는 수동적으로, 또는 일률적으로 복사하는 것이 아니라 정보를 생성construct하는 과정이 개입된다는 의미입니다.

3 Brishtel et al., 『Mind wandering in a multimodal reading setting』, Sensors, 20, 2546, 2020

B. 읽기 과정에서 나타난 수준 차이

읽기 과정에 대해 우리가 다소 오해하고 있는 내용들이 있습니다. 초보자와 전문가의 읽기에 대한 연구(Bean, 2011)에 따르면 초보자들은 '전문가들이 글을 빨리 읽는다.'라고 생각하는 경향이 있습니다. 그래서 한 번에 쭉 읽어서 이해가 되지 않으면 모르는 것으로 간주합니다. 모르는 부분은 그냥 넘어가기 때문에 읽기를 할 때 내용을 충분히 이해할 수 있을 정도로 시간을 투자하지 않습니다. 그리고 내용 중 모르는 부분이 있을 때 교수가 설명해 주면 이를 받아들이고 넘어가는 경향이 있어 스스로 텍스트의 내용을 분석하여 깨우치는 과정을 거치지 않게 됩니다.

초보자
정적으로 읽는다.
모르는 부분이 있으면 그냥 받아들인다.
전문가
역동적으로 읽는다.
읽고 있는 내용과 활발히 소통한다.

그림 4-3 읽기에 대한 초보자와 전문가의 차이

이에 비해 전문가는 훨씬 역동적으로 읽습니다. 이들도 어려운 자료는 고군분투하며 읽습니다. 하지만, 두세 번 읽거나 넘어가더라도 차후에 해결할 실마리가 있을 것이라는 기대를 하며 나아갑니다. 그리고 전문가의 경우 읽고 있는 내용과 활발히 소통하는 방식을 취합니다. 동의를 표시하거나 반대 의사를 명기하고, 자신의 경험을 연결시키거나 다른 글과의 연관성을 도출하기도 합니다. 다시 말해 전문가들은 읽기 자료와 적극적으로 소통하는 과정에서 생각할 것들을 기억하고 강화하는 방식을 취합니다.

이와 관련하여 마튼Marton과 셀예Saljo의 연구(1976)가 매우 흥미롭습니다. 그들은 학생들이 읽기 자료를 어떻게 학습하는지를 추적하여 피상적 학습군surface learning과 심도 학습군deep learning으로 나눴습니다. 피상적 학습군에 속하는 학생들은 읽기 자료를 외워야 할 내용으로 생각하기 때문에 자료에서 제시하는 '주장'과 이를 입증하는 '증거'를 구별하지 못합니다. 그리고 적극적인 방식으로 읽기를 하지 않습니다. 이에 비해 심도 학습군의 학생들은 주장문이 독자를 설득하기 위한 논리로 구성되어 있다는 사실을 이해합니다. 논리적인 글에서는 주장을 증명하기 위한 논증이 들어가 있다는 사실을 의식하기 때문에 읽기 자료에서 주장과 증거를 구별하고 내용을 숙고하여 이해합니다.

그렇다면 이렇게 심도 학습deep learning을 하기 위해서는 어떻게 해야 할까요? 이와 관련하여 칸츠(1990)라는 학자가 언급한 사례를 소개합니다. 해당 글에서는 셜리Shirley와 앨리스Alice라는 두 학생이 등장합니다. 셜리는 역사 과목에서 중세 영국과 프랑스의 100년 전쟁 중 '아쟁쿠루'라는 전투에 대해 주장하는 글을 작성하는 과제를 수행했습니다. 이 전투는 프랑스군에게 계속 밀리던 영국이 전세를 역전하는 계기가 된 매우 중요한 사건이었습니다.

하지만 20대 미국 학생인 셜리가 중세의 영국과 프랑스의 100년 전쟁에 대해 쓰는 것은 마치 한국 학생이 중국과 베트남이 1,000년 전에 벌였던 전쟁에 관해서 쓰는 것과 비슷할 수 있습니다. 셜리는 열심히 자료를 수집하여 읽었지만 아는 내용이 없으므로 자료에 있는 내용을 그대로 써내려갈 수밖에 없었고 결국 C학점을 받게 됩니다. 낙심한 셜리는 글을 잘 쓰는 자신의 룸메이트였던 앨리스에게 조언을 구하게 됩니다.

앨리스는 셜리에게 고유한 문제를 만들어 이에 대한 해결점을 제시하라고 합니다. 하지만 말이 쉽지 내가 모르는 내용에 대해 어떻게 문제를 만들고 해결점을 제시할 수 있을까요? 이에 앨리스는 셜리에게 다음과 같이 조언합니다.

앨리스는 셜리가 읽은 자료 중 하나는 프랑스 역사학자가 쓴 글이고, 다른 하나는 우리가 잘 아는 영국의 윈스턴 처칠Winston Churchill이 쓴 글이라는 사실에 주목합니다. 그래서 두 저자가 분명 다른 관점에서 썼을 것이며 사실관계도 서로 다르게 기술했을 것이라고 이야기합니다. 그러자 셜리는 처칠이 쓴 내용이 훨씬 더 자세하다고 합니다. 왜 그랬을까요? 앨리스는 2차 세계대전을 앞두고 독일이 강대국으로 부상하면서 처칠이 영국인에게 전하는 메시지가 있었을 것이라고 주장합니다.

그림 4-4 읽기와 쓰기의 두 사례

이렇게 앨리스와 토의를 해나가는 과정에서 셜리는 저자들이 같은 주제에 대해 태도나 입장이 다른 점을 발견하게 됩니다. 이 차이점을 추적하다 보니 나름대로 두 자료에 대한 평가기준이 생기게 되면서 이를 통해 자신의 주장을 도출할 수 있었습니다. 이런 방식으로 읽기 자료에서 관점, 주장을 도출하면 다양한 각도에서 사안을 바라볼 수 있게 되고 이를 글로 주장할 수 있게 됩니다. 그리고 글을 읽어가면서 생각나는 이슈들을 글로 정리해 나가면 새로운 관점에서 글을 파악할 수 있습니다.

관점의 차이를 이해하기 위해서는 [그림 4-5]의 피규어-그라운드 Figure Ground 이미지를 기억하면 도움이 됩니다. 이 그림에서 하얀색에 집중해서 보면 꽃병이나 술잔 같은 이미지가 보입니다. 하지만 검은색에 집중해서 보면 두 사람이 서로 쳐다보는 이미지가 보입니다. 보통 이런 그림을 통해 같은 사안을 다르게 생각하므로 다양성을 인정해야 한다고 결론을 내리게 됩니다. 우리는 한 발짝 더 들어가서 꽃병이나 두 얼굴이 보일 때 구성요소가 어떻게 재구성되는지 살펴보고자 합니다.

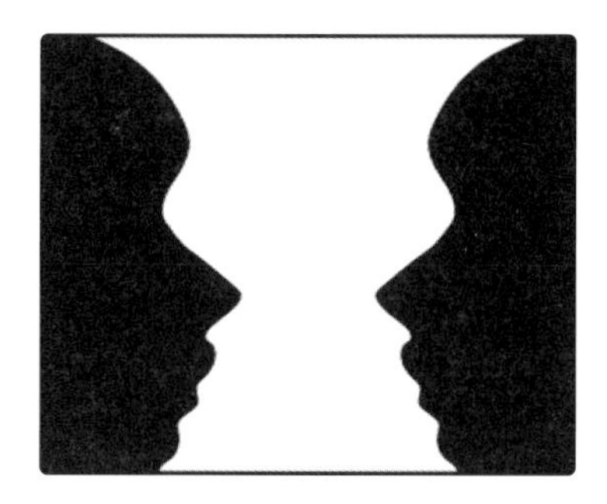

그림 4-5 피규어-그라운드

예를 들어 꽃병이 보이면 위쪽은 병의 입구, 가운데는 손잡이, 그리고 아래쪽은 받침으로 인식합니다. 하지만 검은색 부분이 보여주는 두 얼굴의 이미지로 생각해 보면 손잡이 부분은 코, 입 등으로 세밀하게 재구성되고 꽃병의 입구 쪽은 사람의 이마로 인식됩니다. 다시 말해 각 주제를 선택했을 때 세부 영역이 어떻게 구성되는지 알아내는 것이 중요합니다. 그래야 각 글에서 정보들이 어떻게 일관성 있는 주제로 모아지는지 파악할 수 있습니다.

이번 장에서는 읽기와 쓰기가 어떻게 연결이 되는지 살펴보았고 피상적인 학습과 심도 학습을 하는 학생들의 차이점을 통해 적극적인 학습 방법의 구체적인 전략에 대해 알아보았습니다. 그리고 읽기 자료에서 주장의 내용과 증거 등을 구별해야 하는 당위성에 대해 다루었습니다. 이렇게 읽기 자료를 통해 쓰기를 하는 방식을 source based writing이라고 하는데 다음 장에서 연습해 보기로 하겠습니다.

읽어가면서 쓰기

읽기와 쓰기의 연관성에 대해 알아보았으니 이번에는 글을 읽어가면서 쓰는 방법을 다뤄보겠습니다. 일단 다음 글이 주장하는 글인지에 대해 먼저 살펴보겠습니다. 제시된 글은 다문화적 소통이라는 강좌에서 동양과 서양의 문화 차이에 대한 글을 읽고 한 학생이 쓴 글입니다. 다음 질문에서 학생이 어떤 주장을 하고 있는지 파악해 보기 바랍니다.

Q What kinds of problems would Westerners face when they come to Korea? Base your answers on theories and concepts presented in the textbook.

(1) Eastern culture defined as a tight and horizontal culture. **(2)** Because when we think about especially Korean culture, that is strictly affected by Confucianism, we find out that Korean people always teach their children to respect older people and to use polite expression to elderly people. **(3)** And they can't accept the other cultural concept or behavior based on another culture easily.

(1)에서는 a tight and horizontal culture라는 개념을 사용하며 Eastern culture라 하고, **(2)**에서는 한국인들의 성향에 관해서 논의합니다. 하지만 **(2)**가 사실을 기술하고 있는지 아니면 주장하는 글인지는 명확하지 않습니다. 그리고 **(1)**과 **(2)**의 관계도 뚜렷하지 않습니다. 굳이 연결하라고 하면 **(1)**의 tight and horizontal culture가 Confucianism, 그리고 respect older people, polite expression 등과 연관성이 있다고 할 수는 있겠습니다. **(3)**에서는 '다른 문화를 받아들이기 어렵다.'고 주장합니다. 명확하지는 않지만 문화 차이가 있으므로 서양인들이 한국 문화를 처음에 받아들이기 어렵다는 주장을 펼치고 있는 것으로 보입니다.

저자가 어떤 주장을 하고 있는지 어렴풋이 보이지만 이를 보다 확실하게 표현하는 방향으로 수정해야 합니다. 어떻게 수정해야 할지 주장이 뚜렷한 글을 살펴보면서 실마리를 찾아보겠습니다.

A. 읽기 자료에서 주장 파악하기

읽기 자료를 참고하여 글을 작성할 때는 글의 주장을 먼저 파악하는 것이 중요합니다. 뉴욕 타임즈의 유명한 시사평론가인 데이비드 브룩스 David Brooks가 쓴 〈The Olympic contradiction〉이라는 글을 읽어보고 그의 주장을 요약하여 작성해 봅시다. 글을 세 파트로 나눠서 살펴보도록 하겠습니다.

브룩스의 글을 '소리 내어 생각하기 think aloud'라는 방식으로 학습하겠습니다. 이 방법은 읽어가면서 어떤 생각과 전략이 사용되는지를 명시적으로 드러내는 방법입니다.

(1) Abraham Lincoln said that a house divided against itself cannot stand. **(2)** He was right about slavery, but the maxim doesn't apply to much else. **(3)** In general, the best people are contradictory, and the most enduring institutions are, too.

글의 제목을 보면 올림픽에 대한 내용인 줄 알았는데 시스템이 모순된다고 하면서 더 큰 주제를 언급하고 있습니다. 주장하는 글이 대부분 두괄식으로 구성되어 있다는 사실을 생각해 볼 때 이 문장이 글의 전체 방향을 보여주는 것이 아닌가 합니다.

(4) The Olympics are a good example. **(5)** The Olympics are a peaceful celebration of our warlike nature. **(6)** The opening ceremony represents one side of the Olympic movement. **(7)** They are a lavish celebration of the cooperative virtues: unity, friendship, equality, compassion and care. **(8)** In Friday's ceremony, there'll be musical tributes to the global community and the Olympic spirit. **(9)** There will be Pepsi commercial-type images of the people from different backgrounds joyfully coming together. **(10)** There will be pious speeches about our common humanity and universal ideals.

(4)에서는 올림픽을 예로 들며 설명하고 있습니다. 그렇다면 올림픽이 모순되었다는 점을 주장하는 것으로 예측됩니다. **(5)**에서는 올림픽이 우리의 전쟁 같은 성향(warlike nature)을 평화롭게 축하하

는 행사라고 합니다. 그리고 **(6)**에서는 개막식이 올림픽의 한 면을 보여준다고 하고 **(7)**에서 협력하는 덕목을 호화롭게 기념한다고 합니다. 이렇게 두 문단에 걸쳐 올림픽이 협력과 평화 등을 강조하는 공동체 모습을 가지고 있다고 설명합니다.

> **(18)** After the opening ceremony is over, the Olympics turn into a celebration of the competitive virtues: tenacity, courage, excellence, supremacy, discipline and conflict.
>
> **(19)** The smiling goes away and the grim-faced games begin. **(20)** The marathoner struggling against exhaustion, the boxer trying to pummel his foe, the diver resolutely focused on her task. **(21)** The purpose is to be tougher and better than the people who are seeking the same pinnacle. **(22)** If the opening ceremony is win-win, most of the rest of the games are win-lose. **(23)** If the opening ceremony mimics peace, the competitions mimic warfare. **(24)** It's not about the brotherhood of humankind. **(25)** It's about making sure our country beats the Chinese in the medal chart. **(26)** Through fierce competition, sport separates the elite from the mediocre.

그리고 **(18)**에서 주제가 변합니다. 개막식이 끝나고 경쟁의 덕목이 강조된다고 하면서 집요함, 용기, 수월함, 패권, 규율 및 갈등요소가 부각된다고 합니다. 그렇다면 지금부터는 공동체나 협력과 반대되는 내용이 나오겠다고 예상할 수 있습니다. **(19)**에서는 웃음기가 사라지고 엄숙한 표정으로 경기가 시작된다는 주제로 문단이 전개됩니다. 그리고 **(22)**는 개막식에서 모두가 승자이지만 게임이 시작되면 승자와 패자가 갈린다는 내용입니다.

> **(30)** In sum, the Olympic Games appeal both to our desire for fellowship and our desire for status, to the dreams of community and also supremacy. **(31)** And, of course, these desires are in tension. **(32)** But the world is, too. **(33)** The world isn't a jigsaw puzzle that fits neatly and logically together. **(34)** It's a system of clashing waves that can never be fully reconciled.

(30)을 보면 올림픽은 우리가 갖고 있는 동료애도 느낄 수 있지만, 동시에 경쟁으로 쟁취하는 패권을 향한 욕구에 호소한다고 합니다. 즉, 한편으로는 공동체에 관한 꿈도 추구하지만 한편으로는 패권에 관한 야망도 드러낸다는 뜻이며 두 요소는 긴장관계라고 합니다**(31)**. 그리고 다음 문장에서 But the world is, too.라며 세상도 그렇다고 합니다**(32)**.

여기서 올림픽 얘기만 하려고 한 게 아니라 세상사도 그렇다는 중요한 주제 전환이 이루어지는데, 이 문장이 이런 전환의 내용을 담고 있습니다. 이렇게 전환이 일어나고 **(33)**~**(34)**에서 이 세상은 부딪히는 파도처럼 양립하기가 매우 어려운 시스템이라고 합니다.

이쯤에서 브룩스가 주장한 내용을 정리해 볼까요?

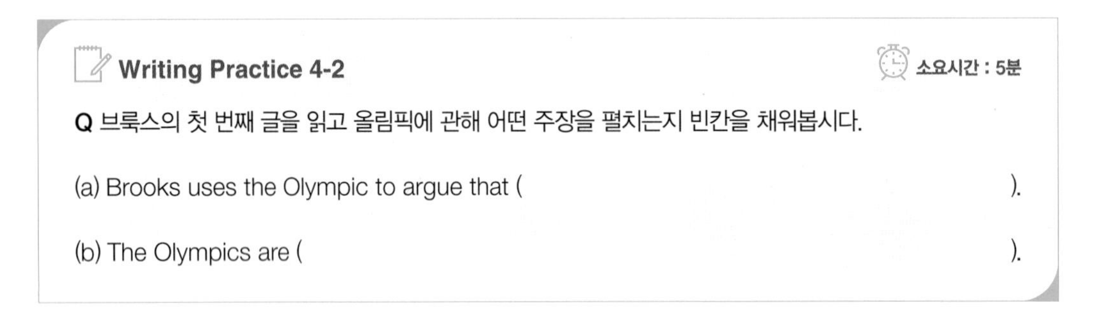

Writing Practice 4-2 소요시간 : 5분

Q 브룩스의 첫 번째 글을 읽고 올림픽에 관해 어떤 주장을 펼치는지 빈칸을 채워봅시다.

(a) Brooks uses the Olympic to argue that ( ).

(b) The Olympics are ( ).

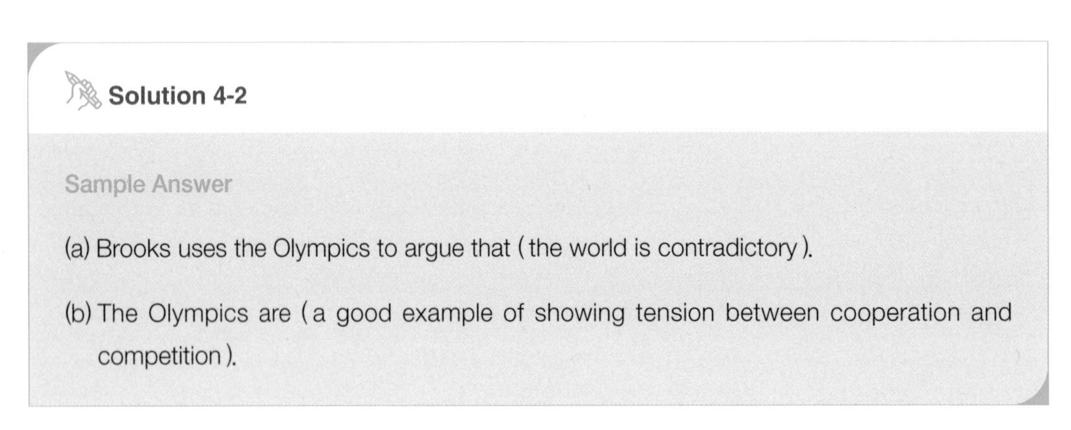

Solution 4-2

Sample Answer

(a) Brooks uses the Olympics to argue that (the world is contradictory).

(b) The Olympics are (a good example of showing tension between cooperation and competition).

여기서 브룩스는 글을 어떻게 연결하는지 계속해서 살펴보겠습니다.

> **(35)** The enduring popularity of the Olympics teach the lesson that if you find yourself caught between two competing impulses, you don't always need to choose between them. **(36)** You can go for both simultaneously. **(37)** A single institution can celebrate charitable compassion and military toughness. **(38)** A three-week festival can be crassly commercial, but also strangely moving.

(35)를 보니 올림픽은 우리가 모순되는 충동에 갇힐 때 반드시 한쪽을 선택할 필요 없이 둘 다 선택해도 된다는 교훈을 준다고 합니다**(36)**. 특정 조직 혹은 시스템이 너그러운 연민을 가질 수도, 군인

처럼 강인함을 가질 수도 있기 때문에 올림픽이 대놓고 상업적이기도 하지만, 이상하리만큼 감동적이기도 합니다**(37)(38)**.

(39) F. Scott Fitzgerald famously said that the mark of a first-rate intelligence is the ability to hold two contradictory thoughts in your mind at the same time. **(40)** But it's not really the mark of genius, just the mark of anybody who functions well in the world. **(41)** It's the mark of any institution that lasts. **(42)** A few years ago, Roger Martin, the dean of the University of Toronto's management school, wrote a book called "The Opposable Mind," about business leaders who can embrace the tension between contradictory ideas. One of his examples was A.G. Lafley of Proctor & Gamble. **(43)** Some Procter & Gamble executives thought the company needed to cut costs and lower prices to compete with the supermarket store brands. **(43)** Another group thought the company should invest in innovation to keep their products clearly superior. **(44)** Lafley embraced both visions, pushing hard in both directions.

결론적으로 모순되는 생각을 동시에 가질 수 있는 능력이 중요하다고 합니다. 그리고 이러한 자질은 똑똑한 사람들뿐만 아니라 세상을 잘 살아가는 대부분의 사람이 가지고 있다고 합니다**(40)**. 그리고 오래 가는 시스템이나 조직도 이렇게 모순된 점을 동시에 지닐 수 있다고 합니다**(41)**. 이제 주장은 정리되었으니 이를 간단하게 영어로 작성해 보겠습니다.

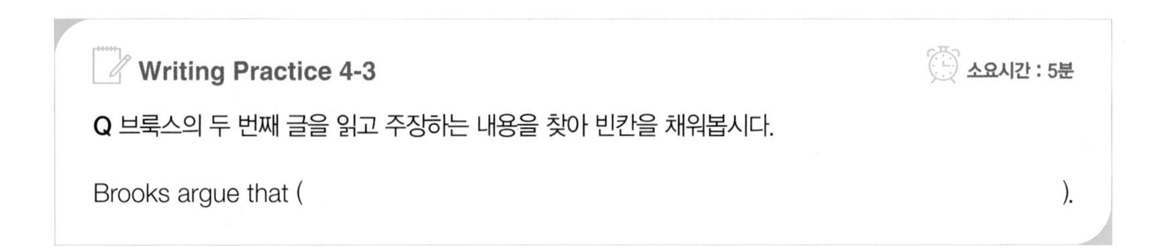

Writing Practice 4-3 소요시간 : 5분

Q 브룩스의 두 번째 글을 읽고 주장하는 내용을 찾아 빈칸을 채워봅시다.

Brooks argue that (   ).

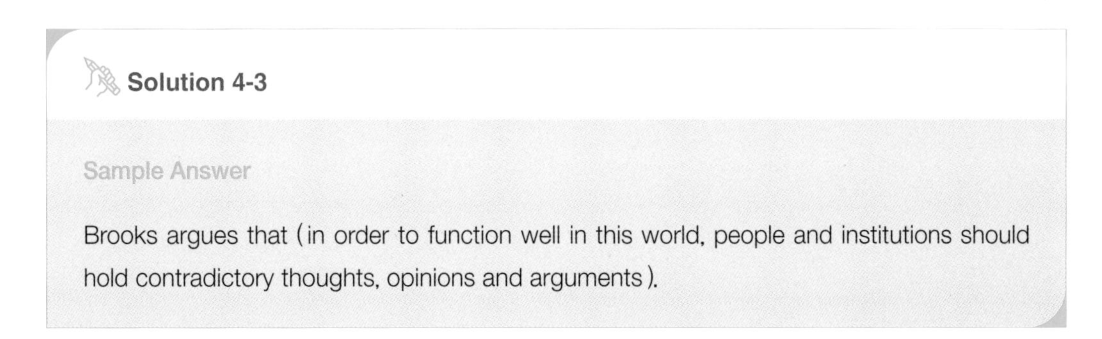

Solution 4-3

Sample Answer

Brooks argues that (in order to function well in this world, people and institutions should hold contradictory thoughts, opinions and arguments).

이제 글의 마지막 부분을 살펴보겠습니다.

브룩스는 앞서 언급한 자질이 상반된 마음(The Opposable Mind)이라고 합니다. 그리고 미국의 '프록터 앤드 갬블 Proctor & Gamble'이라는 기업의 회장인 래플리 Lafley에 대해 언급합니다(42). 이 회사에서는 경비를 절감하자는 주장과 소비자를 위해 가격을 내리자는 주장이 대립했는데(43), 래플리는 이 두 가지 상충되는 방향을 동시에 밀어붙였다고 합니다(44).

> **(45)** The world, unfortunately, has too many monomaniacs — people who pick one side of any creative tension and wish the other would just go away. **(46)** Some parents and teachers like the cooperative virtues and distrust the competitive ones, so, laughably, they tell their kids that they are going to play sports but nobody is going to keep score.

(45)에서 브룩스는 이 세상에는 흑백논리로 한 가지 생각에 빠진 편집광들이 너무 많다고 합니다. 이들은 한쪽 편을 든 다음 상대가 없어지기를 바라기만 한다고 기술합니다. 그리고 **(46)**에서는 협력하는 것을 강조한 나머지 부모나 교사들이 학생들에게 스포츠 게임을 시키지만 점수는 매기지 않는다고 하는 것은 적절치 않다고 주장합니다.

그리고 정치로 이야기를 돌립니다.

> **(47)** Politics has become a contest of monomaniacs. **(48)** One faction champions austerity while another champions growth. **(49)** One party becomes the party of economic security and the other becomes the party of creative destruction. **(50)** The right course is usually to push hard in both directions, to be a house creatively divided against itself, to thrive amid contradictions. **(51)** The Olympics are great, but they are not coherent.

(47)에서는 정치에서도 이러한 편집광들이 있다고 합니다. 어떤 정파는 엄격하게 관리해야 하고 다른 정파는 성장해야 된다고 주장합니다(48). 즉, 한쪽은 경제적인 안정을 추구하고 다른 쪽은 창조적인 파괴를 해야 한다고 믿습니다(49).

그렇다면 브룩스가 정말 하고 싶은 이야기는 무엇일까요? **(50)**에서 그는 양쪽 다 힘차게 미는 것이 옳을 수 있으며 이것이 바로 모순 속에서 성장하는 방법이라고 합니다. 그리고 마지막 문장인 **(51)**에서 올림픽은 위대하지만 언제나 일관성이 있다고 볼 수 없다고 합니다.

그렇다면 앞에서 제시한 내용을 다음 문장을 채우면서 정리해 봅시다.

Writing Practice 4-4 **소요시간 : 10분**

Q 브룩스의 글 전체를 읽고 빈칸을 채워 내용을 정리해 봅시다.

(a) Brooks wanted me to believe that ( ).

(b) He used Olympic to argue that ( ).

(c) In conclusion, ( ).

Solution 4-4

Sample Answer

(a) Brooks wanted me to believe that (best people and good systems are contradictory).

(b) He used the Olympic to argue that (the world is contradictory, showing tension between the two contradictory or conflicting forces between cooperation and competition).

(c) In conclusion, (Brooks argues that in order to function well in this world, you should embrace these tensions among contradictory things).

이 장에서는 브룩스의 글읽기 과정을 공유했습니다. 이렇게 하는 것은 매우 적극적인 학습 방법이자 심화 학습을 할 수 있는 좋은 방법입니다. 이를 통해 주장문의 구성과 내용을 조금씩 파악할 수 있습니다.

다음 장에서는 주장문에 있는 논리가 어떻게 구성되어 있는지 알아보겠습니다. 이전에 전제와 결론의 관계에 대해 학습했는데 이제는 추론, 그리고 논리적인 위계를 어떻게 세우는지, 서열을 어떻게 세우는지, 상식과 경험, 혹은 정보와 지식 등은 어떻게 구별해 내는지 등을 다뤄보겠습니다.

Chapter 05

주장문 구성하기

Structures of Argument

추론은 판단을 동반하기에 주장의 핵심이 됩니다. 이 장에서는 추론의 과정을 살펴보면서 사실관계, 그리고 판단과 어떻게 연결되는지에 대해 알아봅니다. 또한 두괄식으로 주장을 전개하는 방법과 쓰기 내용에 대해 위계를 세워 설득력 있는 글로 만드는 방법도 소개합니다.

Section
5.1

주장하는 글쓰기의 구성

A. 추론이란?

이번 장에서는 주장하는 글이 어떤 논리적 구조를 갖고 있는지 알아보겠습니다. 논리적 구조를 판단하기 위해서는 추론 inference과 사실 fact, 그리고 여기서 도출되는 판단 judgment과의 연관성을 살펴봐야 합니다.

추론은 어떤 판단을 근거로 삼아 다른 판단을 도출해 내는 생각의 과정을 지칭합니다. 다시 말해 추론은 증거나 사전지식 등을 기반으로 말과 글이 갖는 의미와 관계를 생각하여 결론을 내리는 과정을 의미합니다. 우리는 누군가의 표정이나 태도를 통해 그 사람의 심리 상태, 또는 생각 등을 추론하게 됩니다. 범죄자를 쫓는 형사가 증거나 자료 등을 통해 범인을 찾아내고, 환자와 대화하는 의사도 주어진 정보를 가지고 진단을 하게 되는데 넓은 의미에서 모두 추론의 예가 됩니다.

추론의 과정을 보려면 3장에서 언급했던 전제 premise와 결론 conclusion의 관계로 거슬러 올라가야 합니다. 예를 들어 '마스크를 착용하지 않아서 코로나가 확산되었다.'라는 문장에서 결론은 '코로나 확산'이고 이에 대한 전제는 '마스크를 착용하지 않아서'입니다.

사람들이 마스크를 착용하지 않아 코로나 바이러스가 확산되었다.
(COVID-19 spread due to not wearing a mask.)

전제	사람들은 마스크를 착용하지 않았다. (People are not wearing masks.)
생략	마스크가 코로나 확산을 막는다. (The mask prevents the spread of COVID-19.)
결론	코로나가 확산되었다. (COVID-19 has spread.)

그림 5-1 추론의 예(1)

그런데 여기서 생략된 전제가 있는데 바로 '마스크가 코로나 확산을 막는다.'라는 명제입니다. 이렇게 생략이 가능한 이유는 이 전제가 우리가 대체로 인정하는 사실이기 때문입니다. 이렇게 추론 과정에서는 명시적으로 드러나지 않는 명제를 다루기도 합니다.

여기서 잠깐

전제와 결론은 논리적으로 연결되어야 하는데 그렇지 않은 경우가 많습니다. '일본은 우리나라와 다르게 100년이 넘는 맛집이 많다.'라는 명제에 대해 우리는 어떤 추론을 하게 될까요? 바로 '한국은 뭔가 잘못되었다.' 혹은 '일본은 우리와 달리 장인 문화가 발달했다.' 등의 전제를 떠올릴 수 있습니다.

일본은 우리나라와 다르게 100년이 넘은 맛집이 많다.
(Unlike Korea, Japan has many good restaurants that are in operation for over 100 years.

전제 ?

결론 일본은 100년 넘은 맛집이 많다.
(There are many good restaurants that are in operation for over 100 years in Japan.)

그림 5-2 추론의 예(2)

그러나 건축가 유현준 교수는 여기서 제시한 명제를 도시의 밀도와 연관 지어 반박했습니다. 100년 이상의 맛집은 인구가 많은 도시에 주로 발달하는데 과거 우리나라는 1층 건물밖에 없어 상대적으로 인구 밀도가 높지 않았다고 합니다. 이와 달리 일본은 목조로 집을 지어 층을 올릴 수 있었으므로 많은 인구를 수용할 수 있는 도시가 형성되었다고 합니다. 그리고 외세침략이 없어 오랫동안 안정적인 정치 구조가 유지되면서 한 업종에 대대로 종사할 수 있는 사회적 환경이 조성된 것도 관련이 있습니다. 이렇듯 명제와 관련된 여러 요인을 고려하지 않으면 성급한 추론이 나오게 됩니다.

전제와 결론을 연결하는 '추론'은 영어로 어떻게 정의할까요? 추론은 어떤 명제를 근거로 다른 판단을 이끌어내는 과정이기 때문에 다음과 같이 표현할 수 있습니다.

A conclusion about the unknown made on the basis of the known.

즉, 우리가 아는 것을 통해 알지 못하는 내용에 대한 결론을 내리는 것이 추론입니다.

[그림 5-3(a)]를 보면 '해리는 화가 났다.'라는 추론을 할 수 있습니다. 반면에 [그림 5-3(b)]에서는 '리사가 나에게 화가 났구나.'라고 추론할 수 있습니다. 하지만 리사가 전화를 하지 않은 것은 아팠거나 무언가 급한 일이 생겼다거나 하는 다른 이유일 수도 있습니다.

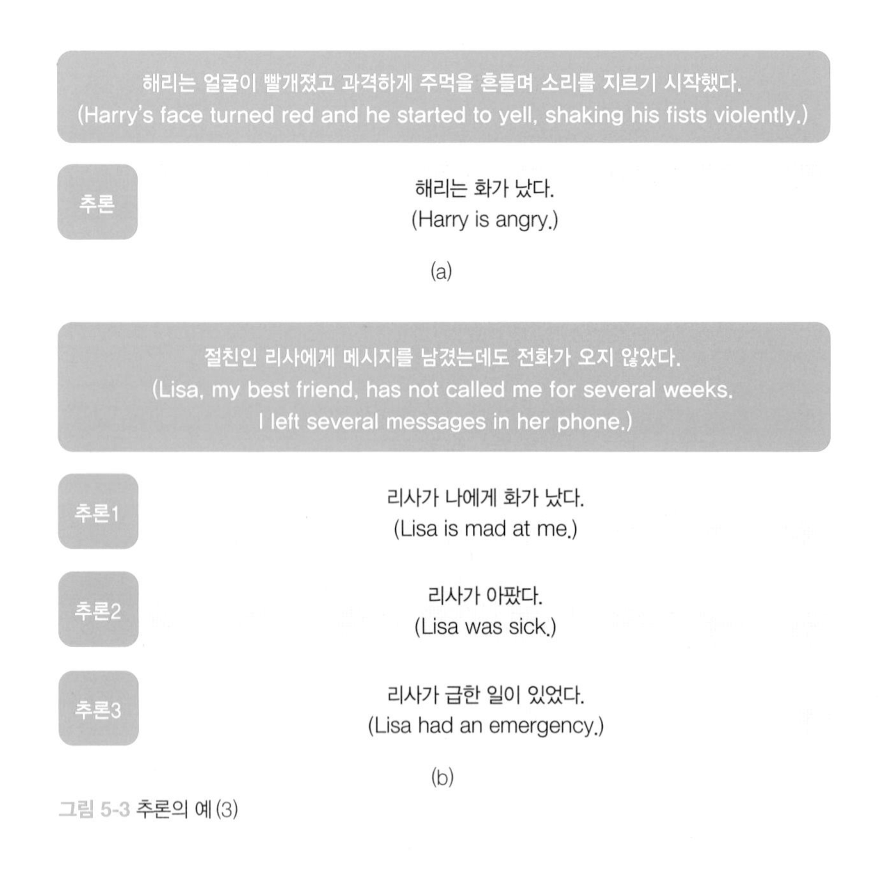

그림 5-3 추론의 예(3)

그래서 수사학에서는 이렇게 말합니다.

> The greater number of possible interpretations, the less reliable the inference.

이처럼 다양한 해석이 가능할수록 추론의 신뢰성은 떨어집니다. 따라서 추론의 신뢰성을 높이기 위해서는 여러 가지 방식을 고려해야 하는데, 우리에게 익숙한 연역적 사고와 귀납적 사고에 대해 먼저 살펴보겠습니다.

연역적 사고 (deductive reasoning)	귀납적 사고 (inductive reasoning)
이론, 원칙, 원리에서 출발하여 실제 사례를 추론하는 방식	실제 사례에서 이론, 원칙, 원리 등을 추론하는 방식

그림 5-4 연역적 사고와 귀납적 사고

연역적 사고deductive reasoning는 이론에서 출발하여 실제 사례를 끌어내는 경우이고, 귀납적 사고inductive reasoning는 실제 사례를 들어 이론 혹은 원칙 등을 끌어오는 경우를 말합니다.

B. 연역적 사고

연역적인 방식은 전제들 간의 논리적인 역학관계를 고려하여 다른 결론을 끌어내는 것으로 정의할 수 있습니다. 즉 '마스크를 끼지 않는다.', '코로나가 확산되었다.', '마스크는 코로나 확산을 막아준다.' 등과 같이 여러 명제의 논리적 관계를 살펴서 결론을 도출하는 방식입니다. 글쓰기에서는 이렇게 전제들 간의 논리적 관계가 성립되어야 설득력을 갖게 됩니다.

연역적 추론의 대표적인 예가 삼단논법syllogism입니다. 첫 번째 예는 소크라테스가 말한 것으로 각 명제 간의 논리적 구조를 연결시켜 결론을 내리고 있습니다.

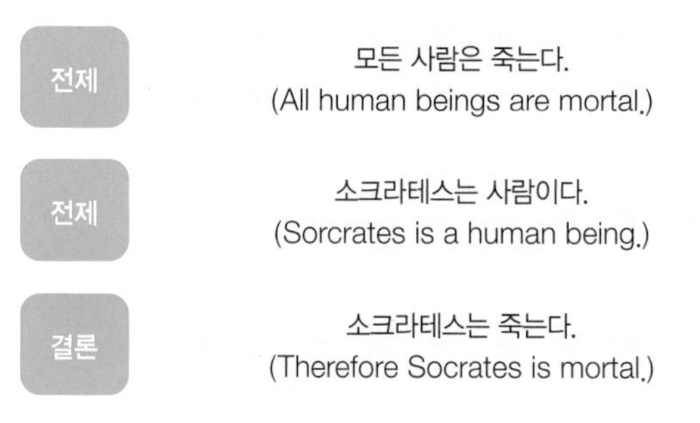

전제
모든 사람은 죽는다.
(All human beings are mortal.)
전제
소크라테스는 사람이다.
(Sorcrates is a human being.)
결론
소크라테스는 죽는다.
(Therefore Socrates is mortal.)

그림 5-5 삼단논법의 예(1)

두 번째 예를 보면 drift-net의 낚시 방식은 돌고래를 죽이는데, 수산업체는 해당 방식을 사용하므로 수산업체가 돌고래를 죽인다는 결론을 도출할 수 있습니다.

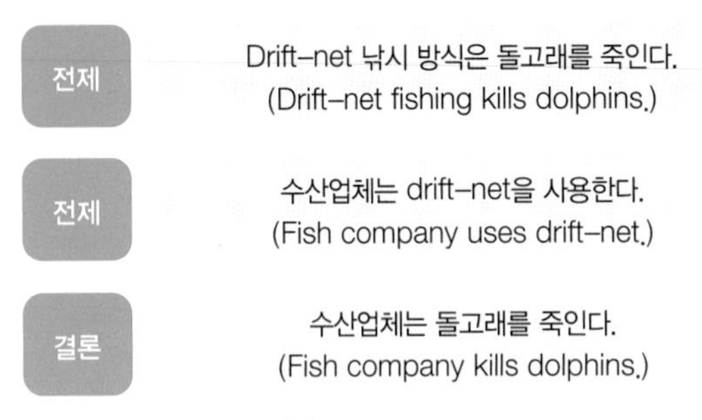

전제
Drift-net 낚시 방식은 돌고래를 죽인다.
(Drift-net fishing kills dolphins.)
전제
수산업체는 drift-net을 사용한다.
(Fish company uses drift-net.)
결론
수산업체는 돌고래를 죽인다.
(Fish company kills dolphins.)

그림 5-6 삼단논법의 예 (2)

연역적 사고에서는 구체적인 사례가 이미 일반화된 논리에 맞는지를 따져보게 됩니다. 이를 영어로 표현하면 다음과 같습니다.

Specific instances or examples are to fit the generalization.

따라서 일반화된 논리가 어떤 구조인지 살펴보는 작업이 중요합니다.

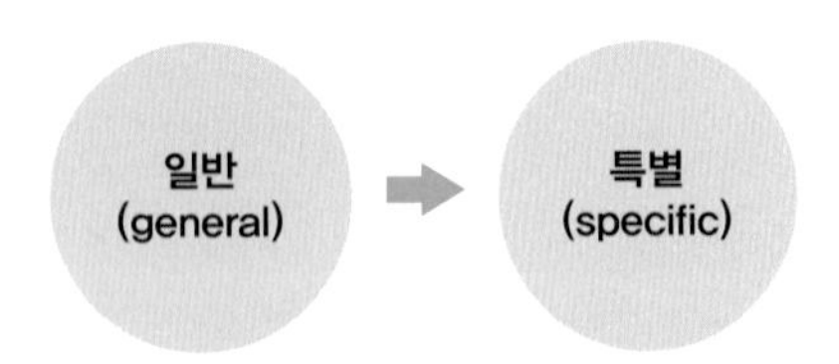

그림 5-7 연역적 추론

그러면 다음 문단이 연역적으로 맞는지 논리적인 연결성을 살펴보겠습니다.

(1) All students who complete this course successfully will fulfill the graduate degree requirement. **(2)** Youngsoo has completed this course successfully. **(3)** Therefore, he has fulfilled the graduate degree requirement.

(1)에서는 일반화된 명제를 제시한 후 **(2)**에서 영수라는 구체적인 인물을 예로 들고 있습니다. 이 문장은 크게 문제가 없지만, 연역적 사고에는 여러 가지 명제 간에 논리적 연관성을 도출하기 어려운 경우도 있습니다. 예를 들면 다음과 같습니다.

현재 영업부에서는 소비자들의 수요에 대응하기 위해 새로운 제품에 많은 투자를 해야 한다는 입장을 밝혀 왔습니다. 김 선생님도 이 부분에 투자를 확대해야 한다고 주장합니다. 김 선생님이 영업부와 모종의 관계를 맺고 있는지 의심이 갑니다.

이 문단에서 김 선생님이 영업부와 무관하게 독자적으로 판단하여 주장했을 수 있으므로 결론은 사실이 아닐 수 있습니다. 이런 방식의 오류를 **연관성의 오류** guilt by association라 하는데, 명제 간 의미에 대한 연관관계를 살펴보면 논리적 결함의 여부를 찾아낼 수 있습니다.

Writing Practice 5-1

소요시간 : 10분

Q 쿠퍼와 패튼의 책에서 소개된 영어 문장을 보고 어떤 논리적 오류가 있는지 찾아봅시다.

Members of the mafia often have dinner at Joe's place in Little Italy. My neighbor frequently dines there. My neighbor is a member of the mafia.

Solution 5-1

마피아가 Joe's Place에서 자주 식사를 하는데, 내 이웃도 그곳에서 자주 식사를 하니 '내 이웃은 마피아의 일원이다.'라는 논리를 전개합니다. 하지만 Joe's Place에서 식사를 하는 사람이 모두 마피아라는 보장이 없으니 연관성의 오류가 생기는 것입니다.

C. 귀납적 사고

연역적 사고방식이 여러 전제 간의 논리적 관계에 근거하는 것과 달리 귀납적 사고는 여러 사례 간의 관계를 추론하여 결론을 도출하는 방식을 취합니다. 예를 들어 농부가 키우는 닭이나 칠면조 등의 가축의 입장에서 본 사례를 통해 결론을 도출하는 과정을 살펴보면 다음과 같습니다.

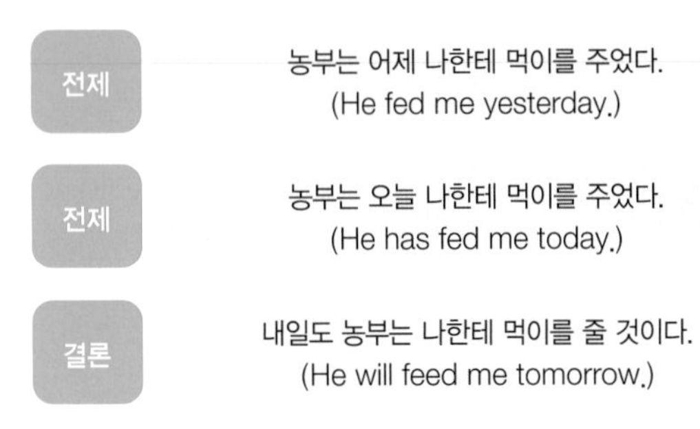

전제
농부는 어제 나한테 먹이를 주었다.
(He fed me yesterday.)
전제
농부는 오늘 나한테 먹이를 주었다.
(He has fed me today.)
결론
내일도 농부는 나한테 먹이를 줄 것이다.
(He will feed me tomorrow.)

그림 5-8 귀납적 사고의 예

그러나 미래에는 어떤 상황이 펼쳐질지 완벽히 예측할 수 없습니다. 농부가 가축들을 잡아서 내다 팔 수도 있으며, 잔치에 음식으로 사용하려고 도축할 수도 있습니다. 그렇기 때문에 귀납법은 확률적인 요소가 개입되어 통계적 사고가 필요한 경우가 많습니다. 이렇게 귀납법은 구체적인 방식에서 일반화할 명제를 도출해 내는 과정이라고 할 수 있습니다.

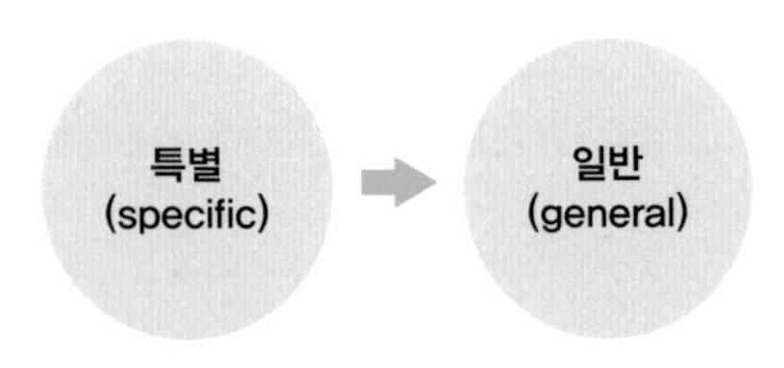

그림 5-9 귀납적 추론

이를 영어로 표현하면 다음과 같습니다.

A series of specific instances are used to reach a generalization.

그렇다면 귀납적 사고의 예를 살펴보겠습니다.

(1) Drought has been more frequent in some areas. **(2)** Skin cancers related to ultraviolet rays have been increasing. **(3)** The tree line is moving north about 40 meters a year. **(4)** Polar ice has been melting more rapidly than in the past. **(5)** Clearly, global warming is upon us.[1]

1 Cooper, S., & Patton, R., 『Writing logically, thinking critically (7th Ed.)』, Pearson., 2011

이 글은 가뭄에 대한 내용으로 시작합니다. 그리고 피부암과 자외선을 언급한 다음, 삼림 한계선의 이동에 대해 기술합니다. 그리고 남북극의 얼음이 녹는 현상을 언급한 뒤에 '지구온난화가 코앞에 닥쳤다.'라는 결론을 내립니다. 즉 구체적인 사례 등을 제시한 후 결론을 도출하고 있습니다. 그러나 이런 귀납적인 방법도 문제가 있을 수 있습니다. 다음의 예시 글을 살펴보겠습니다.

> Sally took two classes in this semester. The two professors in these classes were often late. They missed classes frequently. They did not return student's assignments. She concluded that this university has a rotten faculty and mistreated its students.

여기서 샐리는 두 강좌에서 경험한 내용을 적용하여 학교 전체를 비난하는데, 전체로 확대하여 일반화하기는 어려울 정도로 경험한 숫자가 적습니다. 예를 들어 누군가가 '내가 경험해봐서 아는데' 라는 말을 할 때 그 사람의 경험을 얼만큼 일반화할 수 있는지에 대한 의문이 제기될 수 있습니다. 이런 오류를 **성급한 일반화** Hasty generalization라고 합니다.

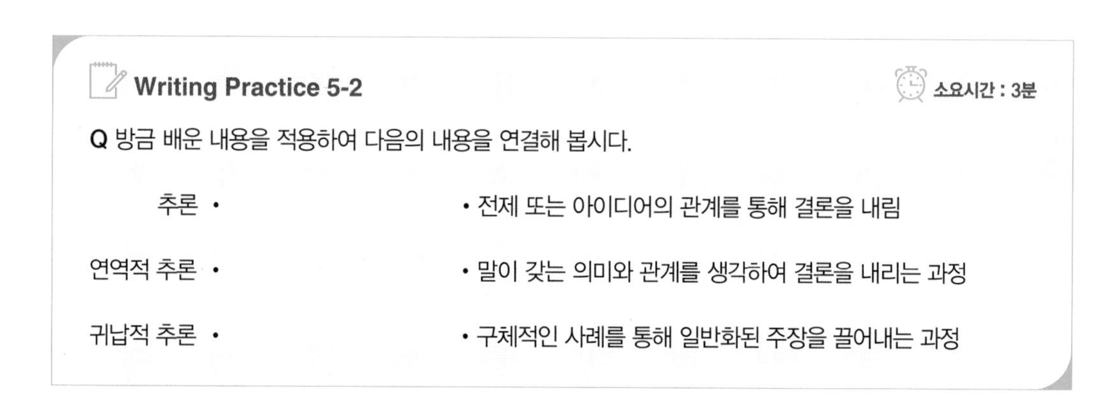

Writing Practice 5-2

소요시간 : 3분

Q 방금 배운 내용을 적용하여 다음의 내용을 연결해 봅시다.

추론 •	• 전제 또는 아이디어의 관계를 통해 결론을 내림
연역적 추론 •	• 말이 갖는 의미와 관계를 생각하여 결론을 내리는 과정
귀납적 추론 •	• 구체적인 사례를 통해 일반화된 주장을 끌어내는 과정

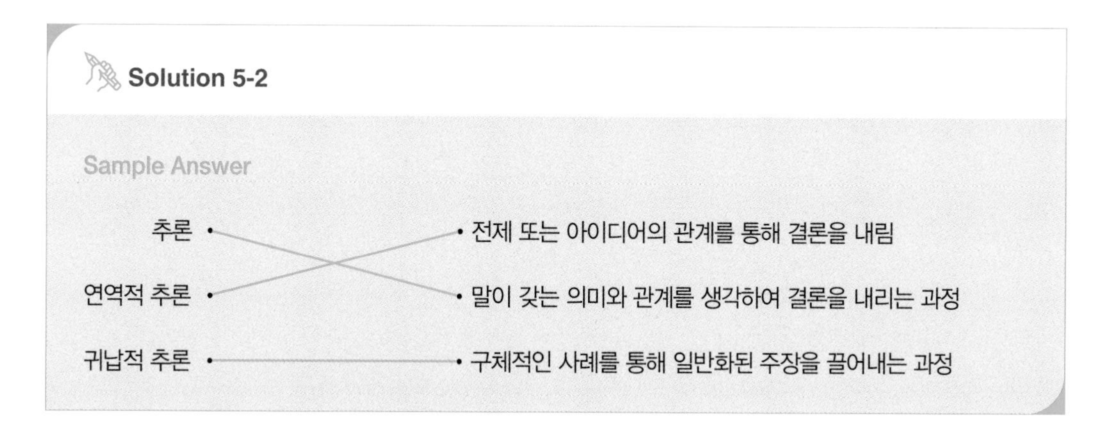

Solution 5-2

Sample Answer

추론 •	• 전제 또는 아이디어의 관계를 통해 결론을 내림
연역적 추론 •	• 말이 갖는 의미와 관계를 생각하여 결론을 내리는 과정
귀납적 추론 •	• 구체적인 사례를 통해 일반화된 주장을 끌어내는 과정

Writing Practice 5-3

소요시간 : 10분

Q 다음 문장의 빈칸을 채워 연역적 사고와 귀납적 사고의 특징을 작성해 봅시다.

(a) Inference is a thinking process in which ( ).

(b) Deductive reasoning examines ( ).

(c) Inductive reasoning begins with ( ).

Solution 5-3

추론(Inference)이란 다른 생각들로부터 결론을 이끌어내는 사고의 과정이라고 할 수 있습니다. 이를 영어로 표현하면 'Inference is a thinking process in which we draw a conclusion from other ideas'입니다.

여기에 전제(premise)와 관련해 더 세밀하게 기술해도 됩니다. A conclusion is about the unknown made on the basis of the known이라고 정의한 글을 바꾸어보면 보다 간단하게 We make conclusions by thinking about what we already know로 나타낼 수 있습니다.

그러면 연역적 추론(Deductive reasoning)에 관해서는 어떻게 기술할까요? 이미 명제 간 관계를 조사한다고 했으니 Deductive reasoning examines the relation between or among premises or ideas라고 표현할 수 있습니다. 그리고 일반화된 내용에서 구체적인 것을 도출한다고 했으니 generalized concepts 혹은 principles 등으로 기술해도 됩니다. 그래서 Deductive reasoning begins with generalized comments and then, applies to specific cases 정도로 표현할 수 있습니다. 이제 이런 식으로 만들어가면 되는 것이죠.

Inductive reasoning에 관해서는 거꾸로 쓰면 됩니다. 예를 들어 Inductive reasoning은 begins with specific cases to draw generalized remarks로 나타낼 수 있습니다. 그리고 몇 가지 문제가 되는 상황을 언급했으니 Inference could be problematic이라고 하고 because it might produce hasty generalization 등으로 설명하면 됩니다. Deductive reasoning도 guilt by association의 문제가 있으니 Deductive reasoning could be problematic when the writer makes a sentence that shows guilt by association 등으로 전개하면 됩니다.

Sample Answer

(a) Inference is a thinking process in which (we draw a conclusion from other ideas).

(b) Deductive reasoning examines (the relation between or among premises or ideas).

(c) Inductive reasoning begins with (specific cases to draw generalized remarks).

D. 사실과 추론

추론을 생각할 때 우리가 특히 고려해야 될 내용은 바로 사실관계입니다. 사실관계가 명확해야 합리적인 추론을 도출할 수 있습니다.

> On the basis of the evidence, we make an inference. Generally, evidence consists of facts.

예를 들어보면 다음과 같습니다.

전제	뉴스를 봤더니 오늘 아침에 지하철이 멈춰 섰다고 합니다. (I heard on the news that the city subway system has ground to a halt this morning.)
전제	?
결론	많은 학생들이 수업에 늦게 도착할 것이다. (Many students will arrive late for class.)

그림 5-10 사실관계가 부족한 추론

결론에 설득력이 있으려면 몇 가지 전제가 더 있어야 합니다. 우선 많은 학생들이 문제가 된 특정 지하철 노선을 이용해야 한다는 사실관계가 맞아야 합니다. 즉, 추론이 타당하고 신뢰할 수 있는지 확인하기 위해서는 우리가 제시할 수 있는 모든 해석을 고려했는지 살펴봐야 합니다.

> Have we considered all other possible interpretations?

사실과 추론은 밀접한 관계가 있는데 만약 글이 사실만 제시하고 추론이 미진하다면 어떻게 될까요? 아마도 사실만 나열하기 때문에 글의 방향성 혹은 주장의 내용을 파악하기가 어렵습니다. 예를 들어 '지하철 시스템이 멈추었고 날씨가 좋지 않습니다.'라는 사실만을 나열하고 끝나면 글의 요지를 파악하기가 어려워 '그래서 어떤 의미가 있는데?'라는 질문이 나오게 됩니다.

4장에서 살펴본 아쟁쿠루 전투에 관한 내용을 기억해 보면 셜리는 많은 자료를 모았고 자료에서 나온 내용을 재구성하여 제출했습니다. 그러나 자신의 주장, 즉 추론이 부족해서 좋은 점수를 받지 못했습니다. 이렇게 사실만 나열하는 식의 글들은 '이런 사실을 가지고 무슨 얘기를 하고 싶은가?'라는 질문에 취약합니다.

이와 반대로 사실이 배제되고 주장만 있으면 어떨까요? 예를 들어 〈The Olympic Contradiction〉의 글을 기억해 보면 올림픽 외에 회사 CEO에 관해서 언급을 했었고 이밖에 정치세력에 대한 예도 언급하여 많은 사실을 제시했습니다. 그러나 만약 저자가 이런 예를 제시하지 않고 [그림 5-11]의 오른쪽 글처럼 주장만 한다면 설득력을 가지기 어렵습니다.

사실만 나열한 글	주장만 나열한 글
I heard on the morning news that the city subway system has ground to a halt this morning. The weather is not good today.	In general, the best people are contradictory, and the most enduring institutions are, too··· But it is not really the mark of genius, just the mark of anybody who function well in the world.

그림 5-11 사실만 있거나 주장만 있는 글

주장하는 글에서 추론inference이 중요한 이유는 이를 통해 우리가 판단judgment을 할 수 있기 때문입니다. 이를 영어로 표현하면 다음과 같습니다.

> Judgment is a type of inference that expresses the writer's or speaker's approval or disapproval based on usefulness, value, moral characters and other criteria.

판단은 대상에 대해 가치를 평가하는 과정이 포함됩니다. 즉, 대상에 대한 어떤 기준을 갖고 좋다, 나쁘다, 유용하다, 도움이 된다, 어렵다 등의 판단을 내리는 것입니다. 다음과 같은 문장을 예로 들 수 있습니다.

> Korean culture is receptive to new ideas and international cultures.

혹은 우리가 보았던 다음 문장도 판단을 포함하고 있습니다.

> Contradictions are a mark of anybody who functions well in this world.
> Therefore, we should be careful of monomaniacs.

이런 판단을 통해 우리는 주장을 드러내게 됩니다. 그리고 정확한 판단을 하기 위해 우리는 적절한 증거나 예를 찾아서 사용해야 합니다. 그렇다면 앞에서 배운 개념을 바탕으로 사실, 추론, 그리고 판단을 구별하는 연습을 해보겠습니다.[2]

Writing Practice 5-4

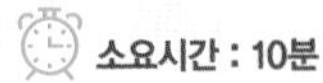

Q 다음의 글이 사실, 추론, 판단 중 무엇인지 구분해 봅시다.

(a) Forty percent of Americans are cremated in 2014 whereas the ration of cremation in Japan is 99 percent.

(b) Material on the internet should not be censored by government or any other organization.

(c) Artist Winslow Homer didn't begin to paint seriously until 1862.

(d) Eric has a drinking problem.

Solution 5-4

(a)는 사실관계를 분명하게 나타냈습니다. 그에 비해 (b)는 주장을 강하게 드러내며 판단을 동반하고 있습니다. (c)에서는 seriously에 대한 기준이 명확해야 하는데 이는 각 개인의 판단 영역으로 볼 수 있습니다. 마찬가지로 (d)도 객관적인 판단 기준이 없으므로 모든 사람이 동의하지 않을 가능성이 큽니다. 따라서 추론이 포함된 판단입니다.

Sample Answer

(a): 사실 / (b), (c), (d): 추론이 포함된 판단

2 Cooper, S., & Patton, R., 『Writing logically, thinking critically (7th Ed.)』, Pearson., 2011

Writing Practice 5-5

소요시간 : 10분

Q 4.2.B절에서 살펴본 브룩스의 〈The Olympic Contradiction〉에서 어떤 추론을 했는지 살펴보고, 빈칸을 채워봅시다.

(a) Brooks wanted us to believe that ( ).

(b) I found his argument ( ) because ( ).

Solution 5-5

(a)는 브룩스 글의 주장을 찾아보자는 내용입니다. 브룩스는 자신의 주장을 두괄식으로 표현했습니다. 예를 들어 Different forces are in conflict 혹은 Differences are fighting each other. 이렇게 써놓고 브룩스가 주장하고자 하는 얘기를 여기에 붙여쓰기도 합니다. 기억해 보면 브룩스는 올림픽만 얘기한 것이 아니라 사회적 시스템(social system), 정치 시스템(political system) 등의 예를 들었기 때문에 우리는 이런 모순적인 상황에 어떤 태도를 가져야 하는지 등을 언급하면서 내용을 확장해나갈 수 있습니다.

(b)는 브룩스의 주장에 대해 어떤 판단을 내리는지 본인의 생각을 작성하면 됩니다. 그리고 독자에 대해서도 생각해 볼 수 있는데 이 글이 보통 사람에 대한 얘기인지 혹은 소수 리더에 대한 얘기인지도 글로 적어낼 수 있습니다.

Sample Answer

(a) Brooks wanted us to believe that (it is possible to hold contradictory thoughts in mind.)

(b) I found his argument (insightful) because (it takes into account the complex nature of social world, political situations, and even life in general).

이번 장에서는 추론의 과정을 살펴보면서 추론, 사실관계, 그리고 판단에 대해 알아보았습니다. 특히 추론은 판단을 동반한다는 사실에 주목했습니다.

Section 5.2

두괄식과 논리적 위계

A. 서론의 구성

여기서는 논리적 글쓰기에서 글의 내용에 대한 위계를 세우고 이를 두괄식으로 표현하는 방법에 대해 살펴보겠습니다. 슐레페그렐Schleppegrell은 글의 구조에 대해 다음과 같이 설명했습니다.[3]

> The introduction announces the text's orientation and purpose, typically in a thesis statement. In the body of the text, the thesis is developed and elaborated through examples and arguments. A conclusion summarizes and evaluates the points that have been made.

서론에서는 글 전체의 방향성과 목적을 보여주는 주제문(thesis statement)을 통해 글 전체의 주장을 소개합니다. 하지만 대부분의 초보자들은 글을 쓸 때 서론에서 주제를 언급하기는 해도 주장까지 소개하지는 않습니다. 보통 주제를 먼저 소개한 후 주장을 제시하는 것이 두괄식 구성입니다. 이렇게 되면 본문에서는 주제를 단순 나열하는 것이 아니라 주장을 전개하고 발전시킬 수 있습니다. 그리고 결론에서는 글의 내용을 요약한 후에 이에 대한 평가를 합니다. 보통 학생들이 작성한 결론은 본문의 내용을 요약하며 마무리를 짓는 경우가 많은데 평가를 포함하면 제기된 주장이 왜 유용한지, 어떤 의미가 있는지에 대한 자신의 판단을 담을 수 있게 됩니다.

3 Schleppegrell, M., 『The language of schooling : A functional linguistics perspective』, Lawrence Erlbaum, 2004

서론 (introduction)	• 주제 소개(introducing a topic) • 주장 소개(introducing an argument)
본문 (main body)	• 주장(argue) • 증명(demonstrate or illustrate)
결론 (conclusion)	• 요약(summarize) • 평가(evaluate) • 의의(implicate)

그림 5-12 글의 구성

정리하면 서론에서는 두괄식으로 주장을 소개하고 본문에서는 이 주장을 증명하는 방식으로 전개하며 결론에서는 주장을 요약, 평가하고 의미를 논하면 됩니다. 글을 이런 방식으로 구성하려면 타인이 작성한 글에 주장이 들어가 있는지 파악하는 연습을 해야 합니다. 다음에 두 예시를 살펴보고 주장하는 글인지 비교해 보기 바랍니다.

Writing Practice 5-6

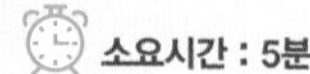

Q 다음 글의 질문과 답을 읽고 글의 주장이 적절히 들어가 있는지 살펴봅시다.

> In what ways do you think knowing these theories or concepts are helpful in learning about intercultural communication?

(1) McDaniel's article describes the relation of culture and communication. **(2)** According to the article, communication is instrumental to daily life in this changing world. **(3)** Since we are living in the pluralistic and multicultural society, understanding others by culture is very important. **(4)** Intercultural communication is therefore critical in the new way of life…

Solution 5-6

이 글에는 맥다니엘의 글이 문화와 소통에 대한 내용이라고 표현하고 있으며(1), 소통이란 변화하는 세상 속에서 일상사에 필요한 하나의 도구라고 했습니다(2). 이어서 우리는 다문화 사회에서 살고 있기 때문에 다른 사람을 이해하는 것이 중요하다고 주장합니다(3). 마지막에는 새로운 방식의 삶에서도 문화적 소통이 필요함을 강조합니다(4).

질문에서는 다문화의 개념을 이해하는 것이 문화 간 의사소통을 배우는 데 어떻게 도움이 되는지 글쓴이의 주장을 요구하고 있습니다. 그런데 답변에서는 글쓴이 본인의 주장은 보이지 않고, 맥다니엘의 글을 요약하는 형태로 구성되어 있습니다. 다시 말해 글쓴이의 추론과 판단 등이 명확히 드러나지 않았습니다.

Writing Practice 5-7

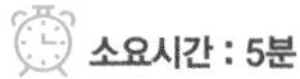

Q 다음 글의 질문과 답을 읽고 글의 주장이 적절히 들어가 있는지 살펴봅시다.

In what ways do you think knowing these theories or concepts are helpful in learning about intercultural communication?

(1) To begin with, these theories offer distinctive criteria for us to identify differences among different cultures. **(2)** Cultural differences are displayed in various forms like behaviors, customs, ways of thinking and etc. **(3)** In facing these differences, we need some kinds of criteria to detect differences and then, to address the differences. **(4)** For example, there are so much differences between Korean and US culture. **(5)** But if Koreans are aware that Americans are individualism, we can understand some of their behaviors such as their attitudes toward privacy and personal difference. **(6)** Second, knowing these theories help us avoid making mistakes in interacting with people from different cultures. **(7)** In Asian culture, saving face in public area is important and therefore, they would not criticize others in public. **(8)** Americans would then try not to be too honest with their opinions in public. Third, …

Solution 5-7

(1)에서는 이론들이 독특한 기준을 제공하는데, 이 기준으로 문화 간 차이점을 파악할 수 있다고 합니다. **(2)**에서는 문화적 차이점이 여러 가지 형태로 드러나는데 **(3)**에서 이러한 차이점에서 유발되는 문제를 찾아내어 해결하기 위한 기준이 필요하다고 합니다. 그리고 **(4)**에서 한국과 미국의 문화적인 차이점이 있다고 하고 **(5)**에서는 한국인들이 미국인들이 갖고 있는 개인주의를 이해하면 그들의 프라이버시와 개인차에 대한 행동을 이해할 수 있다는 식으로 논조를 이어가고 있습니다. 이 글은 질문에서 묻고 있는 이론의 역할에 대한 답변을 개진하고 있는 것으로 판단됩니다.

그렇다면 4장에서 살펴본 〈The Olympic Contradiction〉의 서론에서 주장이 드러나 있는지 살펴보겠습니다.

The Olympic Contradiction

(1) Abraham Lincoln said that a house divided against itself cannot stand. **(2)** He was right about slavery, but the maxim doesn't apply to much else. **(3)** In general, the best people are contradictory, and the most enduring institutions are, too. **(4)** The Olympics are a good example. **(5)** The Olympics are a peaceful celebration of our warlike nature.

우선 제목부터 살펴보면 contradiction(모순)이라는 용어를 사용하여 궁금증을 자아냅니다. 올림픽에 어떤 모순점이 있을까요? **(1)**에서는 내적으로 분열되면 망가진다는 링컨의 주장을 인용했습니다. **(2)**에서는 링컨의 주장이 노예 제도에 관해서는 맞았지만, 다른 곳에서는 맞지 않는다고 합니다. 그리고 **(3)**에서 최상의 사람들은 물론 영속성이 있는 제도, 기관도 모순된 점이 있다는 논조를 이어갑니다. 이 문장까지 읽어보면 내용이 제목과 일치하는 주제로 귀결된다는 것을 알 수 있습니다. 그리고 **(5)**에서 올림픽을 예로 들고 있습니다.

이렇게 서론을 살펴보면 브룩스가 자신이 주장하는 내용을 두괄식 foreshadowing으로 작성했다는 사실을 알 수 있습니다. 만약 브룩스가 서론에서 주제만 나타냈다면 '나는 최상의 사람과 조직이 어떤 성향을 가졌는지'와 '올림픽에 대해서 얘기를 하겠다.' 정도로만 언급했을 것입니다. 두괄식 구성을 통해 주장이 드러나면 독자는 글쓴이가 제시한 방향으로 예측하면서 읽게 됩니다. 거꾸로 생각하면 두괄식으로 구성된 글은 글쓴이가 글 전체 내용을 정확히 파악하여 논리를 전개하고 있다는 증거가 됩니다.

B. 두괄식에서 주장을 소개하려면?

두괄식 글에서 주장을 소개하기 위해서는 어떻게 해야 할까요? 두서 없이 주장하는 글을 쓸 수는 없으므로 이를 논리적으로 소개하는 방법을 찾아야 합니다. 예를 들어 살펴보겠습니다.

Word order in Korean and English

(1) The present paper examined the word order between Korean and English. **(2)** I will talk about Korean word order and then English word order. **(3)** As you know, Korean has S+O+V but English has S+V+O. **(4)** Korean and Japanese are the same in word order. **(5)** Second, I will give you examples of word order in different languages such as English, Korean and Japanese. **(6)** I will offer my feedback about word order for Korean learners of students.

이 글의 제목을 보면 어떤 느낌이 드나요? '한국어와 영어의 어순'이라는 주제가 드러나 있습니다. 내용을 보면 **(1)**에서 영어와 한국어의 어순 차이를 조사했다고 합니다. 그리고 다음 문장에서 한국어 어순과 영어 어순에 대해 설명하겠다고 하고 **(3)**에서 한국어와 영어의 어순에 대해 설명합니다. 그리고 **(4)**에서는 일본어와 한국어의 어순이 같다고 설명하고 **(5)**에서 영어, 한국어, 일본어의 어순을 보여주는 예를 들겠다고 합니다. 그리고 **(6)**에서 영어 학습자에게 피드백을 주겠다고 합니다.

앞서 두괄식의 글에서는 주제뿐 아니라 글의 방향성을 제시하는 주장이 들어가야 한다고 이야기했습니다. 주장문은 저자의 판단을 포함하게 되는데 이는 그르다, 옳다, 유용하다 등의 문구로 나타낼 수 있습니다. 하지만 이 글에서는 이러한 판단을 보여주는 문장은 보이지 않습니다. 즉 어순에 대해 설명하지만 왜 어순이 중요한지, 어떻게 유용한지, 그리고 왜 우리가 어순에 대해서 알아야 하는지에 대한 주장이 없습니다.

그렇다면 서론을 어떻게 구성해야 할까요? 보통 전문가들은 글을 쓸 때 넓은 주제에서 구체적인 주제로 흘러가라고 조언합니다. 주제가 넓으면 일단 독자가 받아들일 가능성이 높기 때문입니다. 스웰스 Swales와 피크 Feak(2012)의 저서에서는 이를 GS General to Specific라고 하고 다음과 같이 설명합니다.

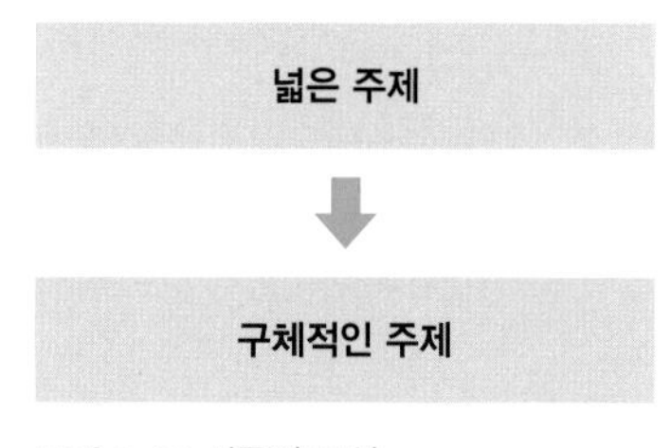

그림 5-13 서론의 구성

GS involves a movement from broader statements to more specific ones. Your readers are likely to accept this broad statement.

넓은 주제에서 구체적인 주제로 서술하기 위해서는 정의define를 내리거나 사례를 제시하는 방법이 있습니다. 어순이라는 주제는 영어, 일본어를 언급하면서 언어 간의 괴리나 차이점이라는 상위 주제로 묶을 수 있습니다. 그리고 이런 언어 간의 괴리는 문법 또는 언어 학습이라는 보다 더 상위 개념으로 묶을 수 있습니다.

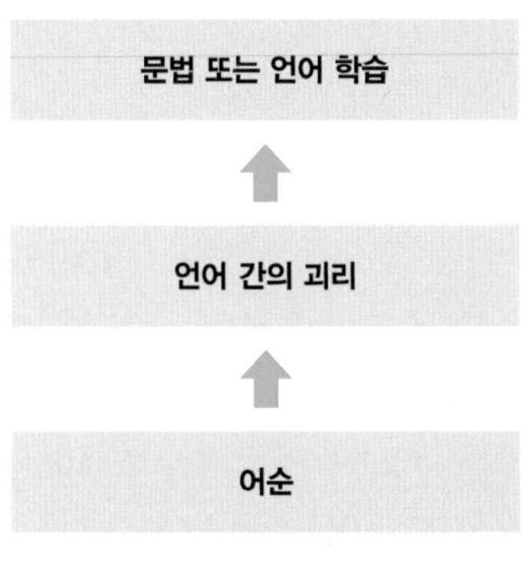

그림 5-14 서론 구성의 예

이렇게 상위 개념에서 하위 개념을 흘러가도록 글을 수정해 보면 다음과 같습니다.

(1) There are many factors that influence the process of second language learning process, including age of the learners, their language aptitudes, students' motivations and administrative and parental support, to name a few. **(2)** Among them, learners' native language is regarded as one of the important factors (Odlin, 1989). **(3)** Particularly relevant is the issue of the distance between the target language and native language in terms of grammar (e.g., Larsen–Freeman, 1998). **(4)** In this regard, word order is an important indicator of the distance between the two languages.

우선 **(1)**에서는 언어 학습에 미치는 여러 요소를 언급하며 매우 큰 주제로 시작합니다. 그리고 **(2)**에서는 언급된 여러 요소 중 학습자에게는 모국어가 매우 중요하다고 기술합니다. **(1)**에서 **(2)**는 큰 주제로 시작해서 점차 구체적인 주제로 흘러가는 과정을 보여줍니다. **(3)**에서는 한 걸음 더 들어가서 모국어와 학습하고자 하는 외국어의 차이점이 중요하다고 기술합니다. 그리고 나서 두 언어 간 어순의 차이점을 언급하면서**(4)** 자연스럽게 구체적인 주제로 진입하게 됩니다.

C. 논리적 위계화

글로 어떤 설명을 하거나 주장하기 위해서는 언급하고자 하는 내용을 위계화하여 분류하는 작업이 필요합니다. 앞에서 살펴본 글을 예로 들면 어순은 작은 카테고리이고 문법은 그 상위 개념으로 볼 수 있으며, 이 둘 사이에 논리적 위계성이 성립됩니다.

논리적 위계성 The ladder of abstraction은 하야카와Hayakawa라는 언어학자가 제시한 개념으로 구체적인 것에서 단위를 올려서 추상적인 것으로 올라가는 구조를 지칭합니다.

예를 들어 여러분이 베시 Bessie라는 이름을 가진 소 한 마리를 키우고 있다고 가정해 봅시다. 베시는 특정 동물을 일컫는데 이 베시의 상위 개념은 소 cow입니다. 그리고 더 위의 상위 개념은 가축 livestock입니다. 더 나아가 자산 asset의 일부로 볼 수 있으며 이들이 모여서 나의 재산 wealth을 이루게 됩니다.

그림 5-15 논리적 위계성

그렇다면 논리적 위계성이 실제 어떻게 작동되는지 다문화 사회에 관한 두 사람의 대화를 예로 들어 살펴보겠습니다. [그림 5-16]의 대화를 살펴보면 글을 전개하기 위해서는 위계를 적절히 구사하는 것이 매우 중요하다는 사실을 알 수 있습니다.

그림 5-16 상위 개념에 머물러 있는 경우

좌우로 주고받는 말풍선을 추적해 보면 어떤 느낌이 드나요? 우선 대화가 매우 지루합니다. 논리적 위계성이란 측면에서 볼 때 질문과 답변이 상위 수준에 머무르고 있어 개념적이고 추상적인 느낌이 들기 때문입니다. 이런 경우 하위 개념을 끌어와 설명하면 이해하기 쉽습니다. 하위 개념은 주로 예나 사례 등으로 구성하는데, 글을 작성할 때는 상위 개념 혹은 하위 개념에만 머무르지 않고 번갈아 가며 구성해야 합니다.

그렇다면 논리적 위계를 구체적으로 어떻게 나타내야 할까요? [그림 5-17]을 보면 약속, 음식, 의복 등에 대해 언급합니다.

다문화 사회에서는 약속을 지키는 것이 중요합니다. 약속이 기본적인 매너이기 때문입니다.
그리고 다문화 사회에서는 어떤 음식을 먹는지, 어떤 의복을 입는지도 주목해서 살펴야 합니다.

그림 5-17 하위 개념에 머물러 있는 경우

이는 다문화 사회의 구체적 사례로 하위 개념에 속합니다. 이 글이 구체적이기는 한데 자잘한 사례만 있으니 이들을 묶을 수 있는 상위 개념이 필요합니다. 예를 들어 약속을 지키는 것은 '문화적 소통 양식', 음식과 의복은 '문화 간 생활 양식' 등의 큰 개념으로 묶을 수 있습니다. 이렇게 글의 위계를 세우면 다음과 같이 기술할 수 있습니다.

> 다문화 사회에서 소통 방식에 따른 차이점을 이해해야 합니다. 예를 들어 문화권에 따라 약속에 대한 관습이 다릅니다.

이렇게 개념에 대한 층위를 고려하면 글의 내용상 체계가 세워져 일관성이 보이게 됩니다. 그러면 논리적 위계성에 대한 실습을 해보겠습니다.

Writing Practice 5-8

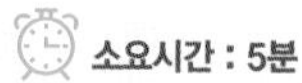

Q 다음 글을 읽고 위계성을 높이기 위해 어떻게 해야 할지 고민해 봅시다.

Personal Statement on Teaching

(1) My English teacher in my high school was the reason why I wanted to be a teacher. **(2)** Students are mostly focusing on getting a good grade in college entrance examination. **(3)** I want to create learning environment in which students feel comfortable. **(4)** Good teachers pay attention to students and support them with feedback. **(5)** Students can be emotionally defensive if they are uneasy and afraid of learning. **(6)** This is because when students face problems that lead to emotional distress, their concentration decreases drastically.

Solution 5-8

앞의 2.2.B절에서 글을 선생님(teacher), 인지적 문제(cognitive issue), 심리적인 문제(psychological issue)라는 세 가지 범주로 나눴으며 각 범주를 사용하여 글의 내용을 확장할 수 있습니다.

예를 들어 teacher에 관한 기술을 할 때 cognitive issue 혹은 psychological issue를 염두에 두고 내용을 더 구체적으로 작성할 수 있습니다. 내용의 위계를 생각하며 수정하면 글이 세련된 구조와 일관성 있는 메시지를 갖게 됩니다. 여기에 추론, 판단, 사실관계 확인을 더해 설득력 있는 글로 발전시킬 수 있습니다.

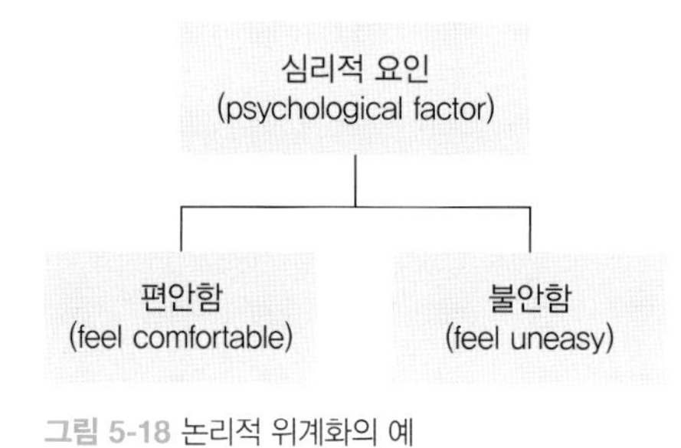

그림 5-18 논리적 위계화의 예

Chapter 06

주장 입증하기

Substantiating Argument

설득력 있는 주장을 하기 위해서는 예시 또는 증거가 필요합니다. 주장문은 여러 전제와 결론이 있으므로 어떤 예가 어떻게 필요한지 파악하는 것이 중요합니다. 그리고 예증하기의 핵심은 데이터를 사용하여 주장하기인데, 이 장에서는 실제 데이터를 통해 연습해 보겠습니다.

Section
6.1

예증하기

A. 주장을 뒷받침하는 예

설득력이 있는 주장을 하기 위해서는 예시 또는 증거가 필요합니다. 예를 어떻게 활용하는지 파악하기 위해 우선 다음 두 문장의 차이점을 살펴보겠습니다.

(1) Don't go to that sports center because it's closed for renovation.

(2) Don't go to that sports center because their prices are higher than other places and the swimming pool is crowded.

먼저 **(1)**은 스포츠센터가 개선 공사를 하고 있으므로 가지 말라고 합니다. **(2)**도 같은 주장을 하지만, 가격이 비싸고 사람이 많아 혼잡하기 때문이라고 합니다.

이 두 문장은 어떤 차이점을 드러내고 있나요? 스포츠센터가 공사 때문에 문을 닫았다는 것은 주관적인 판단이 개입되지 않은 사실관계를 나타낸 것입니다. 반면에 비싸고 사람이 많다는 말은 주관적 견해 혹은 판단을 포함합니다. 가격이 그다지 비싸지 않으며 사람이 많지 않다고 판단하는 사람이 있을 수 있기 때문입니다. 이렇게 예를 들어 주장에 대해 증명하는 것을 **예증법**paradeigma이라고 합니다.

예증법은 한 주장에 대해 여러 가지 예를 사용하여 복잡하고 점진적으로 구성되는 경우가 많습니다. 이는 3장에서 '축구장을 지어야 한다.'는 결론에 여러 전제가 붙어 있는 것과 비슷합니다. 여러 개의 전제로 구성된 복잡한 문장에서는 문맥 또는 목적에 맞게 주장을 펼쳐야 글의 설득력을 높일 수 있습니다.

예증법과 관련하여 흥미로운 사례가 있어서 소개합니다. 다음의 글은 셰익스피어Shakespeare가 쓴 희곡 '줄리어스 시저'에서 나온 문구입니다. 이 글은 김용규 선생의 저서에서 번역된 글을 가져와 수정했습니다. 시저는 로마의 전쟁 영웅으로 많은 시민의 지지를 받았습니다. 하지만 그가 황제가 되는 야망을 지니고 있다고 생각하는 정치세력이 있었습니다. 이 중에는 시저의 부하이자 친구였던 브루투스도 포함되어 있었습니다. 브루투스는 시저를 암살한 후 흥분한 로마 시민들에게 현란한 수사법을 사용하여 군중을 설득합니다. 그러나 이런 연설은 시저의 지지자였던 안토니우스의 연설로 인해 무력화됩니다.

안토니우스의 예증법

(1) 카이사르는 나의 친구였고 진실하고 공정했습니다. (2) 그런데 브루투스는 그를 야심가라 했습니다. (6) 카이사르는 많은 포로들을 로마로 데려왔습니다. (7) 그 배상금은 모두 국고에 넣었습니다. (8) 카이사르가 과연 야심가였나요? (9) 가난한 사람들이 굶주려 울면 카이사르도 같이 울었습니다. (10) 야심이란 좀 더 냉혹한 마음에서 생기는 것입니다. (11) 내가 세 번씩이나 카이사르에게 왕관을 바쳤는데도 그가 세 번 다 거절했습니다. (12) 이게 야심이란 말입니까? (13) 여러분 모두 한때는 시저를 사랑했습니다. (14) 시저가 여러분을 얼마나 사랑했는지 모르는 게 좋을 겁니다. (15) 여러분은 목석이 아니라 붉은 피가 흐르는 인간이기 때문입니다.

안토니우스의 연설에서 주목할 사항은 다양한 예증법을 사용했다는 사실입니다. 안토니우스는 시저가 진실되고 공정한 사람이었다고 주장합니다(1). 이 주장을 증명하기 위해 '시저가 포로들을 데리고 왔으며(6) 배상금을 국고에 넣었고(7), 가난한 사람들과 공감했다(9).'라는 예를 들고 있습니다. 이 예는 브루투스가 시저를 야심가라고 공격한 내용(2)을 반박하기 위해 가져온 예입니다. 그리고 뒤이어 시저의 인간적인 면을 강조하는 방식으로 주장을 이끌어가고 있습니다. 안토니우스의 연설은 다양한 예들이 적절하게 배치되어 군중의 감정을 고조시키는 방식으로 구성되어 있습니다. 이 연설에 감화를 받은 군중들은 결국 마음을 돌리는 것으로 묘사되고 있습니다.

B. 예증법이 필요한 주장

이번에는 학생들이 쓴 글을 살펴가며 예증법을 어떻게 사용할 수 있는지 알아보겠습니다. 우선 글에 주장이 들어가 있는지, 그리고 어떤 형태로 표현되었는지 주목해서 살펴보겠습니다. 영어로 작성된 다음 글을 읽어보며 주장이 무엇인지, 그리고 어떤 예를 사용했는지 찾아보기 바랍니다.

(1) One of the problems with English education in Korea is that there are not much opportunities for students to learn about proper pronunciation. **(2)** Students have no choice but to memorize the spelling and the pronunciation without knowing why. **(3)** After students learn how to pronounce English like a native speaker, they should be able to construct sentences in their minds to be able to communicate in that language.

한국 학생들이 발음을 배울 기회가 많지 않다고 한 **(1)**은 주관적이며 저자의 판단이 들어간 주장이라고 할 수 있습니다. 그러나 이 주장은 예시 또는 데이터를 통해 증명되지는 않았습니다. **(2)**에서 학생들은 스펠링이나 발음을 그냥 외울 수밖에 없다는 주장을 하고 있습니다. 하지만 **(1)**과 마찬가지로 이 주장을 뒷받침할 예를 제시하지는 않습니다.

물론 이렇게 기술한 주장이 틀렸다고 단언할 수는 없습니다. 대부분의 독자가 수긍을 하는 주장이라면 별 문제없이 넘어갈 수 있습니다. 그러나 논란이 있을 수 있는 주장에는 예나 증거가 필요합니다. 예를 들면 '학생들이 발음을 공부할 시간이 없다.'라는 문장은 누군가 이의 제기를 할 수 있으므로 보완해야 합니다. 따라서 In secondary schools, few class hours are allocated to pronunciation instruction이라고 기술할 수 있습니다. 하지만 이 문구도 구체적인 출처를 요구할 수 있기 때문에 According to a survey of secondary students, majority of students noted this problem이라는 식으로 보강할 수 있습니다.

(1) One of the problems with English education in Korea is that there are not much opportunities for students to learn about proper pronunciation. **(2)** Students have no choice but to memorize the spelling and the pronunciation without knowing why. **In secondary schools, few class hours are allocated to pronunciation instruction. According to a survey of secondary students, majority of students noted this problem.** **(3)** After students learn how to pronounce English like a native speaker, they should be able to construct sentences in their minds to be able to communicate in that language.

그리고 **(2)**와 **(3)**의 관계를 살펴보면 글이 논리적으로 연결이 되지는 않습니다. 이를 고려하여 수정하면 다음과 같습니다.

If they learn pronunciation in school, they are likely to devote their time for other learning, such as sentence construction.

물론 모든 전제를 다 증명할 필요는 없습니다. 한 문장, 한 문장 읽어가면서 어떤 주장을 하는지 따져보고 그 다음에 어떤 전제에서 예가 필요한지를 판단하면 됩니다. 이전에 한 번 보았던 글을 이용해서 예증법을 적용하는 실습을 해보겠습니다.

Writing Practice 6-1

소요시간 : 10분

Q 다음 글에서 예시가 필요한 곳을 찾아보고 어떤 예가 적절한지 생각해 봅시다.

What kinds of problems would Westerners face when they come to Korea? Base your answers on theories and concepts in the textbook.

(1) Eastern culture defined as a tight and vertical cultures. **(2)** Because when we think about especially Korean culture, that is strictly affected by Confucianism, we find out that Korean people always teach their children to respect older people and to use polite expression to elderly people. **(3)** And they can't accept the other cultural concept or behavior based on another culture easily.

Solution 6-1

이 글은 '서양인이 한국에 와서 어떤 문제에 봉착할까?'라는 질문에 대한 답으로 문화가 다른 사람들, 특히 서양과 동양 간의 문화 차이에 대한 내용에 관해 작성된 글입니다.

(1)에서 글쓴이는 동양과 서양의 문화를 분류하여 엄격하고 수직적인 문화(tight and vertical cultures)라고 기술합니다. 여기서 문화이론을 잠깐 살펴보면 엄격한 문화는 규칙, 관습, 규율 등이 많은 문화권입니다. 그리고 수직적인 문화는 계급, 계층 등이 존재하는 것을 당연하게 받아들이는 사회입니다. 이런 배경하에 이 글에서 어떻게 답을 해야 하는지 생각해 봅시다.

우선 **(1)**과 **(2)**를 보면 tight culture과 vertical culture에 대한 설명이 필요해 보입니다. 그러나 **(2)**에서는 유교(Confucianism)의 영향을 받았다고만 설명이 되어 있습니다. 그렇다면 유교가 tight and vertical culture에 해당된다고 추측할 수 있습니다. 이를 반영하면 다음 문장으로 나타낼 수 있습니다.

> A tight culture society has numerous rules and regulations governing various social customs and behaviors. One good example of tight and vertical culture is found in Confucianism.

그리고 유교에 대해서는 조금 더 설명을 해야 하는데 관계대명사를 붙여서 that has various governing rules on gender role, seniority, language use 등으로 기술할 수 있습니다.

이렇게 논리를 전개하면서 5장에서 언급했던 논리적인 위계성을 생각해 볼 수 있습니다. 예를 들어 서열(seniority), 혹은 젠더 역할(gender role)의 상위 개념을 생각해 보면 사회적 관계(social relation), 혹은 행동 규범(behavioral norms) 등이 적절하며 이를 구체적인 사례들로 연결해 주면 됩니다.

> Tight and vertical cultures show unique features in social relation and behavioral norms, as they place significant emphasis on seniority and distinctive gender roles.

그리고 서양인(westerner)에 대한 관점을 논의하라고 했으니 이에 대한 언급이 필요합니다. Westerners would find Korean culture라 하고 생각해 보면 규범이 엄격하니까 rigid 혹은 traditional 등의 형용사를 사용하고 because Korean cultures are highly structured 등으로 전개할 수 있습니다. 그리고 여기서 서양인에 관해서 부연 설명을 할 수 있습니다. Since they are from a horizontal and loose culture. 이렇게 해 놓고 관계대명사를 써서 부연 설명을 덧붙여줍니다. 예를 들어 that is more flexible in their cultural norms regarding social relations로 작성할 수 있습니다. 이렇게 초고를 수정하는 과정에서 글을 좀 더 세련되게 수정하고 예증을 통해 설득력을 높일 수 있습니다.

Sample Answer

Westerners would find Korean culture rigid and highly structured. Eastern culture is defined as a tight and vertical culture. Tight culture is a society that has numerous rules and regulations in various social customs or behavioral norms whereas vertical culture considers social hierarchy as given. One good example is found in Confucianism that has various governing rules and behavioral norms such as gender role, seniority and language use. Westerners would find Korean culture rigid or traditional because they are from a loose and horizontal culture that are more flexible in their cultural norms regarding social relations.

결론적으로 예증은 주장을 뒷받침하는 역할을 합니다. 주장문에서는 글쓴이의 판단이 들어가기 때문에 예시와 증거를 제시하면 사실관계를 보강하는 그 이상의 기능을 하게 됩니다. 주장문은 여러 전제와 결론으로 구성되어 있기 때문에 천천히 읽어가면서 필요한 곳에 예를 넣어보는 연습을 하는 것이 좋습니다. 6.1절에서는 예를 들어 주장을 보강하는 예증법에 대해 살펴보았는데, 다음 절에서는 이를 확장하여 데이터를 활용해 주장하는 방법에 대해 살펴보겠습니다.

Section
6.2

데이터를 이용하여 주장하기

A. 데이터는 어떻게 기술하는가?

주장하는 글을 작성하기 위해서는 데이터를 활용해야 하는 경우가 많습니다. 대학에서 과제를 수행하는 학생들은 물론, 다양한 분야의 연구자들도 데이터를 이용해 글을 작성합니다. 일반 기업에서도 자료를 통해 실적 보고서, 사업 제안서 등의 데이터가 담긴 글을 작성하게 됩니다. 데이터에는 여러 가지 종류가 있습니다.

1. 통계(statistics)
2. 인터뷰(interview)
3. 관찰(observation)
4. 서적·자료·글쓰기 자료(document data)

그렇다면 데이터를 이용해서 어떻게 주장을 도출하는지 예를 들어 살펴보겠습니다. [표 6-1]은 일본의 과학자들이 영어로 논문을 쓸 때 어떤 전략을 사용하는지 조사한 결과입니다.[1]

표 6-1 일본 과학자들이 영작문할 때 사용하는 전략

영작문 전략	비율(%)
모국어로 생각하고 영어로 글을 쓴다. (Think mainly in Japanese but write in English.)	61
모국어와 영어를 둘 다 떠올리지만 영어로 글을 쓴다. (Think in Japanese and English but write in English.)	16
영어로 생각하고 영어로 글을 쓴다. (Think in English and write in English.)	23

1 Swales & Feak., 『Academic writing for graduate students (2nd Ed.)』, University of Michigan Press, 2004

이 자료에 근거하여 두 학자가 작성한 글을 살펴보겠습니다.

(1) The following data shows the ratio of strategies by Japanese scientists when they write in English. **(2)** Slightly more than three–fourths of the scientists surveyed adopted writing strategies that involved the use of their first language. **(3)** Moreover, less than a quarter appear capable of writing directly in English. **(4)** Overall, the figures would appear to suggest that most Japanese scientists have difficulties and frustrations when preparing papers for English–medium journals.

(1)에서는 데이터를 소개하고 **(2)**~**(3)**에서는 데이터를 설명하고 있습니다. **(2)**에서 조사대상의 3/4 이상이 모국어를 사용한다고 기술했는데, 이는 [표 6-1]에서 비율 61과 16을 합한 77%를 지칭합니다. 그 다음 **(3)**에서는 1/4 이하가 영어식 사고방식을 갖는다고 했으므로 [표 6-1]의 세 번째 비율인 23%를 지칭하는 것입니다. 이렇게 데이터를 설명한 후 **(4)**에서 일본 과학자들은 영어 논문을 쓰는 데 어려움이 있다고 결론을 내립니다. 결론적으로 데이터를 소개한 다음 주장을 제기하고 마지막으로 의미를 도출하는 3단계 기술 방식으로 전개하고 있습니다.

B. 데이터를 기술할 때 필요한 세 가지 요소

요약 Locate and Summarize은 제시한 데이터가 어떤 내용인지 소개하는 내용으로 앞의 예에서 **(1)**에 해당합니다. 그리고 **강조&분석** Highlight and Interpret은 데이터에서 중요한 부분을 강조하여 분석하는 내용으로 앞의 예에서 **(2)**와 **(3)**에 해당합니다. 그리고 마지막은 **판단&평가** Implicate and Recommend로 **(4)**에서처럼 분석된 결과가 어떤 의미가 있는지, 그리고 필요하면 제안 사항을 제시할 수 있습니다.

요약 (Locate & Summarize)	강조 & 분석 (Highlight & Interpret)	판단 & 평가 (Implicate & Recommend)
데이터가 어떤 것인지 찾아서 요약	데이터의 중요한 부분을 강조하고 분석	글의 의미, 필요 시 제안

그림 6-1 데이터를 기술할 때 필요한 세 가지 요소

세 가지 요소를 기억하기 쉽게 Locate → Highlight → Implicate로 기억하기 바랍니다. 이 원리를 기억하면 6.2.A절에서 다룬 일본 과학자에 대한 예시 글을 좀 더 보강할 수 있습니다.

예를 들어 **(1)**번 문장을 시작하기 전에 이 주제를 소개하는 문구를 보강할 수 있습니다. A growing number of scientists are publish their work in English journals worldwide. 다음에 Yet, it is not entirely clear how Japanese scientists are faring in this situation이라 할 수 있습니다. 그리고 **(4)**의 Implicate의 부분도 확장하여 기술할 수 있습니다. 예를 들어 The finding suggests the need for more systematic training in academic writing for Japanese scientists from early days of their graduate training.이라고 하는 것도 한 방법입니다.

이를 정리해 보면 다음과 같습니다.

1. 요약(Locate & Summarize)

An increasing number of scientists are publishing their work in English journal worldwide. Yet, it is not entirely clear how Japanese scientists are faring in this situation. **(1)** The following data shows the ratio of strategies by Japanese scientists when they write in English. **(2)** Slightly more than three–fourths of the scientists surveyed adopted writing strategies that involved the use of their first language. **(3)** Moreover, less than a quarter appear capable of writing directly in English.

2. 강조 & 분석(Highlight & Interpret)

(4) Overall, the figures would appear to suggest that most Japanese scientists have difficulties and frustrations when preparing papers for English–medium journals.

3. 판단 & 평가(Implicate & Recommend)

The finding suggests the need for more systematic training in academic writing for Japanese scientists from early days of their graduate training.

Writing Practice 6-2

소요시간 : 15분

Q [표 6-2]는 한국대학교에서 영어가 어떻게 쓰이는지 조사한 내용입니다. 이 자료를 토대로 영어로 글을 작성해 봅시다.

표 6-2 한국대학교에서 사용되는 영어 비중(2020)

	교육과정 수 (number of courses)	비율 (%)
개설된 강좌 (course offered)	2565	100
영문 교재 및 유인물 (English texts)	960	37
영어 과제 (English assignments)	558	22
영어 강의 (English lecture)	636	25

Solution 6-2

데이터를 활용하여 글을 작성할 때 정답은 없습니다. 하지만 앞에 제시한 대로 세 가지 요소에 속하는 문장을 찾아보고 보강할 부분이 있는지 살펴보기 바랍니다.

Sample Answer

1. 요약(Locate & Summarize)

(1) English courses in Korea are often seen as an indicator of a university's level of internationalization. **(2)** However, most previous studies have only examined courses where instructors use English in their lectures. **(3)** This study takes a more comprehensive approach by incorporating information about the use of English texts and English assignments. **(4)** The following table shows some interesting results.

2. 강조 & 분석(Highlight & Interpret)

(5) One notable finding from this data is that almost 37% of the courses require students to read English texts. **(6)** Additionally, almost 22% of the courses assign English tasks to their students. **(7)** Moreover, the proportion of English-mediated course reaches up to 25% in this university.

3. 판단 & 평가(Implicate & Recommend)

(8) What this means is that a majority of college students are likely to take English-mediated courses in one way or the other. **(9)** Therefore, there should be systematic efforts to prepare students for these courses. **(10)** In particular, the role of a general English program is crucial in supporting college students to be adequately prepared for content courses that utilize English.

Writing Practice 6-3

소요시간 : 15분

Q 다음은 질문에 대한 답을 나타낸 글입니다. 예증법을 통해 제시된 글에 대해 본인의 생각을 주장하는 글을 작성해 봅시다.

> In what ways do you think knowing these theories or concepts are helpful in learning about intercultural communication?

(1) McDaniel's article describes the relation of culture and communication. **(2)** According to the article, communication is instrumental to daily life in this changing world. **(3)** Since we are living in the pluralistic and multicultural society, understanding others by culture is very important. **(4)** Intercultural communication is therefore critical in the new way of life.

Solution 6-3

여기서는 제시된 글이 질문에 대한 답을 제대로 하고 있는지 판단하고, 판단한 근거를 데이터를 사용하여 입증하는 것이 관건입니다. 그러기 위해서는 앞서 다룬 세 가지 요소가 적용되었는지 확인해야 합니다.

우선 이 글에 대한 소개를 해야 합니다. 예를 들면 The following data is taken from an academic writing by Korean college student writing who wrote a timed essay in their intercultural communication course와 같이 표현할 수 있습니다. 그리고 쓰기 맥락에 대해 설명을 조금 더 추가합니다. The students in the course were required to answer this writing prompt about intercultural communication. They are supposed to provide an argument about whether and how theories are helpful 정도로 정리할 수 있습니다. 그 다음에 소개를 마무리 짓기 위해 The following data provides a typical example in which the argument is not presented sufficiently 정도로 이 글이 질문에 대답을 하고 있지 않은 사례라는 것을 두괄식으로 제시합니다. 여기까지가 요약입니다.

다음 단계인 강조 & 분석에서는 우선 주장이 드러나지 않았다는 내용을 예증하기 위해 데이터의 특정한 부분을 지적할 수 있습니다. 예를 들어 In the sentence(1), the writer describes the topic of the source text. In the next sentence(2), the writer offers more details about the topic by saying that communication is instrumental.이라는 문장을 추가해 구체적으로 데이터를 지적하고 분석합니다. 그리고 나서 However, the writer has yet to address the question of how useful these theories are라고 쓰고 In sentence(3), the writer emphasizes the topic of communication이라고 기술하면 됩니다. 여기서 분석이 들어가야 하는데 The writer is primarily focused on summarizing what the text says about these theories, rather than evaluating whether and how these theories are useful 등으로 기술하면 됩니다.

이렇게 내가 예증하고 싶은 문장을 구체적으로 짚어가며 분석의 내용을 자세하게 작성합니다. 더 분석적으로 쓰기 위해서는 '나라면 이런 방식으로 쓰겠다.'라고 기술할 수 있습니다. 예를 들어 The expected answer would provide an argument as to how McDaniel's theories are helpful in identifying problems in intercultural communication. However, the writing simply identified the content of the theories only라고 기술할 수 있습니다.

그리고 판단 & 평가로 들어가서 몇 가지 시사점을 기술할 수 있습니다. 예를 들어 This finding suggests that this writer may not have received training differentiating between arguments and descriptions. College students would benefit from training in this area, which could be provided through writing courses라는 문장을 추가해 데이터에 관해 평가하거나 제안할 수 있습니다.

Sample Answer

1. 요약(Locate & Summarize)

The following data is taken from an academic writing by Korean college student writing who wrote a timed essay in their course on intercultural communication. The students in the course were required to answer this writing prompt about intercultural communication. They are supposed to provide an argument about whether and how theories are helpful. The following data provides a typical example in which the argument is not presented sufficiently.

2. 강조&분석(Highlight & Interpret)

In sentence(1), the writer describes the topic of the source text. In the next sentence(2), the writer offers more details about the topic by saying that communication is instrumental. However, the writer has yet to address the question of how useful these theories are. The writer is primarily focused on summarizing what the text says about these theories, rather than evaluating whether and how these theories are useful. The expected answer should provide an argument as to how McDaniel's theories are helpful in identifying problems in intercultural communication. However, the writing simply identified the content of the theories only.

3. 판단&평가(Implicate & Recommend)

This finding suggests that this writer may not have received training is differentiating between arguments and descriptions. College students would benefit from training in this area, which could be provided through writing courses.

이번 장에서는 예증법에 대해 집중적으로 연습했는데, 데이터에 대해 기술할 때는 우리가 익숙한 방식보다 훨씬 더 적극적이고 구체적으로 써야 한다는 점을 기억하기 바랍니다. 글에서 데이터를 구체적으로 언급하지 않으면 독자들은 데이터를 제대로 살펴볼 수 없습니다. 주장을 입증하는 글은 매우 구체적이어야 하며, 예시가 논리적으로 연결되어야 글에 힘이 생기고 설득력이 높아지게 됩니다.

Chapter 07

자신의 역량을 주장하는 글쓰기 연습하기

Argumentative Writing Practice

자기소개서는 주장하는 글입니다. 자신의 경험, 역량, 의지 등을 논리적으로 표현해 상대를 설득시킬 수 있도록 구성해야 합니다. 이번 장에서는 자기소개서를 이력서 내용과 연결해서 논리적으로 작성하는 방법을 연습합니다.

Section
7.1

자기소개서 작성하기

A. 자기소개서의 특징

자기소개서는 누군가를 설득하기 위한 목적으로 쓰인 글입니다. 따라서 설득력 있는 글을 작성하는 것이 중요합니다. 설득력을 갖춘 자기소개서의 특징은 다음과 같습니다.

❶ 설득력이 있는 주장을 담은 글
❷ 논리적이어서 일관성이 있는 글
❸ 타당한 추론을 갖는 글(전제 → 결론)
❹ 예시와 증거를 제시한 글
❺ 논리적 위계성을 갖는 글
❻ 두괄식 구조의 글

이번 장에서는 영어 교사가 되겠다는 학생의 자기소개서를 수정하는 작업을 통해 쓰기 과정을 복기해 보겠습니다. 그러고 나서 여러분의 자기소개서에 어떤 내용이 들어가면 좋은지 생각해 보는 브레인스토밍 작업을 같이 해보겠습니다.

Personal Statement on Teaching

(1) My English teacher in my high school was the reason why I wanted to be a teacher. **(2)** Students are mostly focusing on getting a good grade in college entrance examination. **(3)** I want to create learning environment in which students feel comfortable. **(4)** Good teachers pay attention to students and support them with feedback. **(5)** Students can be emotionally defensive if they are uneasy and afraid of learning. **(6)** This is because when students face problems that lead to emotional distress, their concentration decreases drastically.

먼저 글이 일관성이 있는지 확인하기 위해 5장에서 살펴본 것처럼 주제별로 내용을 묶어서 나타내면 다음과 같습니다.

> **(1)** My English teacher in my high school was the reason why I wanted to be a teacher.
> **(4)** Good teachers pay attention to students and support them with feedback.
>
> **Learning Issue(cognitive issue)**
>
> **(2)** Students are mostly focusing on getting a good grade in college entrance examination.
>
> **Psychological Issue(affective issue)**
>
> **(3)** I want to create learning environment in which students feel comfortable. **(5)** Students can be emotionally defensive if they are uneasy and afraid of learning. **(6)** This is because when students face problems that lead to emotional distress, their concentration decreases drastically.

다음으로 이 글이 적절한 예시와 증거를 갖추었는지 확인해 보겠습니다. 정의적 문제(affective issue)는 심리와 관련된 상위 개념으로 편안함(feel comfortable), 혹은 불편함(feel uneasy)을 예로 들었으며, 인지적 문제(cognitive issue)는 학습에 관련된 내용이므로 좋은 점수(getting good grades), 문제 해결(problem solving)이라는 예를 들었습니다.

이렇게 글을 주제별로 묶고 예시와 증거를 갖추었다면 **(3)**, **(5)**~**(6)**의 호응관계를 긴밀하게 연결하여 타당한 추론을 제시해야 합니다. 예를 들어 **(3)** 뒤에 바로 **(6)**이 오는 것도 고려해 볼만합니다. 그리고 나의 다짐이나 계획을 그 다음 문장에 넣을 수 있습니다. 예를 들어 I will attend to students' emotional needs to help them learn better.라는 문장을 추가하여 앞 문장(전제)에 대한 결론을 내릴 수 있습니다.

관련해서 학습 문제(learning issue)에 대한 문단도 비슷하게 수정할 수 있습니다. 여기에는 **(2)**뿐이므로 이를 보강해야 합니다. 예를 들어 학생들이 공부를 열심히 한다고 했으니 '교사인 내가 어떻게 하겠다.'라는 계획을 포함하는 것도 좋은데 다음 예시를 살펴보기 바랍니다.

Learning Issue(cognitive issue)

(2) Students are mostly focusing on getting a good grade in college entrance examination. I can channel their intellectual energy to the learning process so that they can be more effective.

Psychological Issue(affective issue)

(3) I want to create learning environment in which students feel comfortable. **(6)** This is because when students face problems that lead to emotional distress, their concentration decreases drastically. I will attend to students' emotional needs to help them learn better.

이제 두 가지의 큰 주제로 탄탄한 구조를 만들었으므로 전체 글의 소개 문단에서 이 내용을 두괄식으로 언급하면 효과적입니다. 첫 문장에서 선생님의 역할에 대해 언급했으니 이를 자신의 역할 혹은 목표와 연관 지어 설명해 보겠습니다.

예를 들어 선생님이 정서적인 부분에 대한 역량이 뛰어났다면 이에 대한 주제를 언급할 수 있고, 만약 교육 역량이 그에 미치지 못했다면 자신은 정서적인 부분에 관심을 갖는 동시에 학생들의 학습력을 높이기 위해 노력할 것이라는 주장을 추가할 수 있습니다. 물론 이러한 내용은 사실에 기반해야 합니다. 이렇게 기술한 후 자신의 목표를 In my teaching, I aim to strike a balance between cognitive and affective factors.와 같이 두괄식으로 전개하면 두 주제를 전개하는 데 도움이 됩니다.

Personal Statement on Teaching

(1) My English teacher in my high school was the reason why I wanted to be a teacher. **(4)** Good teachers pay attention to students and support them with feedback. I will strive to do both, being attentive to students' emotional well-being just like my teacher while at the same time helping students become effective learners. In my teaching, I aim to strike a balance between cognitive and affective factors.

(2) Students are mostly focusing on getting a good grade in college entrance examination. I can channel their intellectual energy to be more effective.

(3) I want to create learning environment in which students feel comfortable. **(6)** This is because when students face problems that lead to emotional distress, their concentration decreases drastically. I will attend to students' emotional needs to help them learn better.

물론 실제 자기소개서는 이보다 조금 더 길고 구체적으로 써야 하지만 글의 뼈대를 논리적으로 구성하는 과정은 비슷합니다.

B. 자기소개서 작성을 위한 브레인스토밍

자기소개서를 작성하기 위해서는 글에 들어갈 내용을 적어보고 생각해 보는 브레인스토밍 과정이 필요합니다. 이를 통해 여러분이 가지고 있는 다양한 자료를 넓게 펼쳐 놓는 방법이 효과적입니다. 우선 글을 읽을 사람이 누구인지 생각해 봐야 합니다. 보통은 취업하고 싶은 회사나 조직의 인사 담당자일 가능성이 높습니다. 그렇다면 어떤 조직인지 파악하는 것이 중요합니다. 회사에 대한 정보를 어느 정도 숙지한 상태에서 본인에게 어떤 업무가 요구될 것인지를 알면 좋습니다.

그림 7-1 브레인스토밍

예를 들어 국내 기업인지 외국계 기업인지, 혹은 영업을 주로 하는 상사인지를 미리 파악해야 하며, 특정 기술이나 역량을 필요로 하는 업무에 투입되는 경우도 적어보고, 이를 위해 본인이 어떤 교육을 받았고 어떤 경험을 했는지 등을 연결시켜 생각해 볼 수 있습니다.

그 다음에는 나의 강점이 무엇인지 한 번 생각해 봅니다. 내가 사람을 좋아하고 어울리기를 좋아하는 외향적인 사람인지(sociable, network, communicative, or outgoing), 혹은 진지하고 조용하고 집중력이 좋은 사람인지(serious, quite, or attentive) 등을 고민해 보고 이런 경험을 묶어 나의 강점으로 끌어내는 것입니다. 하지만 학생들은 '내 경험에는 특징이 없어.', '너무 평범하고 특이하지 않아.'라고 예단하는 경우가 많습니다. 하지만 좀 더 깊이 생각해 보면 분명히 앞에서와 같이 묶어서 제시할 수 있는 장점이 있을 것입니다.

이러한 브레인스토밍을 통해 다양한 정보를 펼쳐 놓고 분류해 보면 나만의 독특한 성격, 기호, 역량 등이 목표로 하고 있는 회사나 단체와 어떻게 연결될 수 있는지 생각할 것이 생기게 됩니다. 이런 방식으로 자료를 통해 구조를 잡고 기술해 보면 여러 문장 혹은 문단을 만들어낼 수 있습니다. 이렇게 초안을 잡은 후 수정 과정을 거쳐 정리해 나가면 됩니다.

Writing Practice 7-1

소요시간 : 15분

Q 이력서를 작성하기 앞서 브레인스토밍을 통해 작성해야 할 항목을 떠올려 봅시다.

- ______
- ______
- ______
- ______
- ______

Solution 7-1

Sample Answer

- 어떤 유형의 회사인지?
- 직무의 특징은 무엇인지?
- 기업에서 요구하는 역량은 무엇인지?
- 학력 조건은 어떻게 되는지?
- 어떤 경험과 연관 지어 서술하는 것이 좋은지?

Section 7.2

이력서에 기반한 자기소개서 작성하기

자기소개서는 주장하는 글입니다. 자신의 경력과 경험, 의지 등을 표현하여 상대방에게 자신을 보여줘야 하기 때문입니다. 그래서 증거를 제시하는 예증법을 이용해서 설득력을 높여야 합니다. 그런 면에서 자기소개서는 이력서 내용을 '일관성 있게 주장하여 이해를 돕는 안내서'라고 생각하면 좋습니다. 이력서 내용을 논리적으로 묶어 적절한 스토리를 만들어내면 더 효과적입니다. 다시 말해 잘 쓴 자기소개서는 독자로 하여금 이력서에 있는 항목들을 단순히 나열한 것이 아니라 일관성 있는 스토리의 한 부분으로 이해할 수 있도록 도와줍니다. 이번 장에서는 자기소개서와 이력서를 연동시켜 작성하는 방법을 알아보겠습니다.

다음은 국내 학생들이 작성한 다수의 자기소개서와 이력서를 연구해서 주요한 특징이 드러나도록 재구성한 내용입니다.

Sogang Lee
Baekeom-ro 35
Mapo-gu, Seoul, Republic of Korea
Soganlee@gmail.com

Oct 31, 2020

Human Resources Department
Yeoido-dong3, Youngdeungpo-gu
12345 Seoul

Dear Selection Committee,
I would like to express my interest in the assistant or recruiting manager in your company as was recently made in your company. I found the announcement of your company. Having majored in English Language & Literature and Business Administration, I wish to bring my knowledge, skills and commitment to excellence to your company.

Having majored in English Language and Literature and Business Administration, I have been equipped with knowledge that come with the position including manpower recruitment, work-force organization, personnel training and other organizational issues. Furthermore, I have an ability to communicate in English.

My interest in recruiting was developed during the project for Sogang Dialog Lab. Working as a research assistant, I learned how complicated it was to arrange and develop the recruiting process, I realized that important requirements for recruiting position are credibility, communication skill, and ability to collaborate with a team in order to deliver quality services to people. This experience gave me a desire to spend more time working in human resources management.

For your convenience, I have attached my resume to review. I would gladly accept an opportunity of an interview to discuss how my professionalism and enthusiasm will add value to your operation. Thank you for your time and consideration, and I look forward to hearing from you soon.

Sincerely,
Sogang, Lee
Enclosed : Resume

자기소개서의 구성을 살펴보면 작성자의 인적 사항과 작성 날짜, 그리고 취업하고자 하는 직장의 주소가 기술되어 있습니다. 통상 이런 서류는 인사Human Resources, HR 부서에서 다루게 됩니다.

첫 문단을 보면 인사과의 매니저를 보조하는 자리에 지원했으며 영문학과 경영학을 복수 전공했기 때문에 관련 역량을 갖고 있다고 주장합니다.

이제 7.1.B절에서 언급한 대로 자기소개서를 작성하기 위해서는 지원하고자 하는 부서가 어떤 일을 하는 곳인지 생각해 봐야 합니다. 인사과는 회사의 인력을 뽑는 곳으로 시험이나 인터뷰, 그리고 특채를 통해 인재를 영입하는 일을 합니다. 이 밖에도 조직원들의 역량을 평가하는 인사 고과, 승진 발령 등의 업무를 수행하고, 구성원들에 대한 다양한 교육 프로그램을 운영하기도 합니다. 이런 직무의 성격을 고려할 때 인사과 구성원으로서 필요한 역량은 사회성, 업무 역량을 판단하는 평가 및 교육 관련 경험과 지식으로 보입니다.

자기소개서의 두 번째 문단을 살펴보면 여러 주장이 기술되어 있는 것을 볼 수 있는데 이런 주장을 뒷받침할 증거가 이력서에 있는지 살펴봐야 합니다.

Sogang Lee
Baekeom-ro 35
Mapo-gu, Seoul, Republic of Korea
Mobile Phone : +82-10-0000-1111
Email : Soganlee@gmail.com

Education

Mar 2016 – Feb 2020 Sogang University, Seoul, Korea
- B.A. in English Language & Literature(GPA : 3.50/4.5)
- Double Major : Business Administration

Mar 2018 – Aug 2018 Loyola University, Chicago, USA
- Exchange Student, American Culture
- Courses: Intercultural Communication, American Economy, Gender in USA

Professional Experience

Mar 2019 – Feb 2020 International Office, Sogang University
- Assisted International Students for Academic Adjustment
- Events Planning for International Fair

Sep 2018 – Feb 2019 Research Assistant for Sogang Dialog Lab
- Assisted for recruiting student participants
- Manage Student Teams for one-year membership
- Recording and Editing Lab Conference

Sep 2018 – Feb 2020 Teaching Assistant, English Departments, Sogang University
- Study Guide for Freshman Seminar
- Lead Group Discussion for Large Lecture Class

Other Activities & Experiences

Mar 2016 – Feb 2018 Volunteer for Community Service, Sogang Community Club
Sep 2016 – Feb 2017 Stage Manager for Department Theatre Club
Dec 2019 – Feb 2020 Receptionist, LeeYang Law Office

Honors and Scholarship

Academic Scholar-ship 2017 Spring & Fall Semester, 2019 Spring & Fall Semester
Winner 2019 Best English Writing Essay, English Department, Sogang University

Skill & Interest

Foreign Language English (TOEIC : 985, OPIC : AL(Advanced Low)
Computer Skills High proficiency in Microsoft Office applications(Word, Excel, PowerPoint)
Interests Yoga, Pilates, and Traveling

우선 교육 경력을 보면 영문학과 경영학을 복수 전공(double major)한 기록이 있습니다. 또한 교환학생(exchange student)으로 미국을 다녀왔습니다. 그리고 직무 경험을 보면 대학교 국제처(International Office)에서 외국인 학생들을 도와주는 일을 한 경험이 있습니다. 이 내용을 묶으면 소통과 관련된 경험이 있으므로 이를 위계화하면 소통 역량(communication ability)이라는 주제로 묶을 수 있습니다.

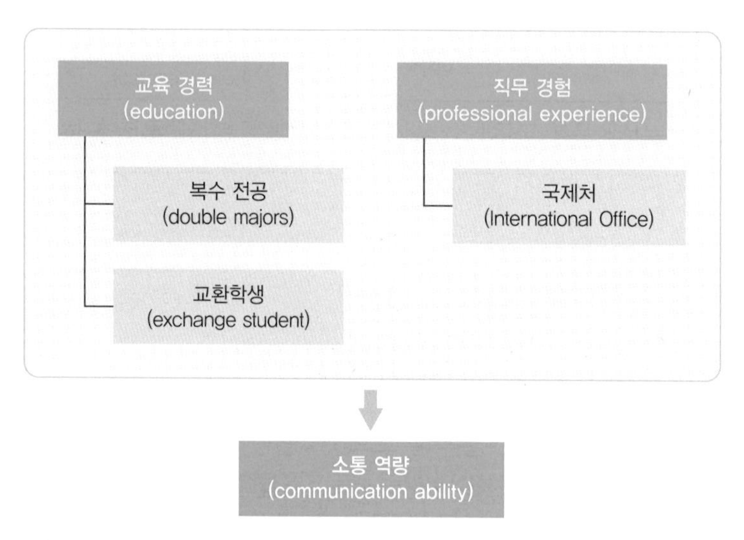

그림 7-2 이력서와 자기소개서 내용 연결하기

이렇게 이력서의 여러 사항들은 자기소개서와 연결시킬 수 있는 내용들로 이루어져 있으므로 정보를 분류하여 설득력 있는 주장으로 만드는 작업을 해보겠습니다. 첫 번째 문단은 모든 내용을 함축적으로 만들어 두괄식으로 소개해야 하므로 전체 내용이 정리되고 난 다음 작업하는 것이 좋습니다.

먼저 교육 경력과 직무 경험에 대해 집중적으로 작업을 해보겠습니다. 우선 나의 역량을 기술할 때 회사에서 요구하는 직무와의 관련성을 고려해야 합니다. 전공을 설명할 때 좀 더 간단히 As an English major라고 하고 바로 이어서 주장을 간단히 제시하는 것이 좋습니다. 그리고 이력서에서 구체적인 내용을 가져올 수 있습니다. 소통 역량에는 우선 영어 능력이 중요합니다. 그래서 My TOEIC and OPIC test results offer evidence라고 기술할 수 있습니다. 그리고 국제처에서 외국 학생들과 소통한 내용도 바로 연결할 수 있습니다. I also volunteered to work with international students at my school.로 해놓고 더 강조하기 위해서 뒤에 to help them adjust to life in Korea라고 정리할 수 있습니다.

이렇게 정리하면 소통 역량(communication ability)이라는 주제를 2건의 사례로 예증하게 됩니다. 여기에 교환학생 경험도 첨언하여 My experience as an exchange student overseas has further developed my communication ability.라고 작성할 수 있습니다.

여기서 조금 더 깊이 들어가 볼까요? 영어 능력만 언급하지 말고 소통 역량이라는 주제로 확장하면 단순히 말만 잘하는 능력에서 국적이 다른 사람들과 문화적 교류가 가능한 역량으로 확장할 수 있습니다. 이러한 소통 능력은 인사과에서 필요로 하는 직무 역량과도 연결할 수 있습니다. 즉 to interact with other nationalities를 수정하여 to interact with people with different cultural backgrounds라고 할 수 있습니다.

그리고 국제처에서 외국인 학생들을 도와준 경험도 있는데 이 또한 문제 해결(problem-solving)이라는 상위 개념으로 연결시킬 수 있습니다. 이 내용들을 정리하면 다음과 같습니다.

As an English major, I have developed strong communication ability that enable me to interact professionally with people from diverse cultural backgrounds. My TOEIC and OPIc test results provide evidence of my proficiency in English communication. Additionally, I have volunteered to work with international students to solve various challenges they face. My experience as an exchange student overseas has further developed my communication ability.

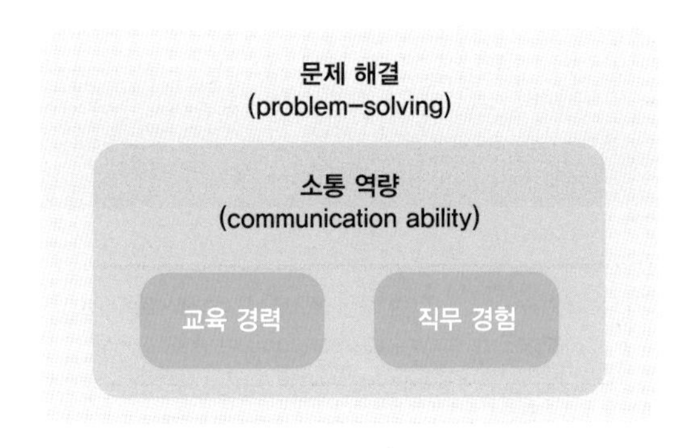

그림 7-3 자기소개서의 위계화 예시

이렇게 소통 역량에 관해 기술하다 보면 이력서의 다른 영역도 포함하여 기술할 수 있습니다. 예를 들어 접수 담당자(receptionist)의 경험이 있는데 이는 다양한 사람을 응대하는 professional setting에서의 직무 역량입니다. 그러므로 My experience at law office has enabled me to interact with clients from diverse backgrounds, each with unique needs and expectations. 등으로 기술할 수 있습니다.

이런 방식으로 이력서에 나열한 여러 내용을 하나의 주제인 소통 역량으로 묶으면 논리적 위계가 생겨 다양한 경험을 일관성 있는 주제로 발전시킬 수 있습니다. 여기서 한 발짝 더 나아가면 인사과의 업무 중 하나가 채용(recruiting)이므로 실험실에서 학생들을 관리한 경험과 연관 지어 기술할 수 있습니다. 예를 들어 As a research assistant, I contributed to the development of a student participant recruitment system and assisted in managing the participants.라고 할 수 있습니다. 이렇게 이력서에서 주제를 도출하고 그 주제에 맞게 증거를 모아 스토리를 만들어가면 설득력 있는 자기소개서를 만들 수 있습니다.

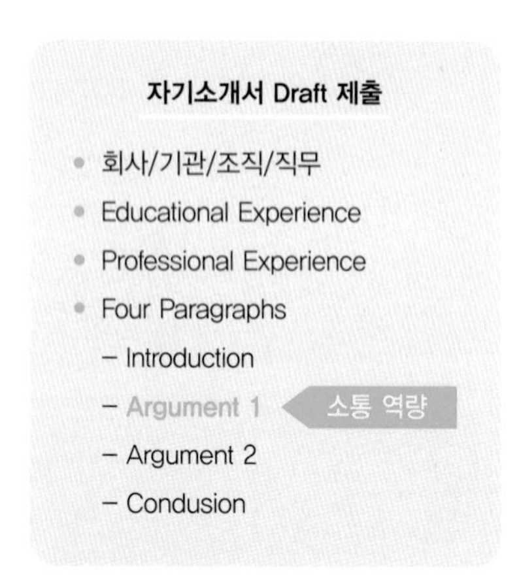

그림 7-4 자기소개서의 초안 구성

정리해 보면 자기소개서를 작성하기 위해서는 지원하려는 회사, 기관, 조직, 직무에 관한 정보를 고려해야 합니다. 이를 전공 또는 인턴, 직무 경험과 연결시키는 방식으로 기술하면 보다 일관성 있는 글을 만들어낼 수 있습니다. 다음 8장에서는 자기소개서 양식을 놓고 들어갈 내용에 관해 브레인스토밍하는 방법을 같이 생각해 보기로 하겠습니다.

Chapter
08

자료 기반 글쓰기

Source-Based Writing

8.1 자료 기반 글쓰기 자료 분석

이번 장에서는 자료 기반 글쓰기에 대해 학습합니다. 이를 위해 영어로 작성된 원문을 읽고 이에 대해 자신의 주장을 개진한 두 편의 글을 분석해 보겠습니다.

Section
8.1 자료 기반 글쓰기 자료 분석

8장과 9장에서는 그동안 학습해 왔던 내용을 근거로 한국 대학생들이 작성한 글이 논리적으로 어떻게 구성되어 있는지 분석합니다. 우선 영어 자료를 읽고 자신의 주장을 개진한 글 두 편을 살펴보겠습니다.

영어 원문 전체를 소개하기에 지면이 부족하므로 주요 내용의 요약본을 먼저 살펴보겠습니다. 이 글은 미국 오클라호마Oklahoma 주립대학교의 김영윤 교수가 미국의 인종 문제에 관해 언론 매체에서 소개된 인터뷰나 칼럼 등을 분석하여 몇 가지 이론으로 정리한 내용을 담고 있습니다.[1] 요약본의 첫 번째 문단은 동화주의assimilationism를 설명하고 있습니다.

Assimilationism refers to the message that minorities should be assimilated to mainstream culture and societies. This view, therefore, adopts such metaphors as "melting pot" in which minorities or immigrants are melted into the mainstream cultures. In assimilationism, each person is seen as ultimately responsible for his or her own achievement. A fair society is one in which all individuals, regardless of their backgrounds, are granted equal rights and equal opportunity. The government is responsible for applying these rules to all its citizen. This view accepts and appreciates differential individual merits in the allocation of resources and status. For this reason, the insistence on group–based policies such as affirmative action in college admissions and employment practice is "un–American."

1 Kim, Y. *Unum and pluribus*. 『Intercultural communication: A reader』 Samovar 외 Wadworth, 2009

동화주의는 소수민족이 다수민족의 문화에 동화되어야 한다는 입장입니다(minorities should be assimilated to mainstream). 다수민족의 문화에 동화된다는 것(melting pot in which minorities or immigrants are melted into the mainstream cultures)은 구성원이 각자 개인의 성과에 책임을 지는 형태의 사회 시스템으로 들어가게 된다는 것을 의미합니다. 이러한 시스템 안에서는 모든 사람들이 규칙을 따라야 한다는 원칙(everyone is expected to play by the rules)이 강조됩니다.

동화주의자들에게 공정한 사회란 모든 사람이 같은 권리와 기회를 갖게 되는 형태를 의미하기에 이들은 정부가 모든 시민에게 이 규칙을 적용해야 한다는 입장을 견지합니다(The government is responsible for applying these rules to all its citizen).

동화주의를 따르는 사람들은 사회에 존재하는 여러 기회나 자격 등이 개인의 우수성으로부터 비롯된다고 여깁니다(differential individual merits in the allocation of resources and status). 따라서 적극적 우대조치(affirmative action)와 같이 미국 내 여러 인종이나 소수민족을 배려하는 정책은 공정한 사회를 추구하는 미국 사회에 어울리지 않는다고 주장합니다.

두 번째 문단은 다원주의pluralism를 설명하고 있는데, 동화주의와는 상당한 차이가 있습니다.

In contrast, pluralism emphasizes the distinctiveness of minority groups defined by various social groups such as race, gender, language and national origin. This view adopts such metaphors as "mosaic" or "salad bowl" in which distinctiveness of minorities are maintained even in the intercultural contexts. Pluralists, however, pay attention to the persistent reality in which minorities have been discriminated systematically. They argue that fairness of rules in assimilationism cannot be justified because minority groups are already at a disadvantage from the beginning because of their status such as ethnicity, gender, income and age difference. For this reason, pluralists argue for correcting these inequalities such that minorities can overcome diverse challenges which prevents them from advancing their status in a given society.

다원주의(pluralism)는 다양한 집단에서 나타나는 고유한 문화를 강조합니다(the distinctiveness of minority groups defined by various social groups). 따라서 다원주의자들은 소수자들이 지속적으로 불평등한 대우를 받아왔고(the persistent reality in which minorities have been discriminated systematically), 대개 이미 불리한 조건에 놓여져 있기 때문에 모든 사람이 같은 규칙을 적용 받게 되는 과정의 평등(procedural equality)은 적절치 않다고 봅니다. 이 문제를 해소하기 위해서는 정부가 다양한 정책을 펼치는 것은 물론 사회 구성원들의 인식도 개선할 부분이 많다고 주장합니다.

이상의 두 이론에 근거하여 학생들은 어떤 주장을 펼치는지 살펴보겠습니다.[2] 우선 학생들에게 제시된 Writing Prompt를 다음에 기술했습니다.

> Q Kim describes two distinctive views on co-culture groups, namely, assimilationism and pluralism. What are some ways to close the gap created by these two different views?

여기서 언급된 co-culture는 같은 나라나 지역에 다른 문화가 공존하는 경우를 말합니다. 같은 나라에서 백인, 흑인, 아시안, 라틴계 등 여러 인종이나, 남녀 혹은 여러 세대 등 문화가 다른 구성원들이 함께 사는 상황을 포괄합니다.

우선 첫 번째 글을 읽고 질문에 대해 논리적으로 합당한 글인지, 또는 적절한 구조를 갖춰 답변이 이루어졌는지 평가해 봅시다.

Sample 1

(1) The reconciliation reflects the struggle of many Americans seeking moderation, tolerance, and balance. **(2)** First, affirmative action is supported by some Americans. **(3)** Affirmative action is "quota" systems as unfair and ultimately counter-productive. **(4)** Some wise Americans support multiculturalism. **(5)** They embraced other ethnics who have different thoughts. **(6)** Second, voices of ideological reconciliation and ethnic integration have been voiced. **(7)** These argument should escape loud and conspicuous voices of committed ideologies from the left and right. **(8)** For example, all people who are poor laborers receive the benefits of labor politics whether they are black or white.

해결방안과 예

(9) Ideological reconciliation is very hard to get. **(10)** Because all people have difficulty in changing their thought. **(11)** But if the efforts or all people constantly is made, ideological reconciliation will be achieved.

해결방안의 효과

2 Lee, Y., 「Quality of coherence among passages in source-based writing by Korean writers of English」, English Language & Literature Teaching, 22, 271-292, 2016

(1)은 화해(reconciliation)라는 주제로 시작하며 원문에서 언급된 여러 용어들을 구사하고 있습니다(예: moderation, tolerance 그리고 balance). 그러나 이런 내용이 질문에서 요구하는 사안과 어떤 연관성이 있는지 명확하지는 않습니다. **(2)**에서는 First로 시작하며 reconciliation에 대해 몇 가지 내용을 순서대로 나열할 것임을 알려줍니다. 우선 affirmative action에 관해 미국인의 일부가 찬성하고 있다고 언급한 후에 **(3)**에서 affirmative action이 무엇인지, 그리고 어떤 문제점이 있는지를 부연 설명하고 있습니다. 이렇게 보면 **(2)**와 **(3)**은 의미상으로 적절하게 연결되어 있는 것으로 보입니다. 그러나 첫 문장인 **(1)**에서 언급한 reconciliation과는 어떻게 연결되는지 설명이 부족합니다. 만약 affirmative action과 reconciliation과의 연결을 보여주는 문장이 있었으면(예: One such policy in reconciliation is affirmative action) 앞의 세 문장이 의미상으로 연결되었을 것입니다.

다음 두 문장에서도 이와 비슷한 양상이 보입니다. **(4)**에서 multiculturalism을 언급한 후 **(5)**에서 부연 설명하고 있는데, 이 논의가 앞에서 언급된 reconciliation이나 affirmative action과 어떤 관계를 가지고 있는지 판단하기가 어렵습니다. Affirmative action과 multiculturalism이 상관관계가 있다고 볼 수도 있지만, 이는 원문에 대한 사전지식이 있는 독자만이 유추할 수 있는 사안입니다. 이렇게 인접 문장 간의 지엽적인 연결성은 보이지만, 그 이상으로 주제와 연결될 정도의 일관성은 부족해 보입니다.

물론 이 글의 저자가 아무런 주제 없이 무작정 전개한다고 볼 수는 없습니다. 우선 reconciliation이라는 개념을 선택했다는 점은 제기된 문제 해결에 적절한 첫발을 떼었다고 볼 수 있습니다. 다만 이 주제를 여러 문장에 걸쳐서 일관성 있게 전개하지 못한 점은 아쉽습니다. 예를 들어 affirmative action이나 multiculturalism, 그리고 reconciliation이 지문에서 언급한 동화주의와 다원주의 간의 차이에서 나타나는 문제를 어떻게 해결할 수 있는지에 대한 논리적 보강이 필요해 보입니다.

그렇다면 두 번째 글은 어떤 모습을 띠고 있는지 다음 샘플을 통해 비교해 보겠습니다.

Sample 2

(1) Even though their principles are different, both Assimilationism and pluralism hold important arguments regarding "justice" and how it should be carried out. **(2)** Individual identity should not be swept away by overgeneralization, while unfair reality faced by minorities must be changed for good. **(3)** By bringing "message of reconciliation" into the dichotomy of two opposing yet equally reasonable ideology, we may be able to integrate merits of both arguments to close in the gap.

두 이론의 문제점 지적

(4) Reconciliation captures a society "capacious enough to be inclusive yet demanding enough to uphold standards of personal responsibilities." **(5)** This notion provides grounds to embrace differences of minorities while appreciating individual and prevents pluralism falling into extreme separatism by having group identity standing over above individual identity. **(6)** Although this message is yet weak, assimilationism and pluralism can cooperate in what "reconciliationism" asserts, for it embodies both procedural and status equality fulfilled in the society. **(7)** Thus promising more hope for what justice and future come of. **(8)** Thus the message of reconciliation could function as pacifier between assimilationism and pluralism.

해결방안 제시

(1)에서는 동화주의와 다원주의를 한 주제로 묶어서 설명하고 있습니다. 즉, 두 이론 모두 한 사회에서 정의(justice)가 어떻게 실현되어야 하는지에 대한 주장을 하고 있습니다. **(2)**에서는 두 이론에서 각각 문제가 될 만한 점을 지적하고 있습니다. 문장의 전반부에서는 individual identity가 지나치게 일반화하고 있는 점을 문제삼고 있는데, 이는 동화주의(assimilationism)의 입장에서 다원주의의 문제점을 지적한 것으로 보입니다. 그리고 뒷부분에서는 소수민족(minority)이 처한 상황을 타개해야 한다는 점을 지적하고 있는데 이는 다원주의(pluralism) 측면에서 지적하는 동화주의의 문제입니다. **(3)**에서는 문제에 대한 해결 방법을 제시하고 있는데 이는 첫 번째 샘플과는 달리 두 이론을 포함하는 방식으로 화해(reconciliation)의 개념을 도입하고 있습니다.

그리고 **(4)**에서는 다양한 사람들을 포함하면서도 개인의 책임관계(personal responsibility)를 소홀히 하지 않는 포용력 있는 사회를 구현해야 한다는 논리를 펼칩니다. 이 주제는 **(5)**에서 다시 설명하고 있는데, 다원주의에서 중요하게 여기는 인종 간의 차이를 인정하면서도 동화주의에서 제기한 개인차(individuality)를 존중해야 한다는 점을 부각하고 있습니다.

두 번째 샘플의 논리 구조를 추적해 보면 첫 번째 문장에서 언급되었던 justice라는 주제가 비교적 일관되게 전개되고 있다는 사실을 알 수 있습니다. 그리고 **(6)**에서 언급된 equality도 같은 주제이며 **(7)**에서 다시 justice라는 주제를 언급하고 있습니다.

두 글은 교재의 내용을 읽고 이에 대한 자신의 주장을 제기하는 방식으로 구성되어 있지만, 주제를 전달하는 방식과 내용에서 차이가 있습니다. 특히 하나의 주제를 중심으로 글을 전개하는 방식이 어떻게 다른지 보여줍니다. 글을 평가할 때 이렇게 문장을 따라가면서 자세히 분석하면 그 전에 보이지 않던 내용이 드러나기 시작합니다. 이런 분석을 위해서는 논리적인 연결성이 문장 간, 그리고 문단 간에 어떻게 구현되어 있는지 살펴봐야 합니다. 이 작업을 다음 장에서 해보겠습니다.

Chapter
09

주제를 연결하여 쓰기

Sequential Ordering

9장에서는 문장과 문장 그리고 문단과 문단을 논리적으로 연결하는 방법을 소개합니다. 글이 의미상으로 연결이 되면 내용에 방향성이 생겨 생각의 통로가 열립니다. 이를 위해 처음에는 문장 간, 그리고 두 번째는 문단을 연결하는 방식을 살펴보겠습니다.

Section
9.1
문장을 연결하기

문장 혹은 문단이 모인 상태를 담화discourse라고 하는데 우리가 흔히 접하는 견해, 의견, 혹은 주장 등은 대부분 담화의 형태로 표현됩니다. 그리고 담화의 구성요소인 문장 혹은 문단이 의미상으로 연결이 되었을 때 바로 **연결 담화**connected discourse가 만들어지게 됩니다. 이렇게 글이 연결이 되면 [그림 9-1]의 포물선trajectory과 같이 하나의 경로가 생겨 일관성 있는 스토리가 형성됩니다.[1]

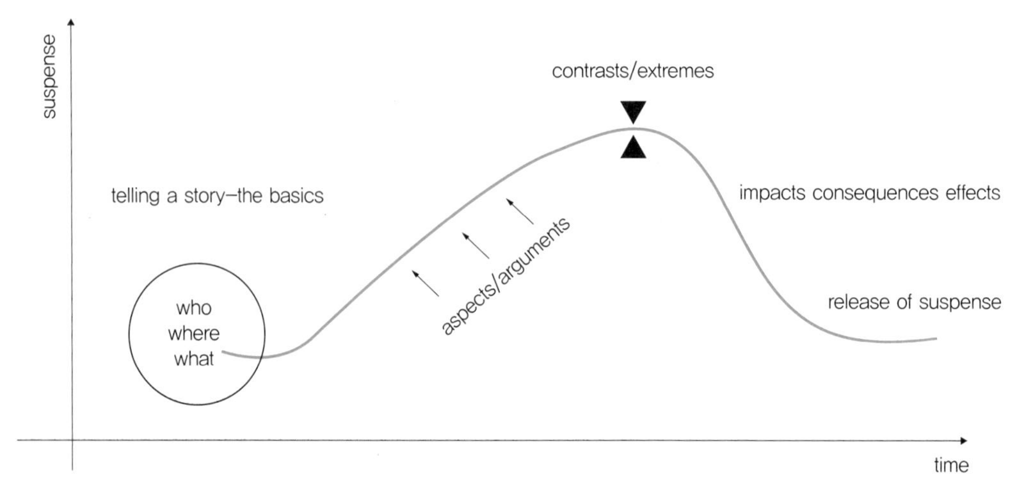

그림 9-1 연결 담화

1 https://www.slideshare.net/Daniel_hirschler/storyline-development

이렇게 구성된 글은 잘 읽힙니다. 이런 글을 작성할 수 있는 역량에 관해 미국 학자인 미나 샤니시 Mina Shaughnessy는 다음과 같이 표현했습니다.[2]

> **(1)** The mature writer is recognized not so much by the quality of his individual sentences as by his ability to relate sentences in such a way as to create a flow of sentences, a pattern of thought. **(2)** The quality of an idea is not to be found in a nucleus or thesis statement but in the sentences that follow or lead up to that statement. **(3)** An idea, in this sense, is not a "point" so much as a branching tree of elaboration and demonstration.

샤니시에 따르면 **(1)**에서 능숙한 작가는 그가 쓴 각각의 문장이 뛰어나서가 아니라(not so much by the quality of his individual sentences) 문장을 연결하는 능력(as by his ability to relate sentences)으로 인정받는다고 합니다. 문장이 자연스럽게 연결되면 문장 간의 흐름이 만들어지는데(in such a way as to create a flow of sentences), 이 흐름에서 생각의 패턴(a pattern of thought)이 보이기 때문에 독자는 글의 내용이 어떤 방향으로 가고 있는지 파악할 수 있게 됩니다. **(2)**에서는 아이디어의 좋고 나쁨(the quality of an idea)은 주제문 혹은 특정 문장에서 드러나는 것이 아니라 그 주제문으로 이끌어주는 문장들, 또는 주제문 뒤로 연결되는 문장들과의 상호관계에서 드러난다는 주장을 합니다(is not to be found in a nucleus or thesis statement in the sentences that follow or lead up to that statement). 다시 말해 각각의 문장이 중요한 것이 아니라 연결된 문장들로 하여금 주제를 끌어올리게 하는 데에서 아이디어의 우수성이 드러난다는 것입니다.

글에 대해 논의할 때 '주제문이 어디 있어?(Where is your thesis statement?)'라는 질문을 하게 되는데 이는 주제문 하나가 좋으면 글 전체를 이해할 수 있다는 전제를 깔고 있습니다. 하지만 샤니시는 여러 문장을 잘 연결시켜 한 주제로 끌어올리는 데서 설득력의 차이가 나타난다고 주장합니다.

이러한 이유로 아이디어는 한두 문장으로 이루어진 포인트(an idea is not a point)가 아니라 가지가 분화하듯이 내용을 다듬고 설명하고 증명(a branching tree of elaboration and demonstration)하는 과정에서 만들어진다고 합니다**(3)**. 이렇게 구성된 글에서 비로소 생각의 통로(passage of thought)가 열리게 됩니다. 그렇다면 잠깐 멈추고 위의 내용을 요약해 글을 써볼까요?

2 Shaughnessy, M., 『Error and expectation』, Oxford University Press, 1979

Writing Practice 9-1

소요시간 : 10분

Q 문장의 연결성에 관한 샤니시의 주장을 다음 문장 중 빈칸을 채워 정리해 봅시다.

(a) According to Shaughnessy, one important feature of a mature writer is to
( ).

(b) Shaughnessy's view of a mature writing seems ( ).

Solution 9-1

Sample Answer

(a) According to Shaughnessy, one important feature of a mature writer is to (connect sentences or paragraphs to create a storyline or trajectory.)

(b) Shaughnessy's view of a mature writer seems (convincing because it emphasizes what we need to focus on writing.)

정리해 보면 글을 쓰고 수정할 때 문장과 문단들이 연결되면 생각의 통로가 만들어지게 되고, 그 결과 글 전체에 일관성(coherence)이 드러나 설득력을 높일 수 있다는 주장입니다.

문장이나 문단을 어떻게 연결하는지는 글을 어떤 방식으로 나열(sequential ordering)하느냐의 문제입니다. 일단 문장의 순서가 논리적으로 구성되어야 하는데 여기서 예문을 통해 문장의 순서가 얼마나 중요한지 살펴보겠습니다.

다음 글은 미국인 학생이 쓴 글인데 미국의 이민자 가정의 중·고등학생들에 대한 내용을 담고 있습니다. 이 글을 읽어가면서 문장 간 의미가 어떻게 이루어지고 있는지 살펴보겠습니다.

(1) Immigrant students tend to drop out more often than American students. **(2)** However, parents often depend on their children to help to negotiate the demands of English language literacy. **(3)** They often serve as language brokers to translate documents such as rental/lease agreements, income tax forms, and other transactions. **(4)** Literacy promoted by U.S. schooling may not always be the literacy desired or needed by students from culturally and linguistically diverse communities.

우선 **(1)**에서 '학생들은 자퇴한다.'라고 했고 **(2)**에서 '부모들이 학생들에게 의지한다.'라고 했습니다. 이 두 문장이 어떻게 연결이 되나요? 부모가 자꾸 의지를 해서 학생들이 자퇴를 한다는 뜻일까요? 논리적으로 어떻게 연결이 되었는지 명확하지가 않습니다. **(3)**은 학생들이 언어중개인으로서 부모를 위해 집세 계약, 세금 납부 등에 필요한 통역을 해준다는 뜻입니다. 그러면 **(3)**과 **(1)~(2)**는 어떻게 연결될까요? 일단 **(3)**은 **(2)**에서 언급한 부모를 도와주는 일의 예를 나타낸 것으로 두 문장이 연결되어 있습니다. 그러나 아직 **(1)**과는 거리가 있어 보입니다.

(4)로 가보면 미국 학교에서 가르치는 읽기 및 쓰기 방식이 학생들이 원하거나 이들이 속한 공동체(communities)에서 필요한 역량이 아니라고 합니다. 이 문장을 보면 글쓴이는 **(2)** ~ **(3)**에서 필요로 하는 문해력을 학교에서 가르치고 있지 않다고 주장하는 듯합니다. 하지만 이런 의도가 명시적으로 드러나 있지는 않습니다. 문장 사이의 연결이 명확하지 않기 때문에 한 번에 쭉 읽어가는 독자의 입장에서는 글이 잘 읽히지 않습니다.

샤니시의 주장처럼 문장들이 연결되어야 생각의 통로가 열리고 글의 주제를 알 수 있는데 이 글에서는 그 과정이 잘 보이지 않습니다. 아마 글쓴이는 학교와 학생이 속한 이민자 그룹의 괴리를 지적하려는 의도가 있어 보입니다. 하지만 전반부에서 논리적으로 탄탄하게 끌어오지 못했기 때문에 여러 주제를 그저 나열하고 있다는 인상을 줍니다. 이런 문제를 학생에게 알리고 수정 작업을 하도록 조언했습니다. 다음 글은 수정본인데 어떻게 개선이 되었는지 살펴보겠습니다.

(1) Immigrant students have many educational obstacles that keep them from achieving a high level of success. **(2)** One key problem here is their lack of academic experience that correspond with US schooling practices. **(3)** This problem could become more severe when these students do not receive adequate support from their parents. **(4)** The lack of parental involvement has to do with the fact that their parents do not have English literacy skill. **(5)** These parents do not know what kinds of challenges their kids face at school. **(6)** Latino students are at a greater risk often demonstrating high dropout rate. **(7)** Accordingly, the parental involvement is an essential factor US educators need to grapple with.

먼저 글의 도입부를 살펴보면 (1)에서는 '이민자 학생들의 성공을 가로막는 장애요인이 학교에 많다.'라고 기술했습니다. 이런 장애요인 중 하나를 (2)에 기술하는데 이 학생들은 미국 학교에서 요구하는 학문적 경험이 부족하다는 점을 언급합니다. 즉 (1)에서 장애요인을 언급하고 (2)에서 장애요인 중 하나를 기술하는 방식으로 연결했습니다.

글의 중간 부분을 살펴보면 (3)에서는 (2)에서 언급한 문제를 확장해서 기술하는데, 경험이 부족한 문제는 부모의 도움도 받지 못해 더 심각해진다고 했습니다. 이 학생들은 이미 학습에 장애가 있는데 부모의 도움도 받지 못한다는 논리로 내용이 연결되고 있습니다. 그리고 (4)에서는 부모가 이렇게 도와주지 않는 것은 '부모들이 영어 역량이 부족하기 때문이다.'라고 합니다. (5)에서는 '부모들은 그들의 자녀들이 학교에서 어떤 어려움에 봉착하고 있는지 잘 모른다.'라고 기술합니다. 다시 말해 (4)~(5)는 부모들의 영어 역량이 부족하니 그 결과로 자녀들이 어떤 어려움에 직면하는지 잘 모른다는 내용으로 연결되고 있습니다.

마지막으로 글의 후반부를 보면 (6)에서는 '남미에서 온 학생들(Latino students)의 자퇴율이 높아서 특히 위험하다.'라고 기술하며 (7)에서는 '미국의 교육자들이 대처해야 할 문제이다.'라고 연결하고 있습니다.

초고(first draft)와 비교하면 수정본이 좀 더 문장들끼리 촘촘히 연결되어 있기 때문에 독자 입장에서 논지를 따라가기가 더 쉽습니다. 이렇게 문장과 문장을 연결하는 고리를 만들어가면 글이 주제를 끌고가는 힘이 생기게 되고 이것이 바로 샤니시가 말한 '생각의 통로'가 열리게 되는 것입니다.

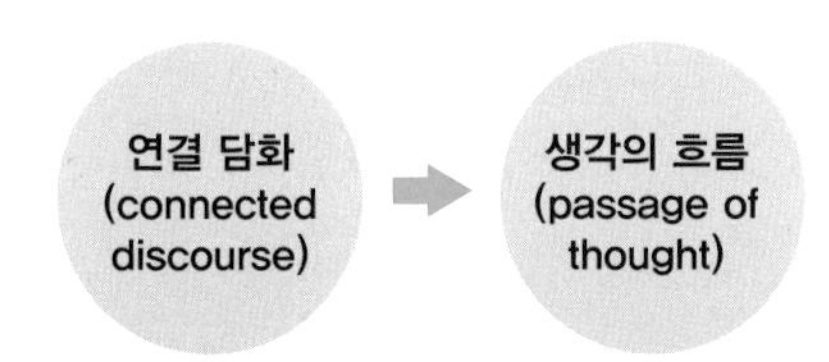

그림 9-2 생각의 통로

이런 역량을 기르기 위해서는 문장을 깊이 들여다보는 훈련을 해야 합니다. 또한 문장과 문장 사이를 논리적으로 꼼꼼히 살펴보는 연습도 필요합니다. 여기서 이 내용을 두 문단으로 정리해 보는 연습을 해보겠습니다.

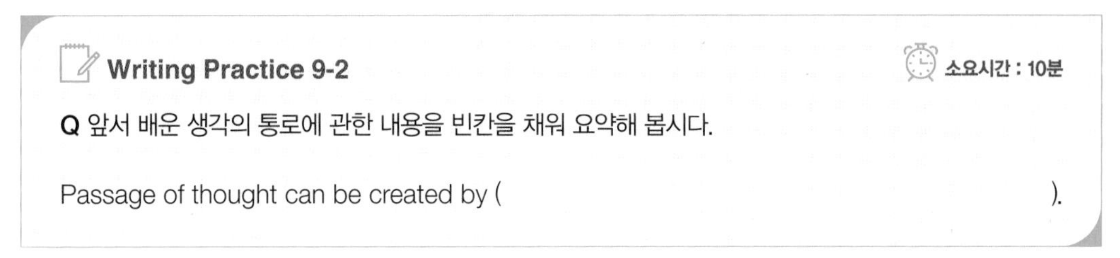

Writing Practice 9-2

소요시간 : 10분

Q 앞서 배운 생각의 통로에 관한 내용을 빈칸을 채워 요약해 봅시다.

Passage of thought can be created by (   ).

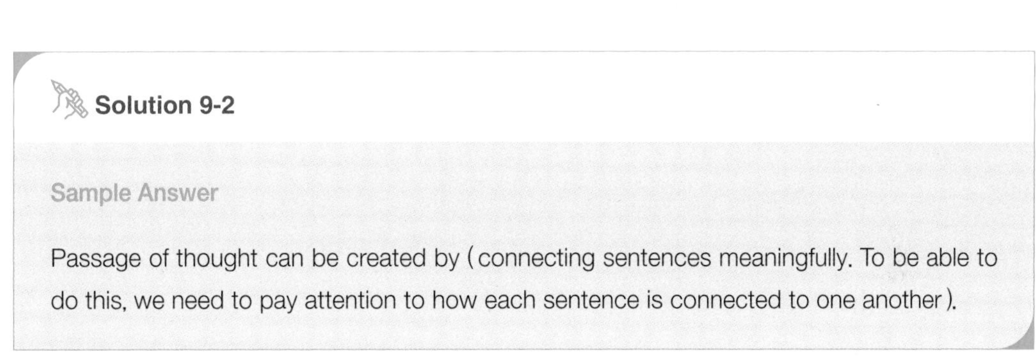

Solution 9-2

Sample Answer

Passage of thought can be created by (connecting sentences meaningfully. To be able to do this, we need to pay attention to how each sentence is connected to one another).

지금까지는 문장들을 의미상으로 연결하는 작업을 했습니다. 이번에는 6장에서 살펴본 글의 문장들이 어떻게 연결되어 있는지 살펴본 후 수정 방향을 정해 보겠습니다.

English Education in Korea

(1) One of the problems with English education in Korea is that there are not much opportunities for students to learn about proper pronunciation. **(2)** Students have no choice but to memorize the spelling and the pronunciation without knowing why. **(3)** After students learn how to pronounce English like native speakers, they should be able to construct sentences in their minds to be able to communicate in that language.

우선 **(1)**에서는 발음을 배울 기회가 없는 것이 문제라고 지적했습니다. **(2)**에서는 학생들이 철자나 발음을 왜 배워야 하는지도 모른 채 무작정 외우는 수밖에 없다고 합니다. 그러면 **(1)**과 **(2)**가 어떻게 연결될까요? 언뜻 보기에 발음을 배울 기회가 없어서 철자나 발음을 외워야 한다는 논리로 연결되는 것 같지만, 철자에 관한 내용은 **(2)**에서 새롭게 제시된 내용입니다.

그리고 **(3)**에서 발음을 배우면 문장을 만들어 소통할 수 있다고 합니다. 하지만 '발음만 알면 바로 소통이 가능할까?'라는 의문이 들면서 **(3)**과 앞 문장 간 연결성이 다소 부족하다는 사실을 알게 됩니다. 어떻게 해야 할까요?

(1)과 **(2)**를 연결하려면 '영어 발음을 배울 기회가 없으니 외워야 한다.'라는 주제로 글을 이어나갈 수 있습니다. 예를 들어 기회가 없다는 것은 연습을 못한다는 뜻이므로 발음에 자신이 없다고 할 수 있습니다. 그리고 발음과 철자를 어떻게 사용하는지도 모르고 그냥 외운다는 문장을 추가하면 **(1)**과 **(2)**가 연결됩니다. 그 다음에 **(3)**과 연결하기 위해 문장을 만들어 소통한다는 주제로 묶어야 합니다. 앞의 글에서는 after로 시작하는 절을 사용했지만 가정법을 사용할 수도 있습니다. 예를 들어 If they were able to pronounce English sentences better, they would focus on sentence construction.라는 문장을 추가하면 발음은 잘 할 수 있으니 문장을 만드는 데 집중할 수 있다고 연결됩니다. 혹은 Then, students can focus more on how to use english rather than on simply memorizing words. 등으로 연결시킬 수 있습니다.

Section
9.2
문단을 연결하기

문장을 연결하는 방법을 연습했으니 지금부터는 문단을 연결하는 방법에 대해 알아보겠습니다. 문장 혹은 문단 간 연결이 되면 순차적으로 기술된 내용에 질서가 생겨 **연결 담화**connected discourse가 만들어지게 되어 논리적인 글이 될 가능성이 높아집니다.

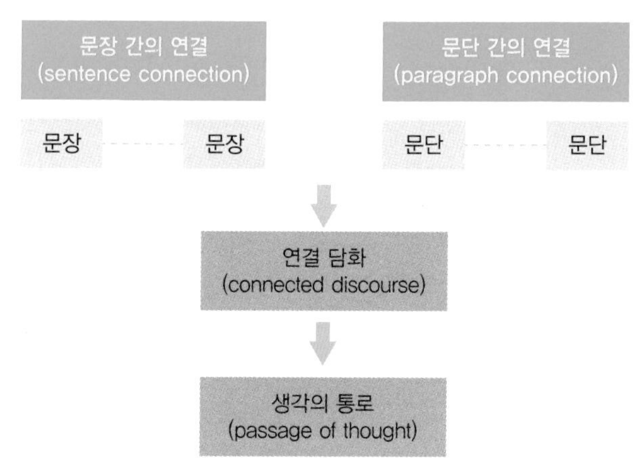

그림 9-3 생각의 통로가 만들어지는 과정

그러면 문단끼리 연결되어 있는 글은 어떻게 구성되어 있는지 살펴보겠습니다. 다음 글은 8장에서 소개된 미국 오클라호마Oklahoma 주립대학교의 김영윤 교수의 글에 대해 학생들이 작성한 시간제한 글쓰기 샘플입니다. 이미 살펴보았듯이 Writing prompt에서는 co-culture를 달리 바라보는 동화주의assimilationism와 다원주의pluralism 사이에서 나타나는 간극gap을 어떻게 메울 것인가에 대해 묻고 있습니다.

이 견해에 대한 격차를 줄이는 방법에 대해 학생 두 명이 각각 작성한 글을 살펴보겠습니다. 특히 문단 간 어떻게 연결이 되고 있는지 주의하면서 살펴보기 바랍니다. 먼저 첫 번째 글을 살펴보겠습니다.

Sample 1-1

The definition of assimilationism celebrates personal achievement and self–reliance. **(2)** It means each person is unique and all people have same set of universal human rights, needs and responsibilities. **(3)** There exists fair society which is one in which all individuals, regardless of their background, are granted equal rights and opportunities.

동화주의
- 개인
- 공정한 사회에 대한 논의 있음

(4) But pluralism uphold group identity as a vital if not primary, construct of a personhood, highlighting a fact of life that we are different types of persons defined by social categories such as race, ethnicity, language culture and national origin. **(5)** So it separates people into different level.

다원주의
- 사회
- 공정한 사회에 대한 논의 없음

(1)에서 글쓴이는 동화주의가 개인적 성취(personal achievement)와 자립(self–reliance)을 추구한다고 소개합니다. **(2)**에서는 **(1)**에 대한 해석을 내놓으며 각각의 개인은 고유한 존재이므로 인권, 요구, 그리고 책임이 있다는 뜻이라고 설명합니다. **(3)**에서는 공정한 세상이라면 배경과 상관 없이 같은 권리와 기회를 갖는다고 합니다. 즉 개인적 성취가 중요하고 동등한 기회와 권리를 갖는 것이 동화주의라는 내용이 첫 문단을 이루고 있습니다.

이에 비해 **(4)**에서는 구성원이 어떤 사람인지를 판단하기 위해 집단의 정체성(group identity)이 중요하다는 내용이 다원주의라고 설명하고 있습니다. 이미 우리는 민족, 언어, 문화 등의 사회적 범주(social categories)로 분류되기 때문입니다. 뒤이어 **(5)**에서는 다원주의가 사람들을 각기 다른 수준으로 나눈다고 정리하고 있습니다.

그러면 두 문단은 적절히 연결되어 있을까요? 첫 번째 문단에서 개인에 대한 관점을 논했고, 두 번째 문단에서는 집단에 대해 언급했기 때문에 비교 및 대조의 방식으로 연결되었다고 볼 수 있습니다. 하지만 첫 번째 문단에서 공정한 사회(a fair society)가 어떤 사회인지 기술했는데, 두 번째 문단에서는 집단에 대해 언급했지만 공정한 사회가 어떤 사회인지는 기술하지 않았습니다.

따라서 이 두 관점이 연결되는지는 더 읽어가면서 판단해야 하므로 세 번째 문단을 살펴보겠습니다.

Sample 1-2

(6) Two different views, one is equally responsibility and another is socially differentiated. **(7)** The way that can close the gap is give the same opportunity to differentiated people such as people who have disabilities or foreigners. **(8)** They are still minority in society and cannot take the same opportunity like others. **(9)** In my case, my foreign friends in Korea, they cannot get a job easily. **(10)** It is not their society, and if it would change, it can close the gap between two kinds of views.

동화주의와 다원주의의 구분

(6)에서 동화주의는 동등한 책임을 지는 것이고 다원주의는 사회적으로 구별된다고 기술했습니다. 그리고 **(7)**에서는 소수자를 예로 들며 동일한 기회를 주는 것이 두 관점 사이의 간극을 줄이는 방법이라고 주장합니다. 이는 사회에서 주는 기회가 동등하지 않다는 점을 전제하고 있습니다.

문제는 이 주장이 의미가 있으려면 앞 문장에서 관련된 내용이 먼저 언급되었어야 합니다. 그러나 이런 관련성을 보일 만한 내용이 표시되지 않은 것으로 보아 **(7)**에서 언급된 '기회'는 새로운 내용이라고 볼 수 있습니다. **(8)**에서 소수자들이 같은 기회를 얻기가 어렵다고 하며 **(9)**에서 자신의 외국인 친구들을 언급하면서 이들이 한국에서 직장을 구하기 어려운 상황을 기술합니다.

이런 방식으로 문단 간의 연관성을 염두에 두고 읽어보면 논리적으로 괴리가 있는 부분을 찾을 수 있습니다. 즉, 글 전체의 방향성은 보이지만 문단과 문단이 치밀하게 연결되었다는 느낌은 들지 않습니다. 그래서 문단 사이를 연결하는 작업이 필요합니다. 두 번째 글을 살펴보겠습니다.

Sample 2-1

(1) Kim presented two distinctive views on co–culture group. **(2)** They are assimilationism and pluralism. **(3)** Assimilationism can be described as a melting pot. **(4)** Assimilationism sees individual should be identified as individual not as cultural, racial groups so they suggest to apply the same rule and law to all people regardless of their group categories. **(5)** But in pluralism, self cannot be identified as an independent self. **(6)** We are all related to group, and society is collection of groups. **(7)** Se we call this salad bowl.

개인, 집단과의 연관성

(8) These two concepts are constantly causing problems on making social laws. **(9)** For example, giving opportunity to people in need on the college entrance exam is still on argument. **(10)** So we should try to close this gap created by two different views.

두 이론의 문제와 예

(1)에서 글쓴이는 co–culture에 대해 두 가지 이론을 소개한다고 미리 언급한 후 **(2)**에서 각각의 관점을 거명합니다. 그리고 **(3)**에서 동화주의(assimilationism)를 melting pot으로 비유하고 **(4)**에서 이 내용을 설명합니다. 즉 동화주의에서 각각의 개인은 집단과 상관없이 동일한 규칙과 법이 적용된다고 합니다. melting pot이 무엇인지 설명은 하지 않았기 때문에 독자는 전후 맥락을 살펴보면서 어떤 의미인지 유추해야 합니다. 그리고 **(5)**에서 다원주의를 설명하는데 여기서 개인은 독립적이지 않다고 주장하고, **(6)**에서 우리 모두는 집단과 연결되어 있다고 합니다. 그래서 이를 salad bowl에 비유합니다**(7)**. 글쓴이가 melting pot과 salad bowl을 언급했는데 구체적인 설명은 하지 않았습니다.

두 번째 문단에서는 동화주의와 다원주의를 비교 및 분석하고 있습니다. 여기서 첫 번째 샘플과의 차이점이 드러납니다. 첫 번째 샘플에서는 두 이론에 대한 정의만 내렸는데, 여기서는 두 이론이 문제를 야기하고 있다고 지적하고**(8)**, 관련된 예를 들어 설명하고 있습니다**(9)**. 특히 대학입시에서 특혜를 주는 정책이 논란이 되고 있다는 사실을 지적합니다. 이렇게 보면 저자는 주장을 한 후 이를 예증하는 형식으로 연결하고 있습니다.

다음 문단을 살펴보겠습니다.

Sample 2-2

(11) To do this, both views have to admit their weakness on their ideas. **(12)** Assimilations should accept the fact that in reality, not everybody is in the same status. **(13)** So even though we apply same rules, that actually does not mean that we applied equal procedures. **(14)** On the contrary, pluralist should accept that providing perfectly equal result to everyone is unfair. **(15)** In this way, the minorities that pluralists wanted to protect could be protected, but this could be a counter–inequality to others by contrasting the changes to other majorities.

문제에 대한 해결책

(16) After accepting the weakness of their idea, they can understand why counterpart is arguing about them. **(17)** This understanding can lead each other to sit on the table and make some agreements. **(18)** Both liberalism and equality value are important to make society healthy. **(19)** Trying to admit their own limit on their idea and understand each other can make better idea which can be acceptable to both ideas.

결론

(11)에서 이전 문단에서 제기했던 문제에 대한 해결책을 제시하는데, 우선 각 이론의 단점을 인정하자고 주장합니다. 그 예로 **(12)**에서 동화주의자들에게는 현실적으로 모든 사람이 같은 조건에 있지 않다는 점을 인정해야 한다고 제안합니다. 그리고 **(13)**에서는 같은 규칙을 적용한다고 해도 그 과정이 동등할 수 없다고 부연 설명합니다. 이에 반해 다원주의자들에게는 같은 결과를 모든 사람들에게 보장하는 것이 불공평하다는 사실을 받아들여야 한다고 합니다**(14)**~**(15)**. 그리고 소수자들을 보호하려는 정책은 역으로 불평등을 야기시킬 수 있다고 말합니다.

여기까지 살펴본 결과 이 글의 연결성에 관해 어떤 판단이 드나요? 글쓴이가 주장을 논리적으로 이끌어가고 있나요? 이를 판단하기 위해 마지막 문단을 살펴보겠습니다.

(16)에서는 각 관점의 부족한 부분을 인정하면 상대의 주장을 이해할 수 있다고 말합니다. 그러면 서로 협상 테이블에 앉아 합의점을 도출할 수 있다고 합니다**(17)**. 그리고 **(18)**에서는 동화주의에서 주장하는 자유주의(liberalism)와 다원주의의 핵심인 평등(equality)은 둘 다 사회를 건강하게 한다고 말합니다. 즉, 두 진영이 각자의 단점을 받아들이고 서로를 이해하면 양측이 받아들일 수 있는 합의를 도출할 수 있다고 정리합니다.

그러면 이 글과 첫 번째 샘플을 비교했을 때 어떻게 다를까요? 두 샘플 모두 두 가지 이론을 논의했지만, 두 번째 글이 주장을 여러 문단으로 연결하여 전개하고 있다는 점에서 더 논리적이라고 볼 수 있습니다. 특히 첫 번째 문단의 내용이 두 번째 문단에서 전개될 내용을 염두에 두고 쓴 흔적이 보여 연결성이 훨씬 좋아보입니다.

여기서 앞의 글을 좀 더 촘촘히 연결하는 작업을 해보겠습니다.

Writing Practice 9-3

소요시간 : 10분

Q 다음 글을 읽고 모든 단락이 매끄럽게 연결될 수 있도록 수정해 봅시다.

> **Q** Kim describes two distinctive views on co–culture groups, namely, assimilationism and pluralism. What are some ways to close the gap created by these two views?

(1) Kim presented two distinctive views on co–culture group. **(2)** They are assimilationism and pluralism. **(3)** Assimilationism can be described as a melting pot. **(4)** Assimilationism sees individual should be identified as individual not as cultural, racial groups so they suggest to apply the same rule and law to all people regardless of their group categories. **(5)** But in pluralism, self cannot be identified as an independent self. **(6)** We are all related to group, and society is a collection of groups. **(7)** So we call this salad bowl.

(8) These two concepts are constantly causing problems on making social laws. **(9)** For example, giving opportunity to people in need on the college entrance exam is still on argument. **(10)** So we should try to close this gap created by two different views.

(11) To do this, both views have to admit their weakness on their ideas. **(12)** Assimilations should accept the fact that in reality, not everybody is in the same status. **(13)** So even though we apply same rules, that actually does not mean that we applied equal procedures. **(14)** On the contrary, pluralist should accept that providing perfectly equal result to everyone is unfair. **(15)** In this way, the minorities that pluralists wanted to protect could be protected, but this could be a counter–inequality to others by contrasting the changes to other majorities.

(16) After accepting the weakness of their idea, they can understand why counterpart is arguing about them. **(17)** This understanding can lead each other to sit on the table and make some agreements. **(18)** Both liberalism and equality value are important to make society healthy. **(19)** Trying to admit their own limit on their idea and understand each other can make better idea which can be acceptable to both ideas.

Solution 9-3

Sample Answer

이 글은 기본적으로 잘 연결이 되어 있으므로 몇 군데만 수정하면 됩니다. 다음에 내용을 중심으로 글을 연결하는 정도만 수정을 해보았습니다. 따라서 문법의 오류 등 언어 형식을 다루지 않았습니다.

(1) Kim presented two distinctive views on co–culture group, namely, **(2)** ~~They are~~ assimilationism and pluralism. **(3)** Assimilationism can be described as a melting pot **in which minorities are melted into the mainstream.** **(4)** Assimilationism sees **argues that** individual should be identified as individual not as cultural, racial groups so they suggest to apply the same rule and law to all people regardless of their group categories. **(5)** But in pluralism, **people are identified through social groups because** ~~self cannot be identified as an independent self. (6) We~~ **we** are all related to group, and society is a collection of groups. **(7)** So we call this salad bowl **because distinctiveness of group membership remains intact there.**

(8) These two concepts are constantly causing problems on making social laws **or allocating resources.** **(9)** For example, giving opportunity to people in need on the college entrance exam is still on argument. **(10)** So we should try to close this gap created by two different views.

(11) To do this, both views have to admit their weakness on their ideas. **(12)** Assimilations should accept the fact that in reality, not everybody is in the same status **in terms of gaining opportunities for social advance.** **(13)** So even though we apply same rules, that actually does not mean that **all members are given equal opportunities** ~~we applied equal procedures~~. **This is because minorities are already discriminated.** **(14)** On the contrary, pluralist should accept that providing perfectly equal result to everyone is unfair. **(15)** In this way, the minorities that pluralists wanted to protect could be protected, but this could be a counter–inequality to others by contrasting the changes to other majorities.

(16) After accepting the weakness of their idea, they can understand why counterpart is arguing about them. **(17)** This understanding can lead each other to sit on the table and make some agreements. **(18)** Both liberalism and equality value are important to make society healthy. **(19)** Trying to admit their own limit on their idea and understand each other can make better idea which can be acceptable to both ideas.

일단 첫 번째 문단에서는 문장 (1) ~ (2)를 합쳐서 두 이론을 소개합니다. 그리고 (3)에서는 melting pot에 대해 추가로 설명합니다. 이와 대조되는 개념인 salad bowl에 관해 (7)에서 설명을 추가하면 대비가 되어 논리적으로 연결할 수 있습니다. (5)에서 다원주의를 전개할 때 앞 문장과 대비되도록 기술하면 글을 이해하기 쉽습니다. 여기서는 (4)의 individual과 대비되도록 group을 강조했습니다. 그리고 (5)와 (6)을 붙여 뒤쪽에 group membership을 강조했고, (7)에서는 앞에서 melting pot과 비교되는 방식으로 salad bowl을 설명했습니다.

두 번째 문단을 보면 (8)에서 두 개념을 동시에 설명하며 공통의 주제를 다루고 있습니다. 그리고 (9)에서는 이 주제를 설명할 예를 제공하고 있습니다. (11)에서 질문에 대한 답이 시작됩니다. 이 문장들은 주장을 두괄식으로 보여주고 있으므로 (12)부터 주장을 염두에 두고 문장을 조금씩 수정하면 됩니다. (12)에서 앞의 allocating resources와 연결해서 기회에 대한 내용을 보강했습니다. 기술한 대로 in terms of gaining opportunities for social advance로 하면 (13)의 내용과 바로 연결이 됩니다.

문장의 연결성을 생각하면서 문단 사이의 관계를 수정해 나가면 글을 연결하는 데 도움이 되고 자연스럽게 일관성을 높일 수 있게 됩니다. 이를 위해서는 앞서 실습한 대로 문장과 문장, 그리고 문단과 문단의 관계를 좀 더 깊이 있게 살펴봐야 합니다. 이를 통해 생각의 통로를 만들어낼 수 있습니다. 특히 각 문단에서 어떤 내용이 거론되는지 구체적으로 살펴보고 판단하는 능력이 필요한데, 이는 일관성 있는 글을 작성하기 위해 습득해야 할 가장 중요한 역량 중 하나입니다. 이 주제는 다음 장에서 더 자세히 다루겠습니다.

Chapter
10

일관성 있는 글쓰기

Coherence

글이 하나의 주제 혹은 하나의 주장으로 묶이면 글 전체의 방향성이 보이면서 일관성을 드러냅니다. 이 장에서는 글을 읽어가면서 대주제와 소주제가 어떻게 연결되는지 살펴보고 이를 글쓰기에 적용시키는 방법을 살펴보겠습니다.

Section
10.1 읽기 자료에서 흐름 찾기

A. 일관성 있는 글쓰기의 필요성

일관성이란 여러 내용들이 하나의 주제로 모아지는 상태를 의미합니다. 이렇게 모아진 글은 기승전결의 구조가 나타나면서 글의 방향이 세워집니다. 그래서 일관성 있는 주제는 마치 배가 정박할 수 있도록 잡아주는 앵커anchor처럼 글의 중심을 잡아주는 역할을 하게 됩니다. 이렇게 여러 개의 문단 혹은 여러 개의 섹션을 한 두 개의 주제로 묶을 수 있는 역량에 관해 샤니시Shaughnessy는 다음과 같이 표현했습니다.

그림 10-1 앵커

(1) The ability to hold larger and larger units of discourse together is in fact an important measure of a student's intellectual growth. **(2)** Writing can be viewed in part as a technology for holding vast and complex units of thought together. **(3)** But the task of remembering and constantly returning to one's purpose in a piece of writing is difficult, particularly for the inexperienced writer.[1]

글의 큰 단위를 묶는 능력은 학생의 지적 역량이 얼마만큼 발전했는지 알 수 있는 중요한 척도라고 합니다(1). 이렇게 크고 복잡한 여러 단위를 하나로 묶을 수 있게 해주는 도구가 바로 글쓰기입니다(2). 하지만 글을 써내려가면서 주제나 목표를 기억하고 내용을 전개하는 것은 매우 어려운 작업이라고 합니다(3). 그러면 지금까지 언급한 내용을 요약해 보겠습니다.

1 Shaughnessy, M., 『Errors and expectations』, Oxford University Press, 1977

Writing Practice 10-1

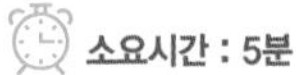

Q 글을 작성할 때 일관성이 어떤 역할을 하는지 빈칸을 채워 요약해 봅시다.

Coherence in writing demonstrates
(　　　　　　　　　　　　　　　　　　　　　　　　　　　　　　　　　).

Solution 10-1

Sample Answer

Coherence in writing demonstrates (the presence of conceptual anchors that unite larger units to form a cohesive storyline. These anchors serve as criteria that enable readers to identify the direction of the writing).

B. 일관성 있게 글쓰는 방법

일관성 있는 글을 쓰기 위해서는 우선 글에서 일관성이 어떻게 드러나는지 꼼꼼하게 읽어가며 방향성을 찾는 작업이 중요합니다. 여기서는 글의 방향성을 어떻게 추적하는지 한 편의 글을 읽으면서 연습해 보겠습니다.

여기서 읽을 글은 미국의 유명 칼럼니스트인 니콜라스 크리스토프Nicholas Kristoff가 작성한 〈The Asian Advantage〉[2]라는 칼럼으로 뉴욕타임스The New York Times에 기고된 내용입니다. 이 글을 읽어가면서 아이디어가 어떻게 구성되는지 살펴보겠습니다.

크리스토프는 미국의 인종 문제에 대해 아시아계의 성공을 예로 들어 흥미롭게 풀어나가고 있습니다. 여러분들이 글을 읽어가며 내용을 파악할 수 있도록 다음 페이지에 생각의 지도graphic organizer를 이용해 간단한 틀을 잡아 두었습니다. 이를 채워 나가면서 글을 읽으면 글 전체의 구조를 파악하는 데 도움이 됩니다.

이 글에서는 미국에 거주하는 아시아계 학생들이 학교에서나 사회에서 성공 확률이 높은 이유에 대한 몇 가지 답변을 제시합니다. 그리고 니스벳Nisbett과 제니퍼 리Jennifer Lee, 민 저우Min Zhou의 연구 내용이 전체 주제와 연결되고 있습니다.

2 https://www.nytimes.com/2015/10/11/opinion/sunday/the-asian-advantage.html#commentsContainer

생각의 지도(graphic organizer)

Q Why are Asian–Americans so successful in America?

- (   )
- (   )
- (   )
- (   )

Nisbett's research

(   )

Lee & Zhou's argument

- (   )
- (   )

Conclusion

____

____

____

____

이제 다음 내용을 같이 읽으면서 내용의 일관성 여부를 파악해 보겠습니다.

(1) This is an awkward question, but here goes: **(2)** Why are Asian–Americans so successful in America? **(3)** It's no secret that Asian–Americans are disproportionately stars in American schools, and even in American society as a whole. **(4)** Census data show that Americans of Asian heritage earn more than other groups, including whites. **(5)** Asian–Americans also have higher educational attainment than any other group.

(6) I wrote a series of columns last year, "When Whites Just Don't Get It," about racial inequity, and one of the most common responses from angry whites was along these lines: **(7)** This stuff about white privilege is nonsense, and if blacks lag, the reason lies in the black community itself. **(8)** Just look at Asian–Americans. **(9)** Those Koreans and Chinese make it in America because they work hard. **(10)** All people can succeed here if they just stop whining and start working.

(1)~(2)에서는 '왜 아시아계 학생들은 미국에서 성공하는 사례가 많은가?'라는 질문을 합니다. 이들은 학교는 물론이고 사회에 진출해서도 두각을 나타낸다고 합니다**(3)~(5)**. 그리고 나서 크리스토프는 과거에 자신이 독자들로 받았던 불만 섞인 항의에 관해 언급합니다. 그는 인종 간의 불평등에 대해 '왜 백인은 이해를 하지 못하나?'라는 제목으로 여러 글들을 기고했는데 항의의 요지는 '백인에게 특권이 있다고 하는 흑인 사회의 주장은 터무니없다. 아시아인들은 열심히 일해서 성공하지 않느냐? 그러니 불평하지 말고 일해라.'였다고 합니다. 즉, 아시아계 학생들의 성공이 인종 간 갈등에 대한 논란에 사용되고 있음을 알 수 있습니다. 다음 문단에서 크리스토프는 문제의 핵심을 논의하고 있습니다.

(11) Let's confront the argument head-on. **(12)** Does the success of Asian-Americans suggest that the age of discrimination is behind us? **(13)** A new scholarly book, "The Asian American Achievement Paradox," by Jennifer Lee and Min Zhou, notes that Asian-American immigrants in recent decades have started with one advantage: **(14)** They are highly educated, more so even than the average American. **(15)** These immigrants are disproportionately doctors, research scientists and other highly educated professionals.

(16) It's not surprising that the children of Asian-American doctors would flourish in the United States. **(17)** But Lee and Zhou note that kids of working-class Asian-Americans often also thrive, showing remarkable upward mobility. **(18)** And let's just get one notion out of the way: **(19)** The difference does not seem to be driven by differences in intelligence.

크리스토프는 **(12)**에서 '아시아계 사람들의 성공이 결국 미국 내 차별 문제에 대한 답을 주는가?'라는 질문을 던집니다. 그리고 **(13)**부터 한 연구 자료를 인용하여 아시아 학생들이 유별나게 성공적인 이유를 설명합니다. 여기서 **(16)~(17)**로 가면 노동자 계급의 부모를 둔 학생들 조차도 매우 성공적이라는 사실을 보고합니다. 그래서 아시아계가 이렇게 두각을 보이는 이유가 IQ의 차이는 아닌 것 같다고 합니다**(18)~(19)**. 그리고 다음 문단에서 니스벳 교수의 연구를 소개합니다**(20)**.

(20) Richard Nisbett, a professor of psychology who has written an excellent book about intelligence, cites a study that followed a pool of Chinese-American children and a pool of white children into adulthood. **(21)** The two groups started out with the same scores on I.Q. tests, but in the end 55 percent of the Asian-Americans entered high-status occupations, compared with one-third of the whites. **(22)** To succeed as a manager, whites needed an I.Q. of 100, while Chinese-Americans needed an I.Q. of only 93. **(23)** So the Asian advantage, Nisbett argues, isn't intellectual firepower as such, but how it is harnessed.

(24) Some disagree, but I'm pretty sure that one factor is East Asia's long Confucian emphasis on education. **(25)** Likewise, a focus on education also helps explain the success of Jews, who are said to have had universal male literacy 1,700 years before any other group.

니스벳이 중국계와 백인 학생을 조사해 봤더니 IQ는 비슷했지만, 아시아계의 55%가 지위가 높은 직종에 근무한다고 설명하고 있는데 1/3 수준에 머무는 백인보다 훨씬 더 많습니다. 즉 IQ의 차이는 아니라는 이야기입니다. 여기서 잠깐 멈추고 정리해 보겠습니다.

Writing Practice 10-2

소요시간 : 3분

Q 미국에서 아시아 학생들의 성공에 대해 니스벳 교수의 주장을 요약해 봅시다.

Solution 10-2

Sample Answer

Nisbett demonstrates that IQ was not the sole factor for Asians' success.

다음 문단에서 크리스토프는 아시아계 사람들은 좋은 학군으로 이사를 가기 위해 노력하거나 아이에게 가장 좋은 방을 주는 등의 희생을 감내한다고 합니다(26).

(26) Immigrant East Asians often try particularly hard to get into good school districts, or make other sacrifices for children's education, such as giving prime space in the home to kids to study

(27) There's also evidence that Americans believe that A's go to smart kids, while Asians are more likely to think that they go to hard workers. (28) The truth is probably somewhere in between, but the result is that Asian–American kids are allowed no excuse for getting B's — or even an A–. The joke is that an A– is an "Asian F."

(29) Strong two–parent families are a factor, too. (30) Divorce rates are much lower for many Asian–American communities than for Americans as a whole, and there's evidence that two–parent households are less likely to sink into poverty and also have better outcomes for boys in particular.

그리고 미국인들은 A학점을 맞는 학생들이 똑똑하기 때문이라고 믿는 반면에 아시아계 학생들은 열심히 공부했기 때문이라고 생각한다고 합니다(28). 그리고 아시아계는 이혼 확률이 상대적으로 적어서 자녀들에게 경제적으로 안정적인 환경을 제공한다는 사실도 알려줍니다(29)~(30).

(31) Teachers' expectations can also play a role. **(32)** This idea was explored in a famous experiment in the 1960s by Robert Rosenthal and Lenore Jacobson. **(33)** After conducting I.Q. tests of students at a California school, the experimenters told the teachers the names of one–fifth of the children who they said were special, and expected to soar. **(34)** These special students in first and second grades improved dramatically. **(35)** A year later, 47 percent of them had gained 20 or more I.Q. points.

(36) Yet in truth, the special students were chosen at random. **(37)** This "Pygmalion effect" was a case of self–fulfilling expectations. **(38)** Teachers had higher expectations for the special students and made them feel capable and so that's what they became.

(39) Lee and Zhou, for their part, think that positive stereotyping may be part of an explanation for the success of Asian–Americans in school. **(40)** "They are like, 'Oh, you're Chinese and you are good in math," the book quotes a girl called Angela as saying. **(41)** "It's advantageous when they think that."

(42) Of course, positive stereotypes create their own burden, with sometimes tremendous stress on children to earn those A's, at the cost of enjoying childhood. **(43)** And it can be hard on Asian–American kids whose comparative advantage isn't in science or math but in theater or punk rock. **(44)** Among Asians, there's sometimes concern that there's too much focus on memorization, not enough on creativity.

그 다음에는 교사들에 대해 언급합니다**(31)**~**(38)**. 특히 **(40)**~**(41)**에서는 아시아계 학생들에게 긍정적 편견의 힘이 있을 것이라고 생각합니다.

(45) Another factor in Asian scholastic success may be the interaction of social stereotypes and self–confidence. **(46)** Scholars like Claude Steele have found that blacks sometimes suffer from "stereotype threat": Anxiety from negative stereotypes impairs performance. **(47)** Lee and Zhou argue that Asian–Americans sometimes ride on the opposite of "stereotype threat," a stereotype promise" that they will be smart and hard–working.

그리고 **(45)~(47)**에서는 사회적인 편견과 자신감이 종합적으로 작동한다는 내용을 다룹니다. 통상 편견에서 비롯된 불안감이 장애가 될 수 있는데 아시아계 학생들은 똑똑하고 열심히 한다는 평판 때문에 긍정적인 영향을 미친다는 것입니다.

여기서 잠시 멈추고 나머지 이유에 대해 정리해 보겠습니다.

Writing Practice 10-3

소요시간 : 3분

Q 미국에서 왜 아시아계 학생이 성공할 확률이 높은 것인지 글에서 주장한 이유 두 가지를 요약해 봅시다.

(a) The second reason involves ( ).

(b) The third reason is that ( ).

Solution 10-3

Sample Answer

(a) The second reason involves (the role of parents. Asian families make sacrifices for their kids by offering stable family support. For example, Asian families have a low diverse rate, which provides financial security for their kids).

(b) The third reason is that (Asian students are influenced by their teachers' high expectations. The fourth reason involves social stereotype, ironically. Asian-Americans benefit from the stereotype that they are smart and hard-working).

계속해서 문장 **(48)**에서 아시아계 사람들의 성공은 일부 백인들이 주장하는 것처럼 차별이 없다는 것을 보여주는 것이 아니라 오히려 어떤 면에서는 차별의 증거라고 합니다.

(48) Lee and Zhou also say the success of Asian–Americans, far from revealing a lack of discrimination, is in part a testament to it. **(49)** They say Asian–Americans work hard to succeed in areas with clear metrics like math and science in part as a protection against bias and in any case, many Asians still perceive a “bamboo ceiling” that is hard to break through.

앞의 내용은 교사들이 아시아계 학생들에게 똑똑하고 잘한다고 말하는 것이 오히려 사회적 편견의 증거라는 것입니다. 그리고 아시아계 학생들이 열심히 공부해서 과학과 수학처럼 뚜렷한 기준이 있는 분야에서는 성공을 이룬다고는 하지만 그들도 보이지 않는 장벽을 느끼는 분야가 있기도 합니다.

그리고 다음 문단에서 중요한 전환을 이루는 결론을 제시합니다.

(50) To me, the success of Asian–Americans is a tribute to hard work, strong families and passion for education. **(51)** Bravo! Ditto for the success of Jews, West Indians and other groups that have shown that upward mobility is possible, but let’s not exaggerate the lessons here.

(52) Why should the success of the children of Asian doctors, nurtured by teachers, be reassuring to a black boy in Baltimore who is raised by a struggling single mom, whom society regards as a potential menace? **(53)** Disadvantage and marginalization are complex, often deeply rooted in social structures and unconscious biases, sometimes compounded by hopelessness and self–destructive behaviors, and because one group can access the American dream does not mean that all groups can.

(54) So, sure, let’s celebrate the success of Asian–Americans, and emulate the respect for education and strong families. **(55)** But let’s not use the success of Asians to pat ourselves on the back and pretend that discrimination is history.

크리스토프는 아시아계 사람들의 성공은 성실함, 유대감이 깊은 가족애, 그리고 교육에 대한 열정에 기인한다고 정리합니다(50). 그러나 '이런 내용을 과장하지 말자.'(51)라고 주장합니다. 그러면서 '매우 가난한, 특히 열악한 외부모 밑에서 자라면서 사회의 악이 될 수 있다고 여겨지는 흑인 아이들에게 의사인 부모를 두고 선생님들에게 교육을 잘 받는 아시아계 학생들의 성공이 실감이 날까?'라는 질문을 던집니다.

그리고 (53)에서 결론이 나옵니다. 편견과 따돌림은 매우 복잡한 현상인데 그 이유는 깊게 자리 잡힌 사회적인 구조와 무의식적인 편견이 서로 얽혀 있기 때문이라고 합니다. 이러한 구조적인 이유 때문에 사회적 약자들은 희망을 잃고 자멸하는 요인이 될 수도 있다고 합니다. 그래서 '아시아계가 American dream에 다가갈 수 있다고 해서 다른 그룹도 그럴 수 있다고 주장하기가 어렵다.'는 것입니다. 따라서 아시아계 사람들의 성공을 보면서 '아, 그래. 우리 사회에서는 차별이 없어.'라고 성급하게 결론짓지는 말자는 주장입니다.

이제 글 전체 내용을 앞에서 제시한 생각의 지도graphic organizer에 정리한 후 다음 내용과 비교해 보기 바랍니다.

생각의 지도(graphic organizer)

Q Why are Asian–Americans so successful in America?

- (Stable financial support from family, make sacrifices)
- (Teachers' positive expectations)
- (Positive stereotypes and self–confidence.)

Nisbett's research

IQ was not the main factor for their success

Lee & Zhou's argument

- (Highly educated)
- (Positive stereotyping)

Conclusion

The success of Asian Americans serves as evidence of discrimination. Their success may not be reassuring to Blacks in a completely different situation (single mom, criminal…). The success of Asian Americans should not be interpreted that we don't have discrimination in our society, as argued by some individuals.

일관성은 글 전체를 아우르는 스토리 라인입니다. 읽기 자료에서 이러한 스토리 라인을 파악하면서 따라가면 여러 주제들이 어떻게 엮여 있는지 추적할 수 있습니다. 동시에 전체 주제가 어떻게 전개되는지, 또는 소주제들이 전체 주제에 어떻게 기여하는지 그 관계를 파악할 수 있습니다. 이렇게 하면 복잡한 글을 읽을 때도 대주제를 잃지 않고 따라갈 수 있습니다. 그래서 우리가 글을 작성할 때도 이런 구성을 염두에 두는 것이 유용합니다.

Section
10.2 일관성 있게 연결하기

읽기 자료에서 주제의 흐름을 찾는 연습을 했으므로 이번에는 주장하는 글을 일관성 있게 연결하는 법을 다뤄보겠습니다. 글을 연결하여 생각의 통로Passage of Thoughts를 만들면 일관성이 보이게 됩니다. 주장하는 글 중에 일관성을 잘 나타내는 구조가 있는데, 바로 **문제 해결 방식**problem-solution text입니다. 이 방식의 글은 문제를 찾고 이를 해결하는 과정을 보여주는데, 학문적 글쓰기에서 주로 사용되고 있지만 사실 많은 글쓰기가 이러한 방식을 채택하고 있습니다.

[그림 10-2]에서는 문제 해결 방식에서 보이는 네 가지 주요 구성요소를 도식화한 것입니다.

문제 해결 방식
(problem-solution text)

- 상황 설명(situation)
- 문제 파악(problem)
- 해결 제시(solution)
- 해결에 대한 평가(evaluation)

그림 10-2 문제 해결 방식에서 나타나는 구성요소

첫 번째는 일단 상황을 설명(situation)하고 여기서 문제를 파악(problem)합니다. 그리고 연구조사를 통해 해결점을 제시하고(solution) 이 해결안에 대한 평가(evaluation)를 내립니다. 이러한 구조를 가지고 있는 글을 살펴보면 다음과 같습니다.

Writing Practice 10-4

 소요시간 : 10분

Q 다음 글을 읽고 문제 해결을 위한 글에서 나타나는 네 가지 구성요소에 맞게 구분해 봅시다.[3]

(1) Consumption of processed and convenience foods and our dependence on the car have led to an increase in obesity and reduction in the fitness level of the adult population. **(2)** In some countries, especially industrialized ones, the number of obese people can amount to one third of the population.

(3) Obesity and poor fitness decrease life expectancy. **(4)** Overweight people are more likely to have serious illnesses such as diabetes and heart disease, which can result in premature death.

(5) Changes by individuals to their diet and their physical activity can increase life expectancy. **(6)** Rather than relying on processed foods that have high fat and sugar content, people need to prepare their own foods and to exercise more. **(7)** Governments could also implement initiatives to improve their citizen's eating and exercise habits through educating the public about the benefits of exercises and building more sports facilities.

(8) In short, individuals and governments can work together to tackle this problem and so improve diet and fitness. **(9)** This joint effort will decrease medical expenses and their social costs to deal with health problems in a given society.

Solution 10-4

(1)~ **(2)**에서는 편리하게 먹는 음식이나 가공된 음식을 먹고 자동차만 타고 다니면 비만이 생긴다고 합니다. 특히 선진국에서 전체 인구의 1/3 정도가 비만이라고 합니다. **(3)**에서 비만은 수명을 단축시키고 **(4)**에서는 당뇨나 심장질환 등이 생겨서 죽음에 이른다고 합니다. 여기까지의 내용을 정리해 보면 첫 번째 문단은 상황을 설명한 것이니 상황 설명(situation)이고, 두 번째 문단은 문제를 제기했기 때문에 문제 파악(problem)입니다.

세 번째 문단을 보면 **(5)**에서 개인이 식습관을 바꾸고 운동을 하면 수명이 늘어날 것이라고 주장합니다. 뒤이어 **(6)**에서는 음식에 대한 내용으로 연결하고 있고 **(7)**에서는 정부의 역할을 언급함으로써 해결 제시(solution)에 관한 내용을 다룹니다.

3 https://www.chegg.com/homework-help/

마지막 문단은 In short로 시작하니 결론을 내리는 문구로 보입니다. **(8)**에서 정부와 개인이 같이 노력해서 앞에서 제시한 대로 식습관과 운동을 개선해야 한다고 합니다. 그리고 이런 노력의 결과로 **(9)**에서 사회적 비용을 경감할 수 있다는 내용으로 연결됩니다. 이 문단은 앞에서 제시한 문제 해결 방안에 대한 평가(evaluation)로 볼 수 있습니다.

Sample Answer

1. **상황 설명**(situation) : **(1)** ~ **(2)**
2. **문제 파악**(problem) : **(3)** ~ **(4)**
3. **해결 제시**(solution) : **(5)** ~ **(7)**
4. **해결에 대한 평가**(evaluation) : **(8)** ~ **(9)**

Writing Practice 10-5

소요시간 : 10분

Q 다음 글을 읽고 우측에 나열된 네 가지 구성요소와 맞춰보고 필요하다면 이에 맞는 개요(outlines) 를 만들어 보강해 봅시다.

(1) My English teacher in my high school was the reason why I wanted to be a teacher.
(2) Students are mostly focusing on getting a good grade in college entrance examination.
(3) I want to create learning environment in which student feel comfortable.
(4) Good teaches pay attention to students and support them with feedback.
(5) Students can be emotionally defensive if they are uneasy and afraid of learning.
(6) This is because when students face problems that lead to emotional distress, their concentration decreases drastically.

상황 설명 (situation)

문제 파악 (problem)

해결 제시 (solution)

해결에 대한 평가 (evaluation)

Solution 10-5

이 글을 situation–problem–solution–evaluation으로 나눠서 분류하고 필요한 내용을 보강해 보면 다음과 같습니다.

Sample Answer

1. 상황 설명(situation)

- English education at secondary level.
- Grammar/Reading Focused.

2. 문제 파악(problem)

- Not able to use language (speaking and writing)
- English is just a school subject and thus, boring. It is a communication tool.
- No creative tasks such as thinking and communication are possible.

3. 해결 제시(solution)

- Teachers can change and help
- Encourage students to use language, more authentic task, personalized instructions

4. 해결에 대한 평가(evaluation)

- Better at language use and then, use it for creative tasks (idea generation, communication).
- Confident to communicate with others and tool for more and further learning.

문제 해결을 위한 글을 작성할 때 앞에서 제시한 구조를 염두에 두면 어떤 내용을 넣어야 할지 개략적으로 파악할 수 있습니다. 그렇게 되면 문단 간의 연결고리를 구축하기도 용이합니다. 이러한 연결고리를 통해 독자들은 글의 목적을 이해하고 제시된 논리를 따라올 수 있습니다. 이러한 작업의 경우 초고를 쓸 때는 잘 드러나지 않습니다. 초고를 수정하면서 앞에서 제시한 네 가지 구성요소를 의식적으로 구성해서 넣게 되면 독자가 따라올 만한 연결고리들을 만들어낼 수 있게 됩니다.

Chapter

11

논리적 오류 파악하기

Fallacious Argument

11.1 논리적 오류의 종류

이 장에서는 논리적으로 문제를 야기시키는 오류에 대해 조사합니다. 논리적 오류는 합리적 사고를 하는 데 방해가 되기 때문에 되도록이면 피해야 합니다. 11장에서는 우리가 흔히 접하는 13가지 종류의 오류를 설명하고 이를 영어로 정리할 수 있도록 구성했습니다.

Section
11.1 논리적 오류의 종류

이번 장에서는 **논리적 오류** fallacious argument, 즉 논리적으로 문제가 있는 주장에 대해 살펴보겠습니다. 논리적 오류는 합리적 사고를 방해할 뿐 아니라 누군가는 습관적으로, 또는 의도적으로 사용할 수 있기 때문에 그 종류와 내용을 파악하는 것이 중요합니다. 여기서 살펴볼 논리적 오류는 우리가 일상생활에서 흔히 접할 수 있는 13가지 종류로 기억해 두면 매우 유용합니다. 그렇다면 각 항목별로 더 자세히 살펴보겠습니다.

1. 부적절한 권위에 호소하는 오류(Appeal to authority)
2. 두려움/연민에 호소하는 오류(Appeal to fear or pity)
3. 군중호소(Appeal to the masses: Bandwagon)
4. 이중잣대(Double standard)
5. 유비추리 오류(False analogy)
6. 인과오류(False cause)
7. 흑백논리의 오류(False dilemma)
8. 성급한 일반화(Hasty generalization)
9. 인신공격(Personal attack)
10. 우물에 독약 치는 오류(Poisoning the Well)
11. 논점이탈의 오류(Red herring)
12. 연쇄반응 오류(Slippery slope)
13. 허수아비 공격의 오류(Strawman)

그림 11-1 논리적 오류의 종류

❶ 부적절한 권위에 호소하는 오류

부적절한 권위에 호소하는 오류Appeal to authority는 주장의 내용이 부적절한 권위에 의존하는 경우입니다. 예를 들어 유명인celebrity을 등장시키는 광고가 있는데 과연 그들이 상품의 기능 및 효과에 대한 권위자가 될 수 있는지는 재고의 여지가 있습니다. 조금 더 복잡한 사례를 살펴보겠습니다. 다음은 쿠퍼Cooper와 패튼Patton이 저술한 책에 나온 사례입니다.

> The abortion to save the life of a mother is an irrelevant issue because a former surgeon general, a well-known pediatric surgeon, claimed that in all his years of surgical practice he had never seen a case in which such a dilemma had arisen.

미국의 전 공중보건국장(former surgeon general)이 '낙태를 통해 산모의 생명을 구한다는 주장은 적절치 않다.'고 주장하고 있습니다. 국장은 그의 오랜 수술 경력에서 낙태에 관한 문제가 생긴 적이 없었다고 진술하고 있습니다. 그가 의사이자 공중보건국장이기는 하지만 산부인과 전문의가 아니라 소아외과 전공의(pediatric surgeon)이기 때문에 낙태에 대해 적절한 권위를 가지고 있는지가 문제가 될 수 있습니다. 그래서 주장하는 사람이 누구인지, 어떤 경력과 전문성을 가지고 있는지 확인하는 것이 중요합니다.

Writing Practice 11-1 소요시간 : 5분

Q 권위에 호소하는 오류에 관한 설명을 다음 빈칸을 채워 요약해 봅시다.

An appeal to authority refers to an argument that (   ).

Solution 11-1

Sample Answer

An appeal to authority refers to an argument (that relies on the opinion of a celebrity rather than an expert in the relevant field. This fallacious argument is often seen in advertisements that feature celebrities who may lack expertise on the product).

❷ 두려움/연민에 호소하는 오류

두 번째 오류는 두려움이나 연민과 같은 감성에 호소하는 오류Appeal to fear or pity입니다. 다음 내용은 2015년 도널드 트럼프Donald Trump가 대통령 선거 운동 기간에 멕시코에서 유입되는 이민자에 대해 언급한 내용입니다.

> When Mexico sends its people, they're sending people that have lots of problems. They're bringing drugs. They're bringing crime. They're rapists. And some, I assume, are good people.[1]

트럼프 대통령은 이민자들이 미국에 마약을 들여오기 때문에 범죄가 뒤따라온다고 주장합니다. 심지어 이들을 강간범(rapist)이라고 지칭하기도 합니다. 이런 말은 미국의 이민정책에 관대하지 않은 사람들에게 두려움을 주려는 의도이지 않을까 하는 의심을 불러일으킵니다.

비슷한 예로 연민에 호소하는 경우도 있습니다. 대학교에서는 학생들이 성적 처리 기간에 [그림 11-2]와 같은 요청을 해오는 경우가 가끔 있습니다. 이는 연민에 호소하는 전략이며 논리적으로는 타당하지 않은 주장입니다.

교수님, 성적을 B로 올려주시면 안 될까요? C로는 장학금을 받지 못하게 되어 학교를 다닐 수가 없습니다. 제가 좀 열심히 했어야 했는데 죄송합니다. 좀 안 될까요?

그림 11-2 연민에 호소하는 오류의 예

1 Donald Trump, 『Presidential announcement speech』, June 16, 2015.

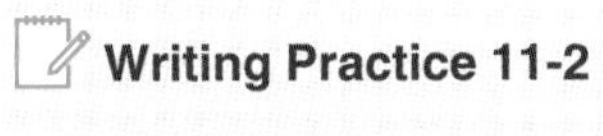

Writing Practice 11-2

소요시간 : 5분

Q 두려움이나 연민에 호소하는 오류에 관한 설명을 다음 빈칸을 채워 요약해 봅시다.

An appeal to fear or pity is an attempt to (   ).

Solution 11-2

Sample Answer

An appeal to fear or pity is an attempt to (persuade by invoking fear or sympathy. From a logical standpoint, it is considered an invalid argument).

❸ 군중호소

군중호소Appeal to the masses: Bandwagon는 대중, 여론 등 다수에 근거한 논리적 오류를 말합니다. 예를 들어 [그림 11-3]처럼 아이폰을 갖고 싶어하는 아이가 'Everyone has i-phone. Why can't I have one?'이라고 이야기하는 것을 말합니다.

모두 아이폰을
갖고 있는데,
왜 나는 안 사줘!

그림 11-3 군중호소의 예

이 밖에도 화장품 광고에서 흔히 볼 수 있는 예로 '우리 화장품은 전세계 여성들이 애용하고 있습니다. 아름다운 여자들의 필수품'이라는 광고 문구에서도 이런 오류가 보입니다. 또는 '나만 그런 것이 아니라 모든 사람이 다 그래요.'라는 식의 논리에서도 볼 수 있습니다.

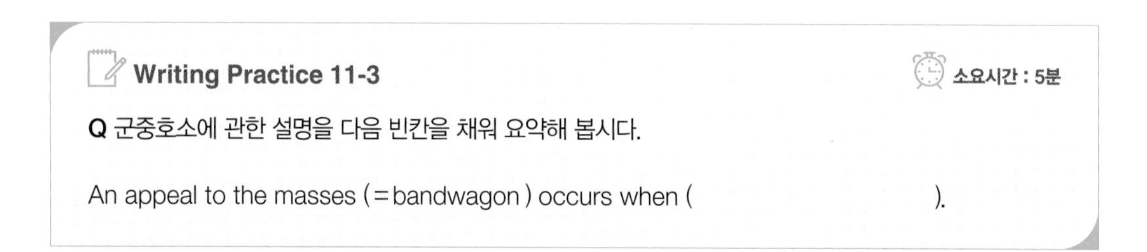

Writing Practice 11-3 소요시간 : 5분

Q 군중호소에 관한 설명을 다음 빈칸을 채워 요약해 봅시다.

An appeal to the masses (=bandwagon) occurs when (   ).

Solution 11-3

Sample Answer

An appeal to the masses occurs when (an argument relies on the beliefs or opinions of the majority of people, rather than the merits of the argument itself. This approach may discourage independent judgment).

④ 이중잣대

이중잣대Double standard는 사람이나 상황에 따라 평가기준이 달라지는 상황을 말합니다. 최근 우리나라에서 유행하고 있는 '내로남불'이라는 용어도 이와 비슷한 내용이라고 볼 수 있습니다. [그림 11-4]는 코로나19가 확산되었을 때 보도된 자료인데 이중잣대의 예를 볼 수 있습니다.

뉴스 〉 세계　　　　　　　　　　　　출처 : 연합뉴스

미국의 캘리포니아의 주지사가 코로나19 대처를 위해 과도한 봉쇄 조치로 영세 자영업자를 해쳤다는 비판이 나왔는데, 정작 자신은 친구 생일파티 참석으로 주민소환 투표에 붙여졌다.

그림 11-4 이중잣대의 예

다음은 쿠퍼와 패튼의 책에서 나온 사례인데 한 번 읽어보기 바랍니다.

(1) Shannon Faulkner, the first woman ever admitted to the Citadel, a military college in South Carolina, dropped out in her first year. **(2)** The other cadets cheered as she departed the campus, and the media covered her departure in great detail. **(3)** What the jeering male cadets and the media ignored were the 34 other first-year students all men, who also dropped out. Shannon Faulkner and her classmates made the same decision, but she was subjected to ridicule and close media scrutiny while her 34 male classmates were not; a double standard was applied.

미국의 사관학교인 Citadel에 처음으로 여성 사관 생도가 입학했는데, 입학한 해에 바로 자퇴를 했다고 합니다. 그러자 남성 생도들이 매우 좋아했고 이 사실을 언론에서도 자세히 다루었다고 합니다. 문제는 같은 해에 남성 생도들 중 34명이 자퇴했지만, 미디어나 여성 생도의 자퇴를 조롱했던 생도들은 이 사실을 무시했다는 점입니다. 이는 여성 생도에게 이중잣대가 적용되었다고 볼 수 있습니다.

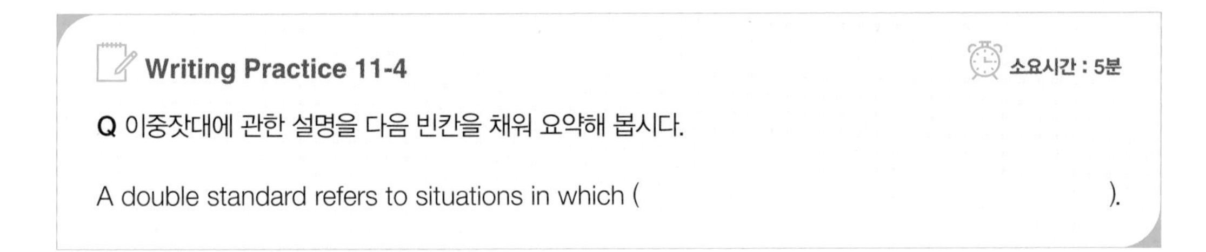
Writing Practice 11-4

소요시간 : 5분

Q 이중잣대에 관한 설명을 다음 빈칸을 채워 요약해 봅시다.

A double standard refers to situations in which (   ).

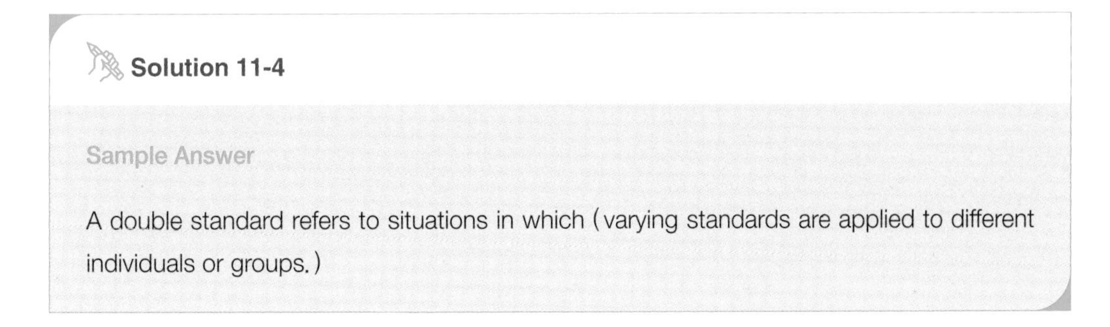
Solution 11-4

Sample Answer

A double standard refers to situations in which (varying standards are applied to different individuals or groups.)

❺ 유비추리 오류

유비추리 오류 False analogy는 두 개의 사물이 여러 면에서 비슷하다는 이유로 다른 속성도 유사할 것이라고 추론하는 오류입니다. 예를 들어 '절벽에서 넘어져 죽고 싶지는 않다. 하지만 우리는 목욕탕에서 넘어져 죽을 수도 있다.'라는 문장을 보면 '떨어진다 falling'라는 내용은 공통이지만 바위와 목욕탕은 서로 다른 상황입니다. 절벽은 생명을 위협받을 수 있을 정도의 위험을 수반하는 장소인데 목욕탕은 그렇지 않으니 비교 대상의 성격이 다른 것입니다.

[그림 11-5]에 소개된 문구에서도 사람에게 해가 될 수 있다는 논리를 각기 다른 성질을 가진 살충제와 자동차에 적용하여 비교하고 있습니다.

살충제는 사람에게 암을 유발할 수 있으므로 사용을 금지해야 한다.

자동차도 사람에게 해가 될 수 있는데 그러면 자동차의 사용도 금지되어야 하는가?

그림 11-5 유비추리 오류의 예

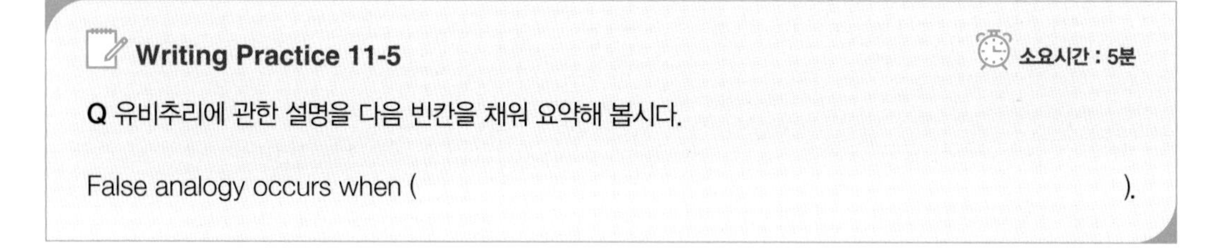

Writing Practice 11-5 소요시간 : 5분

Q 유비추리에 관한 설명을 다음 빈칸을 채워 요약해 봅시다.

False analogy occurs when ( ).

Solution 11-5

Sample Answer

False analogy occurs when (two or more things are mistakenly considered to share a common feature. In such arguments, a comparison is made between two things that cannot be properly compared due to their distinct features).

❻ 인과오류

인과오류False cause는 원인과 결과에 대한 선후관계를 잘못 파악할 때 발생하는 문제를 말합니다. 시간상 먼저 일어난 일이 나중에 일어난 일의 원인이라고 주장하는 것으로 사후분석post hoc: done after the event이라 하기도 합니다. 여기서 다시 쿠퍼와 패튼의 예를 살펴보겠습니다.

> Governor Robinson took office in 2006. In 2008, the state suffered a severe recession. Therefore, Governor Robinson should not be reelected.

로빈슨Robinson 주지사는 2006년에 임기를 시작했는데 2008년에 경기침체가 왔다고 했습니다. 그래서 그가 재선이 되어서는 안 된다고 주장하고 있습니다. 임기가 시작한 시점을 원인으로 보고 경기침체라는 결과가 나중에 일어난 사건이니 이를 결과로 본 것입니다. 하지만 잘 알려져 있다시피 2008년은 미국발 금융위기가 일어난 시기이므로 경기침체의 원인을 주지사에게만 전가하는 것은 논리적 오류라 하겠습니다.

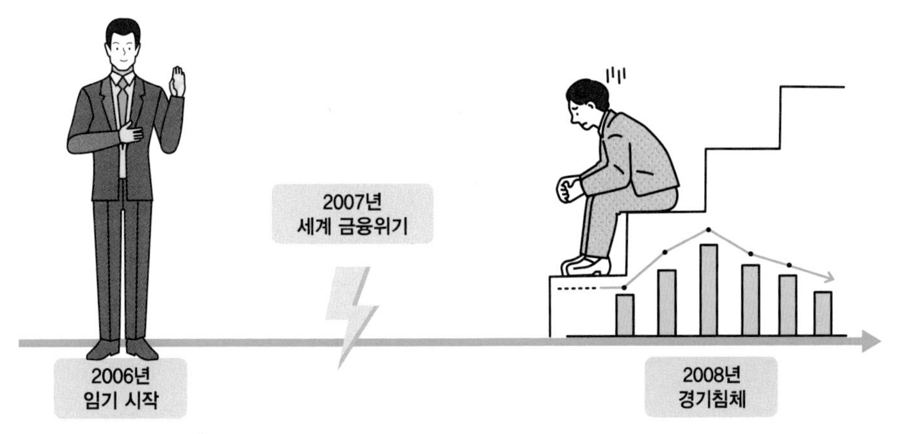

그림 11-6 논리적 오류의 예

또 다른 예로 채석영 선생의 책[2]에서 무상복지 정책에 관련해 서로 다른 견해를 나타낸 글을 가져왔습니다.

(a)	(b)
무상복지를 실시한 북유럽 국가들은 이 정책 때문에 경제적/정치적 발전을 이룩할 수 있었으며 덕분에 현재까지도 안정된 상태를 유지할 수 있다. 따라서 경제적/정치적 안정을 이룩하기 위해서는 무상복지를 실시해야 한다.	북유럽 국가들은 경제적/정치적으로 발전하고 안정된 상황을 유지할 수 있기 때문에 무상복지를 실시하더라도 그 부작용으로 고생하지 않을 수 있었다. 우선 경제와 정치를 안정시킨 이후에야 무상복지를 실시해야 한다.

그림 11-7 선후관계에 대한 예시 글 비교

[그림 11-7]의 (a)와 (b)는 두 가지 다른 견해를 보여주는데 (a)는 국가의 정책 때문에 경제적/정치적 발전이 이루어졌다는 주장을 근거로 무상복지를 실시해야 한다고 합니다. (b)는 거꾸로 경제적/정치적 발전 때문에 무상복지 정책을 실시할 수 있었다고 주장합니다. 여기서 두 주장은 선후관계를 반대로 이용하고 있습니다.

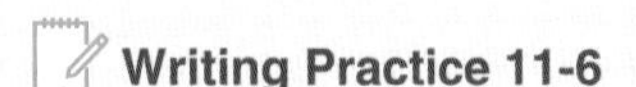

Writing Practice 11-6 소요시간 : 5분

Q 인과오류에 관한 설명을 다음 빈칸을 채워 요약해 봅시다.

False cause refers to situations in which ( ).

Solution 11-6

Sample Answer

False cause refers situations in which (the order of events is mistakenly considered as a cause-and-effect relationship. This often misleads the direction of the argument, resulting in a mix-up of premises and conclusions).

2 채석용., 『논증하는 기술』, 메디치, 2011

❼ 흑백논리의 오류

흑백논리False dilemma는 여러 가지 가능성이 존재하지만 오로지 두 가지 선택지만 주는 경우를 지칭합니다. 흑백논리의 예는 어렵지 않게 찾을 수 있는데 예를 들어 If you don't believe in nuclear war and you don't believe in conventional war, what kind of war do you believe in?이라는 문장에서는 핵전쟁(nuclear war) 혹은 재래전(conventional war)이라는 선택지만 주고 있습니다. 정치 지도자 중에서도 이렇게 흑백논리만을 강요하는 경우가 많은데 '우리편이 아니라면 모두 테러리스트의 편'이라고 한 조지 부시George Bush 전 미국 대통령의 말을 예로 들 수 있습니다.

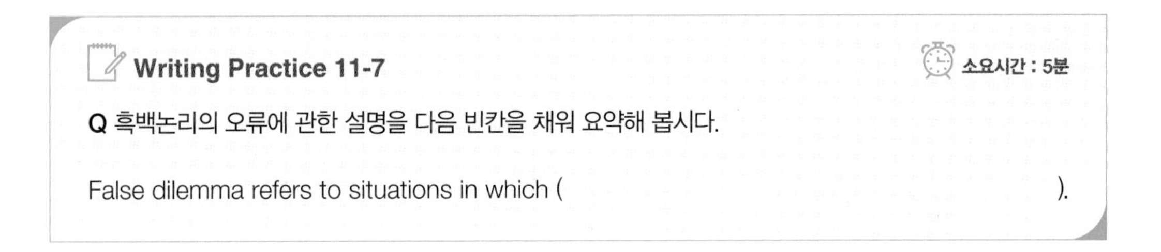

Writing Practice 11-7 소요시간 : 5분

Q 흑백논리의 오류에 관한 설명을 다음 빈칸을 채워 요약해 봅시다.

False dilemma refers to situations in which (   ).

Solution 11-7

Sample Answer

False dilemma refers to situations in which (people are presented with only two options when there exist other alternatives).

⑧ 성급한 일반화

일반화generalize는 특정 혹은 특수한 사례를 일반적인 경우라고 주장하는 것을 지칭합니다. 이는 주로 통계에서 쓰이는 개념으로 조사된 사례(표본)를 내가 보고싶어 하는 전체집단(모집단)으로 적용시켜 해석하는 방식입니다. 성급한 일반화Hasty generalization는 우리가 일상생활에서 자주 접하는 오류인데 일반화하기 어려운 사례를 사용하는 경우입니다. 이렇게 사용된 사례(표본)로 기술된 문장을 살펴봅시다.

> **(1)** Students in Professor Lees eight o'clock freshman composition class are often late. **(2)** There is no doubt that people are right when they claim that today's college students are irresponsible and unreliable.

이 글에서 해당 교수의 학생들에 대한 사례를 today's college students로 나타낸 것이 성급한 일반화의 오류입니다. 이런 오류는 개인에게도 적용할 수 있습니다. 예를 들어 '하나만 보면 열을 알 수 있어. 이번 행동을 보니 나쁜 사람이야.'라는 말도 엄밀하게 보면 성급한 일반화의 오류로 볼 수 있습니다.

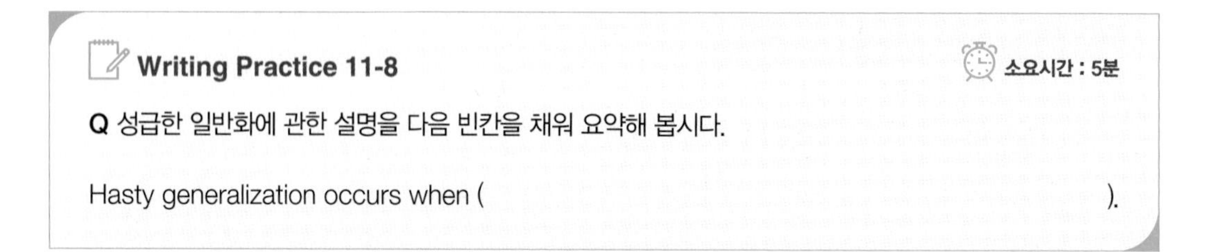

Writing Practice 11-8　　소요시간 : 5분

Q 성급한 일반화에 관한 설명을 다음 빈칸을 채워 요약해 봅시다.

Hasty generalization occurs when (　　　　　　　　　　　　　　　　　　　　　　　).

Solution 11-8

Sample Answer

Hasty generalization occurs when (a conclusion is based on insufficient or limited evidence or example. The limited evidence may not represent the majority, accurately.)

더 나아가 개인의 주장을 좀 더 추가할 수 있습니다.

People often engage in hasty generalization by assuming that their personal experiences can be applied to larger or broader groups.

❾ 인신공격

다음은 인신공격Personal attack에 대한 오류의 예인데 개념 자체는 어렵지 않습니다. 이 오류는 논리를 문제 삼지 않고 사람을 공격한다는 뜻입니다. 다음의 예를 살펴봅시다.

> Marie Curie, the renowned physicist and chemist, was initially excluded from receiving a Nobel Prize because of her gender in 1903. Some members of the Nobel committee criticized her for her relationship with a fellow physicist Langevin. However, after her fellow nominee, Pierre, insisted that Marie's name be added to the nomination, the committee eventually awarded her the prize.[3]

이 글에서는 화학자이며 물리학자였던 퀴리Curie가 여성이라는 이유로 노벨상 후보에 오르지 못하고 사생활에 관한 이유로 비판받았던 사실을 기술하고 있습니다. 노벨상위원회에서는 퀴리의 업적이 아니라 사람에 대한 평가로 판단한 것입니다.

인신공격의 오류에 대해 스티븐 제이 굴드Stephen Jay Gould는 '주장을 한 사람이 비도덕적이라고 해서 그 사람의 주장이 틀렸다는 근거가 될 수 없으며 그 주장 자체가 틀린 것임을 증명해야 한다.'고 정리했습니다. 즉, 주장은 그 자체의 논리성으로 판단해야만 합니다. 하지만 현실 세계에서 인신공격이 비일비재하다는 사실은 매우 안타까운 현실입니다.

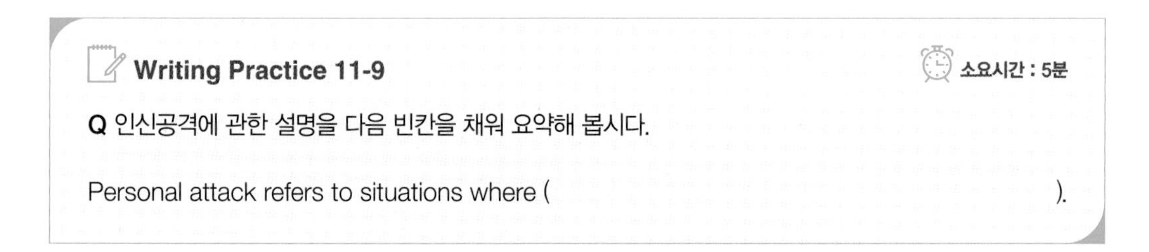

Writing Practice 11-9 소요시간 : 5분

Q 인신공격에 관한 설명을 다음 빈칸을 채워 요약해 봅시다.

Personal attack refers to situations where (   ).

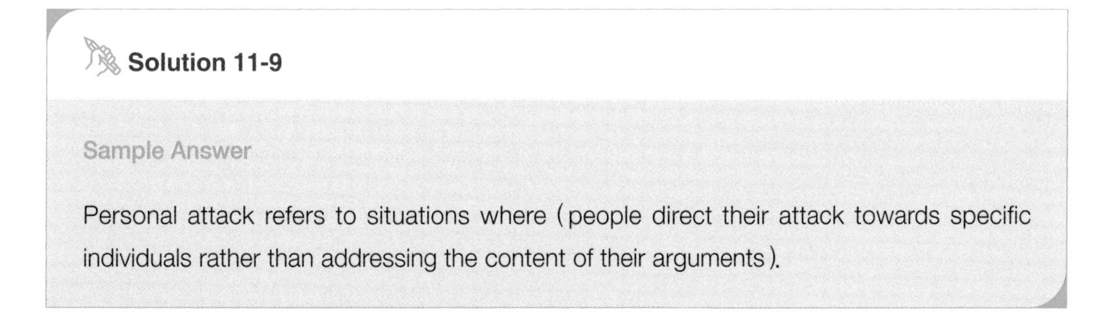

Solution 11-9

Sample Answer

Personal attack refers to situations where (people direct their attack towards specific individuals rather than addressing the content of their arguments).

3 Marie Curie and The Science of Radioactivity (https://history.aip.org/exhibits/curie/scandal1.htm)

⑩ 우물에 독약 치는 오류

우물에 독약 치는 오류Poisoning the well는 논의 자체를 무력화시키는 주장입니다. 즉, 사안을 거론하는 자체를 막는 방식으로 자유로운 토론을 억제하려는 시도입니다. 예를 들어 위키피디아에서 발췌한 내용을 살펴보겠습니다.

(1) Before you listen to my opponent, may I remind you that he has been in jail.

(2) Every patriotic citizen should support legislation condemning the desecration of the Flag.

첫 번째 문장은 '나를 반대하는 사람이 감옥에 갔었다는 사실을 기억하라.'고 하면서 자신의 주장에 대한 반대 내용을 사전에 배제하려는 듯한 뉘앙스를 풍기고 있습니다. 그리고 두 번째 문장에서 '애국시민은 국기를 손상하는 사람을 처벌하는 법안을 지지할 것이다.'라고 하면서 이 법안을 지지하지 않으면 애국시민이 아니라는 전제를 포함하고 있습니다.

Writing Practice 11-10

소요시간 : 5분

Q 우물에 독약 치는 오류에 관한 설명을 다음 빈칸을 채워 요약해 봅시다.

Poisoning the well is an assertion that (   ).

Solution 11-10

Sample Answer

Poisoning well is an assertion that (seeks to hinder open discussions on certain issues. It can be perceived as a threat to open discussion or free thinking).

⑪ 논점이탈의 오류

논점이탈의 오류Red herring는 주의 돌리기, 동문서답, 혹은 삼천포로 빠지기 등 논점이 흐려지는 경우를 말합니다. 'Red herring'은 비린내가 많은 생선을 사용해 여우를 좇는 사냥개들의 주의를 분산시킨다는 말에서 나온 것입니다. 흔히 추리 소설이나 연극, 영화 대본에서도 이런 류의 기법을 활용하여 독자나 시청자의 주의를 흐리게 하는 효과를 줍니다.

다음 글은 금동철(2017) 선생의 책에서 소개한 오류의 예입니다.

> 환경을 보호해야 된다는 열광적인 움직임이 있다. 하지만 우리는 이 세계를 에덴동산처럼 만들 수는 없다. 세계가 에덴동산처럼 된다면 무슨 일이 벌어질지 상상해 보라. 아담과 이브는 에덴동산에서 싫증을 느낀 나머지 신의 지시를 어기지 않았던가? 우리가 같은 입장이 된다면 무슨 짓을 할지 예측할 수 있겠는가? 따라서 환경을 보호하자는 주장은 냉정하게 바라보아야 한다.

이 글은 환경에 대한 주제로 시작하고 있으나 이후 환경과 상관없는 내용으로 나아가고 있는 것을 알 수 있습니다. 이를 정리해 보겠습니다.

Writing Practice 11-11

소요시간 : 5분

Q 논점이탈에 관한 오류에 관한 설명을 다음 빈칸을 채워 요약해 봅시다.

Red herring is a type of an argument that (   ).

Solution 11-11

Sample Answer

Red herring is a type of argument that (diverts readers' attention from the main argument by introducing a different issue. As a result, the main issue is not effectively followed through).

⑫ 연쇄반응 오류

연쇄반응 오류Slippery slope는 하나의 가정이 다른 가정으로 꼬리에 꼬리를 물고가는 형식의 논리입니다. 이러한 연쇄반응으로 특정한 결과를 도출하도록 주장을 구성할 수는 있으나 문제는 주장의 시작점과 최종 결과 사이의 인과관계를 도출하기에는 수많은 경우의 수가 존재한다는 사실입니다. 다음의 예를 한 번 살펴보겠습니다.

> If we allow students to use their smartphones during lunch breaks, they will start using them during class, which will lead to distractions and declining academic performance. As a result, teachers will have to implement stricter rules and confiscate phones during class time. This will create a sense of resentment among students, leading to further disobedience and even more disruptions in the classroom.

이 글은 점심시간에 한정적으로 핸드폰을 사용하지 못하게 하는 정책에 관한 글입니다. 해당 정책으로 인해 결국은 학생들의 학력을 낮추고 급기야 학생들의 반감을 사서 더더욱 큰 문제를 일으킨다는 내용으로 꼬리에 꼬리를 무는 방식의 주장을 전개하고 있습니다. 하지만 각 과정 사이에서 수많은 경우의 수가 생기기 때문에 원인과 결과를 특정하기가 매우 어렵습니다.

1. If A then B
2. If B then C
3. If C then D
4. not-D

Therefore, not-A

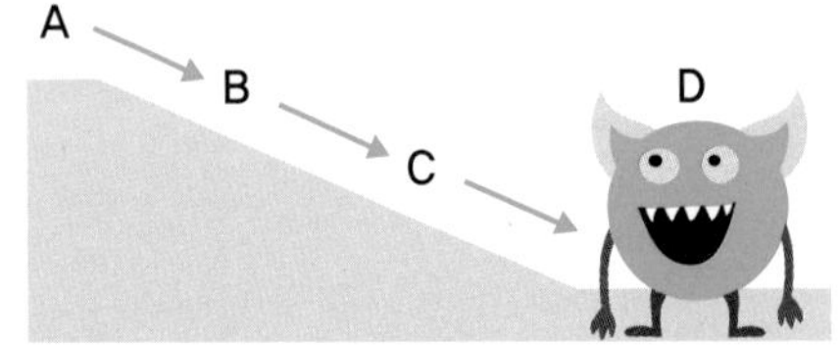

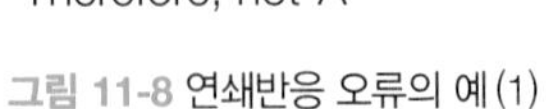
그림 11-8 연쇄반응 오류의 예(1)

어릴 적에 가끔 어른들이 '너 공부 안 하면 성적이 떨어지고, 대학도 못 가고, 그러면 취직하기도 어려워지겠지. 그렇다면 네 인생이 어떻게 되겠니?'라고 꾸짖는 경우가 있었는데 이 또한 연쇄반응에 기초한 오류가 있다는 사실을 알 수 있습니다.

이런 오류는 미디어에서도 자주 나타납니다. 다음의 논설 기사에서는 삼성전자의 매출이 국가 경제의 붕괴까지 가져올 수 있다는 상황을 설명합니다. 물론 삼성전자의 경제적 위상을 고려하는 주장이라고 생각하면 이해가 가는 부분도 있습니다. 하지만 제시된 여러 주장을 인과관계로 엮기에는 너무나 많은 경우의 수가 존재합니다. 따라서 탄탄한 논리라고 보기는 어렵습니다.

뉴스 〉 세계	출처 : 데일리뉴스

2012년 삼성전자의 매출액은 201조 원을 기록하여 우리나라 GDP의 약 4%를 차지했다. 삼성그룹의 전체 매출액은 303조 원에 달해 GDP의 약 6%를 차지했다. 만약 삼성그룹이 위기에 처하면 그만큼 우리나라의 경제 성장률이 떨어지고, 경제난은 더 심해질 것이다. 만약 삼성전자가 무너지면 국가경제까지 붕괴 위기에 봉착할 수 있다. 삼성전자의 문제는 우리 국민이면 모두 관심을 가져야 할 중대 사안인 셈이다.

그림 11-9 연쇄반응 오류의 예(2)

Writing Practice 11-12

소요시간 : 5분

Q 연쇄반응 오류에 관한 설명을 다음 빈칸을 채워 요약해 봅시다.

Slippery slope refers to (   ).

Solution 11-12

Sample Answer

Slippery slope refers to (a series of linked arguments that eventually lead to serious consequences. While each argument may seem reasonable, there are numerous possible scenarios between each assertion, making it a fallacious form of reasoning).

⑬ 허수아비 공격의 오류

허수아비 공격의 오류Strawman는 가상의 적을 만들어 공격하는 방식입니다. 여기서 허수아비는 대상을 단순화시키거나 왜곡된 형태로 만들어 공격하는 것입니다. 일단 한 가지 예를 살펴보겠습니다.

(1) Self-driving cars are the natural extension of active safety and obviously something we should do. **(2)** You just value new technology over people's jobs. **(3)** Switching to self-driving cars will endanger driving cars in the transportation industry. **(4)** Those jobs are important to the economy and the community.

(1)에서는 자율주행에 관해 논의하는데 **(3)**에서는 운송업(transportation industry)이라는 허수아비를 세우게 됩니다. 이를 통해 처음에 다룬 안정성(safety)이라는 주제에서 벗어나 경제(economy)와 지역사회(community)로 주제가 옮겨지고 있으며 **(4)**에서는 일자리(those jobs)로 논점이 달라지게 됩니다.

다음의 예는 나무위키에 소개된 내용으로 독자가 언론에 투고한 내용을 다루고 있습니다. 이 글은 '학력란을 철폐하자.'는 주장을 공격하지 않고, '학력을 높일 필요가 없다.'라는 허수아비를 만들어 공격합니다. 학력란을 철폐하자는 주장보다는 '학력을 높일 필요가 없다.'라는 주장을 공격하기가 더 쉽기 때문입니다. 그러면서 미국의 사례를 추가해 주장을 강하게 드러내는 것으로 작성되었습니다.

출처 : 나무위키

부총리가 학력란을 철폐하겠다는 발언이 큰 화제가 되었다. 내가 보고 있는 미국의 처절한 노력과는 너무나도 대비가 되는 것 같다. 얼마 전 부시 대통령이 학업 지진아가 생기지 않도록 하는 법안에 서명을 했다. 공립학교가 2년 연속 주정부 기순의 성적에 미치지 못하면, 새 학년이 시작되기 전에 이에 대한 처벌을 가능하게 하는 법이다. 지극히 제한적인 교육 분야에 있어서도 미국 연방정부의 노력은 이 정도로 가상할 정도이다. 세계가 학력(學力)을 높이려고 야단인데 교육의 수장이 나서서 학력(學歷) 타령이나 하고 있을 때인가.

그림 11-10 허수아비 공격의 오류 예

Writing Practice 11-13

소요시간 : 5분

Q 허수아비 공격의 오류에 관한 설명을 다음 빈칸을 채워 요약해 봅시다.

Strawman fallacy refers to (   ).

Solution 11-3

Sampleanswer

Strawman fallacy refers to (cases in which a distorted or incorrect version of the target of an argument is attacked. This fallacy often leads to a misrepresentation of the important issues in the discussion).

이 장에서는 13개의 논리적 오류fallacious argument에 대해 살펴보았습니다. 여기서 소개한 오류는 글을 쓸 때 자주 접하는 것이므로 잘 이해하고 숙지하기 바랍니다.

Chapter

12

글의 내용에 연관성 세우기

Connected Discourse

이번 장에서는 문장과 문단을 연결하는 데 필요한 논리적 판단 기준을 제시합니다. 특히 상관관계와 인과관계를 구별하여 이것을 글에서 파악하고 구현하는 방법을 소개합니다. 그리고 theme-rheme이라는 개념을 활용하여 글의 내용을 문장 단위에서 연결하는 방법을 학습합니다.

Section
12.1 인과관계와 상관관계

이번 장에서는 글의 내용에서 명제들 간에 나타나는 '인과관계'와 '상관관계'에 대해 살펴보고자 합니다. 이 두 관계는 통계적인 사고를 하는 데도 밀접한 관련이 있고, 11장에서 다루었던 논리적 오류fallacious arguments 중 인과오류와 성급한 일반화와도 일맥상통합니다. 인과관계와 상관관계는 겉으로 보기에는 비슷해 보이지만 실상은 매우 다릅니다.

A. 인과관계

인과관계는 하나의 명제가 원인cause이 되고 다른 명제가 결과effect가 되는 관계로, 결과에 대한 원인이 비교적 뚜렷하게 파악이 되는 경우를 지칭합니다. 예컨대 '경찰이 총을 발사하여 수배자가 사망했다.'라는 문장은 인과관계가 매우 뚜렷합니다. 하지만 '공부 시간을 2시간에서 5시간으로 늘렸더니 성적이 잘 나왔다.'라는 문장은 인과관계로 유추할 수는 있지만 추가 정보가 필요할 수도 있습니다. 예를 들어 늘린 3시간 동안 어떻게 공부를 했는지 추가로 조사해야 명확한 인과관계를 도출할 수 있습니다.

(a) 인과관계가 매우 뚜렷한 경우

(b) 인과관계가 뚜렷하지 않은 경우

그림 12-1 인과관계의 예

B. 상관관계

상관관계는 'correlation'이라고 하는데 여기서 'co'는 둘이라는 뜻이기 때문에 둘 사이에 관계가 있다고 생각할 수 있습니다. 예를 들어 수학점수와 영어점수가 상관관계가 있다는 것은 영어점수가 높을수록 수학점수가 높다는 추론을 하는 것입니다. 하지만 이를 인과관계라고 단언하기는 어렵습니다. 왜냐하면 영어 실력이 수학점수의 유일하고 명확한 원인으로 보기는 어렵기 때문입니다.

다만 둘 사이에 '상관'이 있다고 유추할 수는 있습니다. 예를 들어 수학을 잘하는 학생들이 공부에 투자하는 시간이 많거나 집중력이 좋고 학습하는 태도가 좋기 때문에 다른 과목도 잘 할 확률이 높다고 생각해 볼 수 있습니다. 이처럼 관계가 상관이 있다고 유추할 수 있으므로 이를 상관관계라고 합니다.

상관관계에 대해 흥미로운 예가 있습니다. 서울연구원 도시사회연구실에서 2017년에 펴낸 보고서를 보면 '거주지와 지하철역이 가까울수록 비만 확률이 낮아진다.'라는 주장이 담겨 있습니다.

이 보고서에서는 '지하철역이 가까우면 운전하지 않고 걸어다닐 확률이 높기 때문에 비만이 줄어든다.'라는 논리가 들어 있습니다. 물론 대중교통 사용을 장려하고자 하는 연구기관의 의도가 보이기는 합니다. 그러나 이런 인과관계를 도출하려면 지하철역과의 거리가 비만의 유일한 원인이라는 전제를 받아들여야 합니다. 이 보고서의 내용이 언론에 발표되었을 때 흥미로운 댓글이 많이 달렸는데, 대부분 명확하게 인과관계를 상정하기 어렵다고 지적하고 자료도 빈약하다는 내용들이 많았습니다.

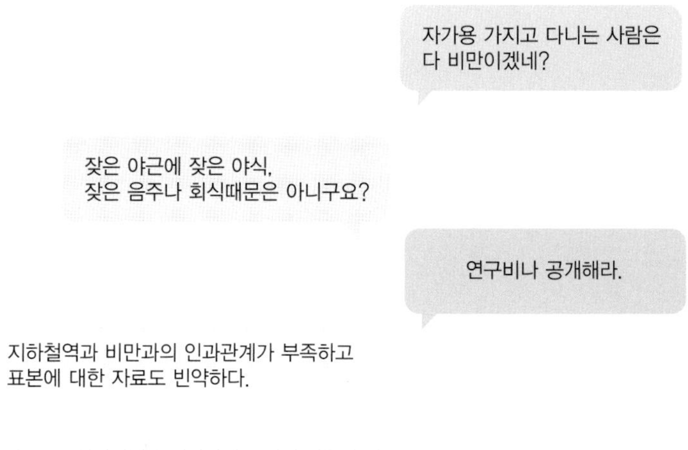

자가용 가지고 다니는 사람은
다 비만이겠네?

잦은 야근에 잦은 야식,
잦은 음주나 회식때문은 아니구요?

연구비나 공개해라.

지하철역과 비만과의 인과관계가 부족하고
표본에 대한 자료도 빈약하다.

그림 12-2 상관관계를 인과관계로 여긴 경우의 예

이처럼 언론매체나 인터넷에서는 상관관계를 인과관계로 여기는 주장이 실리는 경우가 많습니다. 보통 결과에 대한 원인을 어디서 찾았는지, 원인에 대해 얼마나 강력하게 주장할 수 있는지에 따라 신뢰도가 달라질 수 있습니다. 따라서 원인과 결과의 관계를 특정할 수 있는지, 아니면 관계만 있는 것인지 분석적으로 따져보는 것이 중요합니다.

Writing Practice 12-1

소요시간 : 5분

Q 인과관계와 상관관계의 차이를 글로 작성해 봅시다.

The difference between causation and correlation lies in the fact that ____________________

____

____

____

Solution 12-1

Sample Answer

The difference between causation and correlation lies in the fact that (a causal relation can identify a cause–effect relationship, whereas correlation merely identifies factors or variables that appear to be related to the outcome. People often confuse these two different relationships, and sometimes treat correlation as if it implies causation).

그러면 다음 글에서 논리적 오류가 있는지 살피고 어떻게 수정할지 생각해 보겠습니다. 특히 **(1)**과 **(2)** 두 문장이 어떤 논리적 관계가 있는지 살펴보기 바랍니다.

(1) Students can be emotionally defensive if they are uneasy and afraid of learning. **(2)** This is because when students face problems that lead to emotional distress, their concentration decreases drastically.

우선 **(1)**에서 학생들이 불편하면 방어적인 감정을 갖는다고 합니다. 그리고 **(2)**에서 이에 대한 이유를 설명하고 있는데 학생들이 스트레스를 받으면 집중력이 떨어진다고 합니다. 이 두 문장은 같은 주제를 다루고 있기 때문에 언뜻 보면 연결이 된다고 생각하기 쉽습니다. 하지만 조금 깊게 바라보면 집중력 저하가 방어적 감정에 어떤 영향을 끼치는지 구체적으로 명기되어 있지 않다는 사실을 알 수 있습니다.

그러면 이를 어떻게 수정해야 될까요? 일단 **(1)**의 내용을 정리해야 합니다. 특히 학습에 대한 두려움과 불안(uneasy and afraid of learning), 그리고 방어적인 감정(emotionally defensive)의 관계를 더 명확히 할 필요가 있습니다. 그러므로 동사 feel을 사용해 If they feel uneasy라고 하고, 맥락을 제공하기 위해 during classroom interaction이라고 수정할 수 있습니다. 즉 **(1)**을 Students can be emotionally defensive if they feel uneasy during classroom interaction라고 나타내면 feel uneasy와 emotionally defensive의 상관관계가 보다 명확해집니다. 그리고 다음 문장에서 **(1)**에 대한 결과를 도출해 냅니다. 그리고 **(3)**에서 집중력과 학습동기 저하를 연결시키면 자연스럽게 논리적인 연결이 세워집니다. 이를 모두 수정해서 나타내면 다음과 같습니다.

(1) Students can become emotionally defensive if they feel uneasy. **(2)** As a result, they are more likely to be reluctant to participate in the interaction. **(3)** This passive attitude is one of the main reasons why students lose their concentration and motivation.

여기서 주목해야 할 점은 뒤에 오는 문장을 작성할 때 앞 문장을 끌어오면서 연결하는 방법입니다. 예를 들어 **(3)**에서 This passive attitude를 주어로 잡으면 **(2)**의 내용을 모두 받으면서 내용을 전개할 수 있습니다.

이를 근거로 다음 글에서 논리적 오류가 있는지 찾아서 수정해 보기 바랍니다.

Writing Practice 12-2

소요시간 : 10분

Q 다음 글의 내용을 보고 논리적 관계를 살펴본 후 오류를 찾아내 수정해 봅시다.

(1) When we take a look at how the students are getting together, the most good-looking kids get along together, and are usually the most outgoing. **(2)** Then below that the average students also form a group and they socialize together. **(3)** Lastly, the not-really-attractive students gather and form small groups, which are usually the most gentle and quiet group in a classroom. **(4)** This phenomenon occurs because students form a personality, based on their appearance and both their appearance and personality are deciding factors to which social group the individual will be part of.

(5) The more outgoing group become more socially developed and get along together all the time. **(6)** They take time after school and get together and hang out. **(7)** This calls upon many factors for students to lose focus on their studies. **(8)** The quieter group is consisted of "less attractive" students who are not able to develop their social skills because they lack confidence. **(9)** When they go home, they do as they are told and study while spending less time getting along with friends. **(10)** This is because of the lack of social abilities, which guides the students to spend more time on their studies, which show up as positive results in the mid-terms and finals.

Solution 12-2

(1)에서는 '잘생긴 학생들이 잘 지내고 활발하다.'라고 기술하고 있습니다. 주장을 담은 글인데 일단 증명하기 어려울 뿐더러 성급한 일반화의 오류도 담고 있습니다. (2)에서는 평범한 학생들도 그룹을 만들어 지낸다고 합니다. (3)에서는 매력적이지 않은 학생들도 그룹을 형성하는데, 그들이 가장 유순하고 조용하다고 합니다. 이 또한 첫 번째 문장처럼 성급한 일반화의 오류를 보입니다. 그리고 (4)에서는 This phenomenon을 주어로 삼았기 때문에 앞 문장과의 연결을 시도하고 있습니다. 다만 (1)~(3)의 주장에 논리적 오류가 많기 때문에 이 문장도 비논리적인 방식으로 전개될 가능성이 큽니다. 결국 (4)에서는 학생들이 그룹을 형성하는 데 결정적으로 영향을 미치는 요인은 그들의 외모 및 성격이라는 결론을 내립니다.

이 글에서 제기하는 주장은 모두 인과관계를 기저에 깔고 있습니다. 외모(appearance)가 사회적인 그룹 형성에 영향을 미친다는 주장이 그렇습니다. 그리고 (5)에서는 활발한 학생들의 사회성이 더 개발된다(more socially developed)는 주장도 마찬가지입니다. 그리고 그런 학생들은 방과 후에 남들과 잘 어울리고(6) 그렇기 때문에 공부를 덜 한다는 논리를 이어가고 있습니다(7). 다시 말해 외모가 뛰어난 학생들은 사회적 그룹(social group)을 잘 형성하고 어울리기 때문에 공부를 덜 한다는 인과관계를 제시합니다.

그 다음 문장인 (9)에서 조용한 그룹은 매력도가 떨어지고(less attractive), 그래서 사회성(social skills)을 발전시키지 못한다고 합니다. 그 이유는 자신감이 없기 때문이라고 분석합니다. 그리고 그들은 부모가 하라는 대로 하기 때문에 공부한다(they do as they are told and study)라는 주장을 도출합니다(9). 이렇게 하는 이유는 이 그룹의 학생들이 사회성이 부족하기 때문인데(lack of social abilities), 그래서 공부를 더 한다는 논리로 연결됩니다.

이 글을 전반적으로 평가해 보면 어떻습니까? 인과관계가 과도하게 사용되고 있고 연쇄반응의 오류 slippery slope도 있고 성급한 일반화 hasty generalization도 보입니다. 이런 글을 판단할 때에는 주장에서 드러나지 않는 여러 전제가 무엇인지 따져보아야 합니다. 우선 외모의 기준이 무엇이고 그 우열을 어떻게 누가 결정하느냐는 문제입니다. 그리고 외모가 뛰어난 학생들이 사회성이 좋다는 말도 근거가 제시되고 있지 않습니다. 그러면 이 글은 어떻게 수정해야 할까요? 일단 논리적이고 논증적인 주장으로 이끌기에는 주제가 너무 큽니다. Good looking, attractive, socializing 등은 연구자들이나 독자들의 동의를 얻기 어려울 정도로 한정 짓기 매우 어려운 주제들입니다. 그러므로 조사가 가능할 정도(researchable)로 범위를 줄여야 합니다.

글에서 논리적 고리를 만들어내는 작업은 쉽지 않습니다. 그러나 꾸준히 연습하면 충분히 기를 수 있는 역량입니다. 여기서 글을 하나 더 살펴보면서 논리적 오류를 추적하는 연습을 해보겠습니다.

Writing Practice 12-3

소요시간 : 10분

Q 다음 글의 내용에서 논리적 관계를 살펴본 후 오류를 찾아봅시다.

(1) Immigrant students tend to drop out more often than American students. **(2)** However, parents often depend on their children to help to negotiate the demands of English language literacy. **(3)** They often serve as language brokers to translate documents such as rental/lease agreements, income tax forms, and other transactions. **(4)** Literacy promoted by U.S. schooling may not always be the literacy desired or needed by students from culturally and linguistically diverse communities.

Solution 12-3

(1)에서는 내용의 정확도 여부를 확인해야 합니다. 예를 들어 어떤 학생들이 자퇴하는지, 그리고 학생들이 다니는 학교가 대도시 학교인지 혹은 시골 학교인지 등을 살펴봐야 성급한 일반화hasty generalization를 피할 수 있습니다. (2)도 일반화의 오류가 될 가능성이 있는데 항상(always)이 아니라 가끔(often)이라는 방식으로 기술하여 문제의 소지를 줄일 수 있습니다. (3)도 비슷한 맥락으로 이해를 하면 됩니다. (4)에서는 이민자들이 필요로 하는 문해력(literacy)이 학교에서 받는 교육의 지향점과 다를 수 있다고 했는데 여기서도 not always라는 표현을 통해 일반화의 오류가 발생할 가능성을 줄일 수 있습니다.

그렇다면 앞뒤의 문장을 어떻게 연결할 수 있을까요? 다음에서 수정된 내용을 살펴봅시다. 이 글은 9장에서 이미 수정을 했는데, 이번 장에서는 상관관계를 고려하여 다시 한번 살펴보기를 권합니다.

Sample Answer

(1) Immigrant students **face numerous** ~~have many~~ educational obstacles that keep them from achieving ~~a~~ high level of success. **(2)** One key problem here is their lack of academic experience that **aligns** ~~correspond~~ with US schooling practices. **(3)** This problem **can be worsened** ~~could become more severe~~ when these students do not receive **sufficient** ~~adequate~~ support from their parents. **(4)** The lack of parental involvement has to do with the fact that these~~ir~~ parents ~~do not~~ have **limited** English literacy skill. **(5) As a result, these** ~~These~~ parents **are not aware of the** ~~do not know what kinds of~~ challenges their kids face at school. **(6)** Latino students, in particular, are at a greater risk and often demonstrate ~~ing~~ high dropout rate. **(7) Consequently,** ~~Accordingly,~~ the parental involvement **becomes** ~~is~~ an essential factor US educators need to **address.** ~~grapple with~~.

우선 **(2)**에서 One key problem이라고 해서 앞 문장의 내용을 주어로 끌어온 점을 주목합니다. **(1)**에서 언급된 많은 문제 중 하나로 특정하여 글을 전개하고 있는데 lack of academic experience를 US schooling practices와 연결하고 있습니다. 그리고 **(3)**에서 부모가 지원하지 못하는 상황이 어떤 영향을 미칠 수 있는지 설명합니다. 그리고 **(4)**에서 has to do with라는 표현을 써서 부모들의 영어 역량을 상관관계로 제시합니다**(4)**. 물론 부모들이 영어가 안 된다고 해서 자녀들의 학업 문제를 전혀 인지하지 못한다고는 단언할 수 없습니다. 그러므로 인과관계가 아니라 상관관계를 중심으로 논리를 펴는 것이 적합합니다.

그리고 수정 전에는 마치 모든 이민자가 같은 문제에 봉착한 것처럼 기술하여 성급한 일반화의 문제가 있었습니다. 하지만 수정본에는 Latino students are at a greater risk라 하여 대상을 한정 짓고, 비교급인 greater를 쓰면서 다른 그룹과의 차이점을 서술했습니다. 그리고 마지막 문장도 Consequently라는 표현을 써 앞 장과의 상관관계를 제시하는 방식으로 결론을 작성합니다. 이런 방식으로 논리적 오류의 가능성을 제어하면서 문장을 조직하는 것이 중요합니다.

Section
12.2 주어와 서술어의 관계

이번 절에서는 문장과 문장을 연결하기 위해 반드시 알아야 할 주어와 서술어의 관계를 다루고자 합니다. 주어와 서술어라고 하면 통상 한 문장 내의 구조를 지칭하는데, 사실은 문장 단위를 넘어 담화discourse의 영역으로 확대하여 생각하면 유용합니다.

A. theme과 rheme

주어와 서술어를 통해 문장을 연결하기 위해서는 theme과 rheme이라는 개념이 매우 유용합니다. 이는 기능언어학의 창시자인 할러데이Halliday가 제시한 내용으로, 문장 혹은 절의 주어 부분이 theme이고 나머지 부분이 rheme입니다.

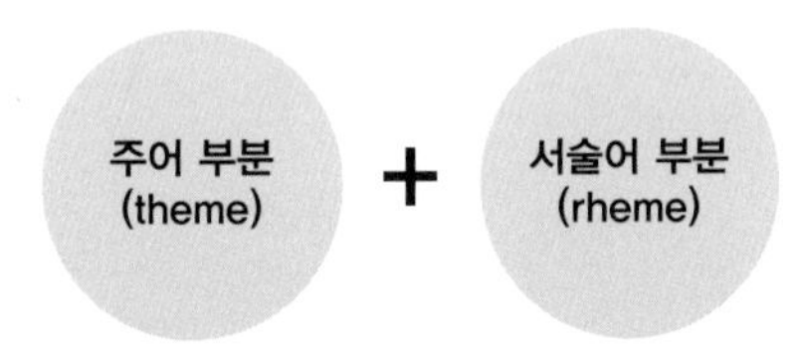

그림 12-3 theme과 rheme

다시 말해 theme은 주어로서 절이나 문장의 시작점이고 rheme은 theme에 대해 서술한 부분입니다. 즉 rheme에서 theme의 아이디어가 전개됩니다.

The theme is the element which serves as the point of departure of the messages. It introduces information prominence into the clause. Rheme is the rest of the clause, developing ideas about the theme.[1]

이 개념이 어떻게 활용되는지 팰트리지Paltridge[2]가 제시한 예를 들어 살펴보겠습니다.

(1) Text can be used for both spoken and written language. **(2)** It usually refers to a stretch, an extract or complete piece of writing or speech. **(3)** Discourse is a much wider term. **(4)** It can be used to refer to language in action, such as legal discourse, which has characteristic patterns of language.

(1)에서 텍스트(text)는 구어체와 문어체가 사용된다고 했습니다. 여기서 text가 theme이 되므로 아이디어의 출발점이고 rheme은 theme에 대해 기술된 나머지 부분입니다. 그리고 **(2)**는 It으로 시작했는데 이는 앞 문장의 text를 지칭하고 있습니다. 결론적으로 이 두 문장 모두 같은 theme을 사용하므로 독자가 내용을 파악하기 용이합니다.

그러면 **(3)**은 어떤가요? 이 문장의 theme인 discourse는 앞 문장의 주어와 다릅니다. 그러면 앞 문장과 어떻게 연결되어 있을까요? 답은 wider에 있습니다. 비교급이 사용되었으므로 앞 문장의 주어인 text와 비교하도록 되어 있습니다. Discourse가 text보다 좀 더 포괄적인 용어라는 내용입니다. 이렇게 문장 간 내용을 어휘로 연결하는 방식을 **어휘적 연결**lexical connection이라고 합니다. 그리고 **(4)**는 다시 It으로 받았는데 앞 문장의 주어인 discourse를 지칭합니다. 이렇게 같은 theme이 사용된 경우를 'constant theme'이라고 지칭합니다. 그리고 이런 방법으로 문장을 연결하는 방법을 'constant progression'이라고 합니다.

물론 이와는 다르게 연결하는 방법도 있습니다.

1 Halliday, M. A. K., & Matthiessen, C., 『An introduction to functional grammar』, A hodder Arnold., 2004

2 Paltridge, B., 『Discourse analysis: An introduction (2nd Ed.)』, Continuum, 2012

(1) The term 'modality' describes a range of grammatical resources used to express probability or obligation. (2) Generally, obligation is used in speech.

이 문장을 보면 (1)의 theme은 The term 'modality'인데 (2)에서는 앞 문장의 rheme의 한 부분인 책무(obligation)를 주어로 잡아 문장을 전개하고 있습니다. 이는 꼬리를 물고 문장을 연결하는 듯한 구조를 취하고 있어 linear theme을 사용한 'linear progression'이라고 하는데 선형적으로 연결했다는 뜻입니다.

이외에도 'split theme' 혹은 'multiple theme'이라 불리는 구조가 있는데 이는 앞 문장의 여러 rheme에서 가져온다는 뜻입니다. 여기서 다시 팰트리지의 예를 살펴보겠습니다.

(1) When Japanese people write their language, they use a combination of two separate alphabets as well as ideograms borrowed from Chinese. (2) The two alphabets are called hiragana and katagana. (3) The Chinese ideograms are called kanji. (4) Hiragana represents the 46 basic sounds in Japanese. (5) Katagana represents the same sounds as hiragana.

(1)에서 일본인들이 두 종류의 알파벳을 사용하면서 중국에서 들여온 표의문자(ideograms)도 사용한다는 점을 지적합니다. (2)는 앞 문장의 rheme에서 가져온 two alphabets을 theme으로 사용하고 있습니다. (3)은 (1)에서 도출한 ideograms과 연결시키고 있고 (4)~(5)는 (2)의 rheme에서 하나씩 가져오고 있습니다. 이렇게 theme과 rheme의 연관성을 살펴보면 문장 간의 연관성을 구체적으로 추적할 수 있습니다.

그러면 여기서 문장을 하나씩 작성해 가면서 theme과 rheme의 관계를 연습해 보겠습니다. 다음 문장을 어떻게 연결할 수 있을까요?

(1) Logical writing requires a lot of practices.

일단 constant theme으로 연결하면 다음 문장은 이렇게 작성할 수 있습니다.

(1) Logical writing requires a lot of practice. **(2) It does not develop overnight.**

그 다음 문장은 어떻게 연결할 수 있을까요? 만약 (2)의 내용을 보강하는 형식으로 작성한다면 다음과 같이 작성할 수 있습니다.

(1) Logical writing requires a lot of practice. (2) It does not develop overnight. **(3) It takes a lot of time to develop. (4) It requires patience, persistence and diligence.**

여기까지 네 개의 문장은 constant theme으로 연결되었습니다. 이렇게 같은 주어를 쓰는 경우 글의 내용이 나열된다는 느낌을 받을 수 있습니다. 여기서 변화를 주려면 linear theme을 쓰는 것이 하나의 방법일 수 있습니다. 이를 위해서는 앞 문장의 뒷부분에서 theme을 가져와야 합니다. 예를 들면 다음과 같습니다.

(1) Logical writing requires a lot of practice. **(2) These practices may have varying effects on different individuals. (3) Some people employ free writing methods, while others simply copy texts they consider good.**

(2)의 주어인 These practices는 앞 문장의 rheme에서 끌고 왔습니다. 그리고 내친김에 (3)도 (2)의 뒷부분에서 theme을 가져왔습니다. 이렇게 작성하니 constant theme만을 사용했을 때와는 다른 느낌이 듭니다. 주어가 다르고 앞 문장의 뒷부분을 주어로 사용하니 내용의 논의가 앞으로 나아간다는 느낌이 듭니다. 그렇다고 linear progressions이 항상 더 좋다고 할 수는 없습니다. 그래서 목적에 맞게 섞어서 사용해야 합니다.

B. given information과 new information

theme–rheme과 비슷한 개념으로 given information과 new information이 있습니다. 우리가 글을 읽을 때 모든 내용이 새로운 정보로만 구성되어 있다면 읽기가 어렵습니다. 다만 아는 정보가 어느 정도 포함되어 있으면 읽기가 수월해집니다.

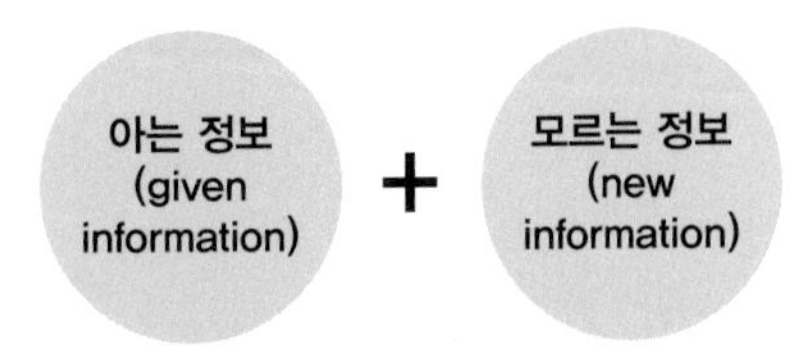

그림 12-4 given information과 new information

이 내용을 기초로 다음 문장을 비교해 보기로 하겠습니다.[3] 다음의 두 예에서 어떤 문장이 더 잘 읽히나요?

(a) new information	(b) given information
(1) Some astonishing questions about the nature of the universe have been raised by scientists studying black holes in space. **(2)** The collapse of a dead star into a point perhaps no larger than a marble creates a black hold. **(3)** So much matter compressed into so little volume changes the fabric of space around it in puzzling ways.	**(1)** Some astonishing questions about the nature of the universe have been raised by scientists studying black holes in space. **(2)** A black hole is created by the collapse of a dead star into a point perhaps no larger than a marble. **(3)** So much matter compressed into so little volume changes the fabric of space around it in puzzling ways.

그림 12-5 정보의 이해 여부에 따른 글 비교

우선 **(1)**을 보면 블랙홀(black hole)을 연구하는 학자들이 우주의 본질에 대한 질문을 제기했다고 합니다. 그리고 **(2)**부터 두 문장이 갈리게 되는데, 별이 구슬 하나 정도로 압축되는 과정을 설명합니다. 그런데 왼쪽의 예에서는 The collapse of a dead star라고 새로운 내용을 품은 구가 주어로 사용되었고 오른쪽의 예에서는 앞 문장에 이미 언급했던 a black hole을 주어로 사용했습니다. 그 결과 왼쪽의 예에서는 **(2)**의 주어가 new information이고 오른쪽 글에서 **(2)**의 주어는 given information입니다. 그래서 두 번째 예가 이해하기가 더 용이합니다.

3 Williams, J., & Colomb, G. 『Style: Lessons in clarity and grace (10 ed)』, Pearson, 2010

정리하자면 theme과 rheme, 그리고 new information과 given information의 관계를 보면 문장 간의 연결이 어떻게 구성되어 있는지를 이해할 수 있게 됩니다. 그러면 이러한 정보를 활용하여 다음 글을 살펴보고 theme–rheme, given and new information의 역학관계를 활용하여 수정해 보기 바랍니다.

(1) Students can be emotionally defensive if they are uneasy and afraid of learning. **(2)** This is because when students face problems that lead to emotional distress, their concentration decreases drastically.

이 글을 theme–rheme과 given–new information을 염두에 두고 수정하면 다음과 같습니다.

(1) Students can become emotionally defensive if they feel uneasy during classroom interactions. **(2)** As a result, they may be more reluctant to participate in the interaction. **(3)** This passive attitude is one of the main reasons why students lose their concentration and motivation in the classroom.

(1)과 **(2)**는 같은 theme을 사용했기 때문에 constant progression의 예입니다. 그리고 **(3)**을 살펴보면 This passive attitude를 사용하고 있는데 이는 **(2)**에서 앞의 뒷부분 would be reluctant to participate를 명사구로 받았습니다. 그래서 linear progression이면서 given information을 사용했습니다. 이렇게 연결하니 문장 간 연관성이 보다 명확해집니다.

Writing Practice 12-4 소요시간 : 10분

Q theme–rheme 혹은 given–new information을 활용하여 다음 문장을 수정해 봅시다.

(1) Immigrant students tend to drop out more often than American students. **(2)** However, parents often depend on their children to help to negotiate the demands of English language literacy. **(3)** They often serve as language brokers to translate documents such as rental/lease agreements, income tax forms, and other transactions. **(4)** Literacy promoted by U.S. schooling may not always be the literacy desired or needed by students from culturally and linguistically diverse communities.

Solution 12-4

이 글을 살펴보면 (1)의 theme은 immigrant students입니다. 그런데 (2)에서는 parents로 바뀌었습니다. 이처럼 주어가 달라지니 연결성이 다소 떨어집니다. (3)에서는 they로 시작했는데 문장을 다 읽고 나서야 students라고 이해가 갑니다. (4)의 theme은 문해력(literacy)인데 아마 (3)에서 명기한 translate documents, tax forms 등을 지칭하는 것 같지만 명확하게 설명이 이루어지지 않았습니다. 이를 수정해 보면 다음과 같습니다.

Sample Answer

(2) Immigrant students face numerous educational obstacles that keep them from achieving high level of success. (2) **One key problem** here is their lack of academic experience that aligns with US schooling practices. (3) **This problem** can be worsened when these students do not receive sufficient support from their parents. (4) **The lack of parental involvement** has to do with the fact that these ir parents have limited English literacy skill. (5) As a result, **these parents** are not aware of the challenges their kids face at school. (6) Latino students, in particular, are at a **greater risk** and often demonstrate high dropout rate. (7) Consequently, **the parental involvement** becomes is an essential factor US educators need to address.

(1)은 immigrant students를 사용해 전체 글을 소개하는 방식으로 구성했습니다. (2)는 one key problem here라고 기술했는데 (1)을 거슬러 찾아보니 educational obstacles입니다. 즉 rheme에서 주어를 가져왔기 때문에 given information이 됩니다. (3)의 theme은 This problem인데 (2)와 같은 theme입니다. (4)는 the lack of parental involvement인데 이것은 앞 문장의 adequate support from their parents를 다시 바꾸어 설명했으니 linear theme입니다. (5)번은 these parents를 사용했는데 앞 문장에서 언급한 parents를 언급하고 있습니다. (6)번에서는 Latino students가 theme인데 앞 문장의 parents와 their kids로 연결이 됩니다. 여기서는 greater risk라고 비교급을 사용했으니 Latino students가 다른 immigrants students와 비교해 더 심한 위기라는 전제가 포함되어 있습니다. 지난 장에서 설명했듯이 이렇게 단어를 사용하여 앞 문장의 내용과 연결하는 방식이 lexical connection입니다. (7)에서 다시 parental involvement를 사용하고 있습니다. 이 수정본은 theme을 다양하게 가져가면서도 앞의 문장과 연결이 되도록 조직되어 있다는 사실을 알 수 있습니다.

정리하면 theme-rheme 혹은 given and new information은 문장 간 연결이 어떻게 구성되어 있는지 파악하는 데 매우 유용한 개념입니다. 적절히 활용하여 문장을 세밀하게 연결하면 글의 일관성과 논리성이 높아지게 됩니다.

Chapter
13

쓰기 발달 단계와 첨삭하기

Writing Development and Editing

이번 장에서는 글쓰기 역량이 수준별로 어떤 형태로 나타나는지에 대해 살펴봅니다. 이를 통해 쓰기 역량은 어떤 과정을 거쳐 발전하는지 가늠할 수 있습니다. 그리고 언어의 형식을 다루는 첨삭editing에 필요한 방법을 제시합니다. 첨삭은 언어의 형식을 수정하는 작업이지만 문장 혹은 문단을 수정하다 보면 글의 내용이 일관성 있게 개선되는 효과가 있습니다.

Section
13.1 쓰기 발달 단계

이 장에서는 어휘, 문법 등과 같은 글쓰기 형식에 대해 다루고 있습니다. 특히 쓰기에서 수준별로 나타나는 언어 형식의 특징을 파악하여 쓰기 발달 단계의 방향성을 가늠하는 목적도 있습니다. 특히 초급, 중급, 고급 수준의 언어 형식의 특징을 간단히 비교해 보고, 비원어민의 영어 쓰기 발달 단계와 연결 지어 살펴보겠습니다.

A. 쓰기 수준의 언어적 특징

쓰기의 발달 단계에 관해서는 기능언어학 분야에서의 연구가 유용합니다. 특히 슐레페그렐이 쓴 책인 『The language of schooling』[1]에 정리가 잘 되어 있습니다. 학교에서 학습하는 쓰기$_{\text{school writing}}$의 발달 단계를 보면 학생들이 초등학교$_{\text{primary}}$에서 중·고등학교$_{\text{secondary}}$, 그리고 성인에 이르는 시기에 나타나는 인지 역량의 발달과 긴밀히 연관되어 있다는 사실을 알 수 있습니다. 이런 차이는 초등학생과 성인이 쓴 글을 비교해 보면 확연히 알 수 있습니다.

(a) 원어민 초등학생 4학년이 작성한 글	(b) 성인이 작성한 글
(1) Aluminum is a metal and it is abundant. **(2)** It has many uses and it comes from bauxite. **(3)** Bauxite is an ore and looks like a clay.	Aluminum, an abundant metal with many uses, comes from bauxite, a clay-like ore.

그림 13-1 쓰기 수준에 따른 글 비교

1 Schleppegrell, M., 『The language of schooling: A functional linguistics perspective』, Lawrence Erlbaum, 2004

왼쪽 글에서는 학교에서 배운 내용을 세 문장으로 표현했습니다. **(1)**에서 알루미늄은 금속이며 많다고 했고 **(2)**에서 알루미늄은 다양하게 쓰이는데(has many uses) 철반석(bauxite)에서 생겨났다고 기술했습니다. 그리고 **(3)**에서 철반석은 광석(ore)이며 점토 흙(clay)처럼 생겼다고 표현했습니다.

이에 비해 성인은 전체 내용을 한 문장으로 축약했습니다. 이렇게 축약하려면 복잡한 문법 기능을 사용해야 하는데 우선 눈에 띄는 특징은 metal is abundant를 abundant metal로 축약했습니다. 이렇게 문장을 구$_{\text{phrase}}$로 전환하면 문장의 나머지 부분을 활용하여 더 많은 정보를 전달할 수 있습니다.

그리고 초등학생은 두 문장을 and라는 접속사$_{\text{coordination}}$를 사용하여 연결했습니다. 여기서 반복된 it을 생략할 수 있는데 아직은 그렇게 하지 못했습니다. 이에 비해 성인은 전치사구를 사용하여 한 문장으로 처리했습니다. 이렇게 생략하는 방식은 복잡한 문장 구조를 사용하여 함축적으로 메시지를 전달하는 역량으로 초등학교 4학년 때는 아직 구현되고 있지 않음을 보여줍니다.

문법 구조를 이용하여 문장을 축약하여 전개하는 역량은 분사 구문을 사용할 때도 보여집니다. 분사 구문은 두 개의 문장을 하나의 문장으로 축약하는 형태로 주절과 종속절로 표현하는 방법입니다. 예를 들어 다음 문장에서는 the burglar came이 생략된 것입니다.

(a) before	(b) after
The burglar came through windows. The burglar went through all of the rooms in the house.	Coming through windows, the burglar went through all of the rooms in the house.

그림 13-2 분사 구문의 적용 여부에 따른 글 비교

그리고 중학생 정도 되면 문단을 조망하는 역량이 나타납니다. 예를 들어 first of all, for one thing, all in all, finally 등을 구사하여 자신이 전개하려고 하는 전체 내용을 아우르면서 여러 문장을 제어하는 기술을 보여줍니다. 다음 문장에서는 원래 두 개의 단문으로 구성되어 있는 글을 주절과 종속절로 나눠 표현한 예를 보여줍니다.

(a) before	(b) after
I went to school and I got the paper.	Since I went to school, I was able to get the paper

그림 13-3 주절과 종속절의 구분 여부에 따른 글 비교

그리고 다음은 명사화(혹은 명사구) 기법nominalization을 사용하는 방식으로 진화한 사례입니다. 명사화는 학문적 글쓰기에서 매우 중요한데, 예를 들어 develop을 development로, 혹은 decide를 decision으로 바꾸어 문장의 전체 구조를 조정할 수 있습니다. 다음 문장에서 명사화 기법을 사용한 예를 보여줍니다.

I decided to take on this project despite time constraints. This decision eventually paid off.	I saw the students start discussing the issue. This development allowed me to devise new group activities.
(a)	(b)

그림 13-4 명사화 기법의 적용 여부에 따른 글 비교

This decision이라고 하면 앞 문장 전체를 받기 때문에 두 문장을 연결시키면서 rheme 부분에서 새로운 내용을 전개합니다. 오른쪽 (b)의 예는 I saw the students start discussing the issue.라는 문장으로 시작했습니다. 그 다음, This development를 사용하여 앞 문장을 전체 다 받으면 This development allowed me to devise new group activities. 등으로 새로운 내용을 부연할 수 있게 되었습니다. 명사화nominalization 등의 방식은 학생의 인지 역량의 발달 정도, 그리고 학교에서 요구하는 학술적 글쓰기가 어떻게 긴밀하게 관련되어 있는지 알 수 있는 중요한 척도가 되기도 합니다.

그러면 비원어민의 글은 어떤 방식으로 발전할까요? 힝켈Hinkel[2]이라는 학자가 다음과 같이 정리했습니다.

- 대화체 형식에서 학술적인 글쓰기로 발전함
  (Move from informal speech to academic writing.)
- 짧은 절을 자주 사용함(Use shorter clauses but more clauses.)
- 대등관계를 많이 사용하고, 종속관계는 적게 사용함
  (Use more coordination but less subordination.)
- 명사화 사용이 적음(Less nominalization.)
- 수동태 표현을 적게 사용함(Less passive structures.)

2 Hinkel, E., 『Second language writers' text』, Lawrence Erlbaum, 2002

우선 능숙도가 올라가면 대화체 형식informal speech에서 차츰 벗어나 학문적 글쓰기academic writing 형식으로 발전한다고 합니다. 이는 원어민들이 초등학교에서 중·고등학교를 거쳐 성인이 되어가면서 글쓰기에서 보여주는 과정과도 유사합니다. 비원어민이 처음 글을 쓸 때는 긴 문장이 아니라 짧은 절을 자주 사용하기 때문에 and 혹은 but처럼 접속사를 통해 문장을 연결합니다. 따라서 비원어민 글쓰기 입문자들은 종속절과 주절 등을 활용하여 문장의 내용을 위계화하는 역량subordination이 부족합니다. 그리고 명사화nominalization에 익숙하지 않고 수동태도 덜 쓴다고 합니다. 다음에는 이런 특징이 나타나 있는 한국인 학생의 글입니다.

(1) First of all, I think that children need to learn about what is good and what is bad and what is world like. **(2)** Some children would distinguish what is good and what is bad and when they get experiences. **(3)** Other children would not distinguish what is good or bad because they are too young to classify things or other reasons.

이를 분석하면 힝켈이 언급한 비원어민이 쓴 글의 특징이 잘 드러나 있습니다. 일단 and로 연결되는 절과 문장이 많습니다. 그리고 what is bad and what is good의 문장 구조가 여러 곳에서 반복됩니다.

그렇다면 어떤 수정 작업이 필요할까요? 우선 과도하게 반복되는 부분을 줄이기 위해 적절한 어휘를 불러오는 작업이 필요합니다. 예를 들어 what is good and what is bad는 moral lesson(도덕적 교훈) 등으로 표현할 수 있습니다. 또한 문장 간 연결에 주의하여 문단을 구성하면 더 효과적입니다.

Writing Practice 13-1

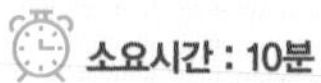

Q 앞에서 살펴본 한국인 학생의 글을 살펴보고, 적절한 어휘를 골라 문장 간 연결성을 고려하여 수정해 봅시다.

(1) First of all, I think that children need to learn about what is good and what is bad and what is world like. **(2)** Some children would distinguish what is good and what is bad and when they get experiences. **(3)** Other children would not distinguish what is good or bad because they are too young to classify things or other reasons.

Solution 13-1

Sample Answer

(1) Children need to learn to differentiate the good and bad. **(2)** This moral lesson often develops in parallel with their ability to reason.

B. 수준별 글쓰기의 특징

글쓰기 발달 과정은 고등학생과 성인이 되는 시기에 다소 복잡한 양태를 보입니다. 이를 종합적으로 연구한 사례가 있습니다. 과거 미국의 뉴욕주에서는 많은 학생들이 대학교육을 받을 수 있도록 대학에 등록금을 지원하는 프로그램을 운영했습니다. 이때 에세이 시험을 통해 대학에 입학하는 학생들의 글을 초급, 중급, 고급으로 나눠서 분석했습니다. 이 내용이 샤니시의 『Errors and expectations』에 담겨 있는데 글쓰기Writing Studies 분야에서는 매우 중요한 저서입니다. 이 연구에서 조사한 대상은 미국 고등학생들이 대부분이었는데 상당수의 이민자immigrant students들이 포함되어 있어 L2 Writing에도 많은 시사점을 남겼습니다. 샤니시는 이 연구에서 학생들을 세 집단으로 분류했습니다.

고급 (Advanced Writer)	중급 (Intermediate Writer)	초급 (Basic Writer)
대학 수학의 어려움이 없음	보통 수준, 기본 어휘	보충 교육 필요

그림 13-5 샤니시의 분류

우선 고급 수준Advanced Writers은 대학에 진학했을 때 어려움이 없을 정도의 쓰기 능력을 지니고 있습니다. 그리고 중급 수준Intermediate Writers은 중·고등학교를 졸업했지만 수학 능력이 뛰어난 상태는 아닙니다. 이들은 기본적인 어휘력은 갖추었지만, 독서를 적극적으로 하지 않아서 구사하는 문장이 복잡하지 않았고 글의 내용도 뛰어난 수준을 보이지 않았습니다. 마지막으로 초급 수준Basic Writers은 학문적으로 매우 뒤처진 학생들이라 보충 교육이 필요한 상황이었습니다. 많은 이민자들이 여기에 속해 있었습니다.

여기서 각 수준을 대표하는 글을 차례로 살펴보겠습니다. 일단 초급 수준과 중급 수준의 글을 비교해 각각의 특징을 분석해 보겠습니다.

(1) New York has many aspects and **(2)** one is open admissions. **(3)** Whatever you learn it will increase your knowledge to better understand the factors of the world. **(4)** I always liked learning new things when I was young.

(a) 초급 수준(Basic Writer)

(1) New York has many tourist attractions. **(2)** New York implemented an open admission policy to probed more opportunities to high school seniors. **(3)** Students will be exposed to diverse academic contents through which they understand how the world works. **(4)** By expanding their knowledge base, they have more resources to compare and contrast required in academic works.

(b) 중급 수준(Intermediate Writer)

그림 13-6 초급 작가와 중급 작가의 글 비교

샤니시는 글의 대상이 되는 사물이나 아이디어에 어떻게 이름을 붙이는지에 따른 차이점을 지적했습니다. 예를 들어 초급 학생이 다방면(many aspects)이라고 한 내용을 중급 학생은 관광명소(tourist attractions)라고 명명한 것이 우선 눈에 띕니다. 이 밖에도 초급 학생은 공개 입학(open admission)이라는 표현으로 문장을 끝냈는데, 중급 학생은 공개 입학 정책(open admission policy)이라고 명기하고 뒤에서 to provide opportunities to high school seniors라고 덧붙였습니다. 다음 문장에서도 차이가 나타나는데 초급 학생은 **(3)**에서 '뭔가 배워서 세상을 이해한다는 것'이라고 일반화된 표현을 사용한 반면, 중급 학생은 학술적인 콘텐츠(academic contents)라고 명기한 후 뒤에서 understand how the world works라고 관계대명사 절을 활용했습니다.

이렇게 기술하는 대상에 대해 정확한 용어를 사용하면 내용을 개념화할 수 있고, 구체적으로 기술함으로써 다양한 선택이 열립니다. 초급 학생들은 대화체에서 벗어나 문어체로 전환하는 훈련이 아직 충분히 되어 있지 않았지만 중급 학생들에서는 이러한 역량을 갖추기 시작했다는 점을 파악할 수 있습니다.

이러한 어휘 역량은 동사나 형용사에서도 나타납니다. 앞의 두 글을 비교해 보면 초급 학생들에 비해 중급 학생들은 현상을 보다 정확히 지칭하는 implement, exposed와 같은 어휘를 사용하고 있습니다. 이에 비해 초급 작가 수준의 학생들은 기본 동사로 여러 가지 기능을 수행하려고 하다 보니 쓰는 표현이 제한적입니다. 그리고 개인적인 경험이나 상식 수준에서 내용을 전개하려고 하니 깊은 내용으로 들어가는 데 한계가 있습니다. 따라서 초급으로 내려갈수록 글 전체의 목적을 잊고 개인적인 경험이나 상상에 의존하는 경향이 나타납니다. 예를 들어 초급 수준의 문장 **(4)**를 보면 언급된 내용이 구체적이지 않습니다. 따라서 내용을 보다 선명하게 기술하기 위해서 구체적이고 선명한 기술 방식으로 발전해야 합니다. 즉, 두 글을 비교했을 때 초급 수준 글의 특징을 나열하면 다음과 같습니다.

- 아이디어에 이름을 붙이는 데 한계를 보여줌(fail to name the object of ideas)
- 비판적인 질문이 아니라 상식 수준의 질문을 사용함(common sense not critical inquiry)
- 일반적인 목적에서 개인적인 공상으로 전환됨
  (drift from general purposes to personal reverie)
- 내용을 자세하게 설명할 수 없음(unable to articulate of elaborate)

초급 수준의 학생과 중급 수준의 학생 간의 차이에서 본 것처럼 글의 형식은 수준별로 분명한 차이를 보여주고 있습니다. 그렇다면 샤니시의 책에서 기술된 각 수준별 글의 특징을 보다 구체적으로 나열해 보겠습니다.

■ 초급 수준의 특징

지금부터는 초급 수준의 글에 대한 특징을 살펴보겠습니다.

❶ 기본적인 동사를 사용함(use basic verbs)

❷ 단순한 형용사를 사용해 명사를 수식함
(modify their nouns with the common adjectives)

❸ 부사를 거의 사용하지 않거나 구어체의 영향을 받은 오류가 보임
(adverbs rarely appear or misused Influenced by the spoken words)

초급 수준의 학생들은 주로 기본 동사인 make, get, have, be동사나 put, give, cause 등을 과도하게 많이 사용합니다. 예를 들어 다음 문장을 보면 has 혹은 bring forth, hurt와 같은 기본 동사들이 사용되고 있음을 알 수 있습니다.

> College has and open change for students to really experience and bring forth their feelings about them–selves and others. It hurts their moral and makes them feel ugly

이를 개선하기 위해서는 우선 has보다 provides를 사용하는 것이 더 적절하며 bring forth는 discover로 바꿀 수 있습니다. It hurts their moral and makes them feel ugly는 demoralizes them이라고 정확한 동사를 사용하면 의미를 좀 더 명확하게 전달할 수 있습니다.

또 다른 특징은 알고 있는 형용사의 종류가 많지 않다는 사실입니다. 그래서 a lot, better, big, hard 등과 같은 단순한 표현을 반복하여 쓰는 경향이 많습니다. 이를 개선하려면 appropriate, beautiful, relevant 등과 같이 정확한 형용사를 학습하여 사용해야 합니다.

그리고 주목해야 하는 특징 중 하나는 부사를 잘 쓰지 않는다는 사실입니다. 부사는 문장 전체를 판단judging하는 효과를 나타낼 수 있습니다. 예를 들어 This evidence changed the direction of investigation, dramatically라는 문장에서 dramatically는 문장 전체에 대한 글쓴이의 판단을 포함하는 표현입니다. 그러나 초급 수준의 학생들은 too, very, really, quite 등을 제외하고는 잘 쓰지 않는데, 이는 그들이 학술적 글쓰기의 경험이나 훈련이 덜 되어 있기 때문에 문장의 역학관계에 대해 아직은 익숙하지 않기 때문입니다.

■ **중급 수준의 특징**

그렇다면 중급 수준의 글에 대한 특징은 어떨까요? 이를 정리하여 나타내면 다음과 같습니다.

1. 단어를 자연스러운 형태로 바꾸기 시작함(start altering the form of words)
2. 정확한 용어를 사용하여 경험, 과정, 사건 등을 서술함
   (start to identify and label the experience, process or event).
3. 더 많은 단어를 사용하여 구체적으로 기술함
   (use more words to work with and become specific)
4. 더 많은 정보를 주는 형용사를 사용함(more informative adjective)
5. 장면 혹은 사건에 대해 보다 정확한 단어를 사용하여 설명함
   (seek precise words out and sharp delineations of scene or even)

이 수준의 학생들은 세련된 어휘를 사용하여 내용을 좀 더 다양하게 표현할 수 있습니다. 예를 들어 These things they give me to read라는 문장에서 주어를 These letter, these brochure 혹은 pamphlets 등으로 표현할 수 있습니다. 그리고 명사화$_{\text{nominalization}}$를 사용하기 시작하는데 decide를 decision으로, 혹은 exist를 existing으로 활용하는 등 단어의 형태를 바꾸어 좀 더 세련된 문장을 구사합니다. 그리고 경험, 과정, 사건 등을 기술하고 설명하는 데 보다 정확한 용어를 구사합니다.

We didn't get the test and he put the term paper off.	One test was **cancelled** and the term paper **deadline was extended** at the courtesy from the professor.
(a) before	(b) after

그림 13-7 형용사 사용에 따른 글 비교(1)

중급 수준의 학생들은 형용사의 표현도 다양해집니다. He is interesting을 He is well-read and informed로 표현하는 등 보다 정확하고 다양하게 기술할 수도 있습니다. 다음 두 문장을 비교해 보세요.

When a woman was murdered near a building people heard her scream but no one came to help her.	When a young woman was found murdered in the vestibule of her building last summer in Brooklyn Heights, neighbors had heard her cries for help but not one came from behind their bolted doors to rescue her.
(a) before	(b) after

그림 13-8 형용사 사용에 따른 글 비교(2)

■ 고급 수준의 특징

마지막으로 고급 수준의 글에 대한 특징은 어떨까요? 이를 정리하여 나타내면 다음과 같습니다.

1. 절 혹은 문장 간의 관계를 지칭하는 표현을 사용함
(start using relational words, phrases and sentences)
2. 아이디어를 여러 방식으로 연결 지어 개체를 설명함
(describes or identifies an object or relates an idea in more ways than one)
3. 예측 가능한 구$_{\text{phrases}}$를 사용하여 글을 작성함(write with predictable phrases)
4. 부사 접속사를 사용함(use sentences are studded with adverbial conjunctions)
5. 비유적인 표현을 사용함(use figurative language)

우선 절 혹은 문장 간의 관계를 지칭하는 표현$_{\text{relational words}}$을 써서 글을 더 세련되게 연결할 수 있습니다. 예를 들어 while A also B, it's not A but rather B, as much as B, the more A the more B 등의 구문을 사용할 수 있는데, 이를 적용한 글을 살펴보면 다음과 같습니다.

More privileged students, while far more advanced in many scholastic subjects, also show a lack of skills in reading and writing. While it is true that there are a great number of jobs which require little or no reading and writing abilities, the brunt of the jobs fall into categories which not only require a well–posed person but also one who can handle all types of instructions, vocal and written.

상급 수준의 학생들은 한 가지 사건을 여러 방식으로 기술할 수 있습니다. 즉, 반대되는 의견을 조정하고 예외를 다루거나 의미가 여러 방식으로 중첩되어 있을 때 이를 세련된 문장으로 극복해 냅니다. 이를 적용한 글을 살펴보면 다음과 같습니다.

> No matter what one writes–be it a short story, a letter to a friend or associate or purely business letter–one presents his character in what he writes. There will always be the ones who are slow, those whose minds wander, those who need constant attention to who are simply apathetic.

이 밖에도 주로 사용하는 숙어나 잘 어울리는 단어들의 결합collocation을 적절히 구사하기도 합니다. 예를 들어 tangible results, extensive vocabulary, solid background, serious intentions 등을 사용하기도 됩니다.

C. 글의 형식과 내용의 연결

앞에서 설명한 쓰기 발달 단계를 고려하여 글을 작성할 때 주목해야 할 점이 있습니다. 우선 상위 개념과 이에 상응하는 구체적인 사례로 연결할 수 있어야 합니다. 지난 5장에서 개념의 위계화ladder of abstraction에 대해 언급했습니다. 글의 대상을 작성할 때 구체적인 내용과 이를 아우르는 상위 개념과의 관계를 설정해 가면 독자가 이해하는 데 도움이 됩니다. 앞 문장에서 개념을 설명했다면 그 다음 문장에서 예를 제시하는 등으로 문장을 연결하는 것이 효과적입니다.

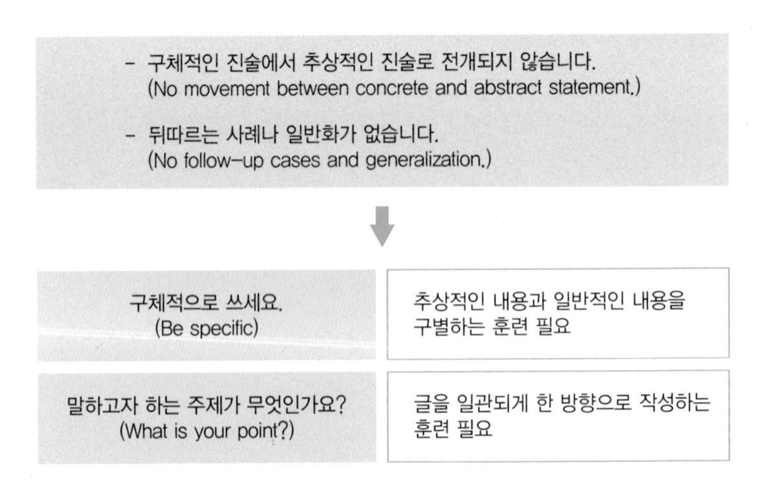

그림 13-9 피드백의 예

추상적이고 일반적인 것을 구별해서 연결하는 훈련이 되어 있지 않으면 [그림 13-9]와 같이 '구체적으로 쓰세요.(Be specific.)'라는 피드백을 받았을 때도 이를 적절히 반영하지 못하게 됩니다. 어떻게 쓰는 것이 구체적인지에 대한 기준이 세워져 있지 않기 때문입니다. 그리고 '말하고자 하는 주제가 무엇인가요? (What is your point?)'라는 질문을 받아도 일관되게 한 방향으로 내용을 구성하는 훈련이 되어 있지 않으면 적절한 답을 내기가 어렵습니다. 이 두 가지 모두 글이 일관성 있게 연결되어야 해결되는 문제입니다.

그러면 이번 장에서 언급한 내용을 연습문제로 복습해 보겠습니다.

Writing Practice 13-2 소요시간 : 10분

Q 글쓰기 발전 단계와 관련하여 고려해야 할 3가지 요소를 작성해 봅시다.

Solution 13-2

Sample Answer

Regarding writing development, there are several issues to consider.

First of all, writing development is in parallel with the ability to control grammatical resources. These resources allow writers to describe or explain the target object or phenomena in a more precise and specific manner.

Second of all, these resources align with thinking skills or intellectual development, such as distinguishing concrete details from general concepts.

Thirdly, these grammatical resources assist writers in connecting sentences or paragraphs more closely and thus logically.

지금까지 글쓰기 발달 단계에 대해 알아보았습니다. 특히 글쓰기 수준에 따른 언어 구사 역량이 글에서 어떻게 나타나는지 구체적으로 살펴보았습니다. 글쓰기 역량은 사물을 파악하고 이를 적절히 분류하여 개념화하는 인지적 역량의 발전과 맥을 같이 합니다. 결과적으로 문법이나 어휘의 사용은 단순히 표현이 바뀐 것 이상의 역할을 하기에 글을 수정할 때 문맥상의 연결성을 적극적으로 고려해야 합니다.

Section
13.2 첨삭하기

이번 절에서는 글을 마무리 지으며 첨삭editing할 때 고려해야 할 사항을 중심으로 다루어보겠습니다. 2장에서 설명했듯이 글은 초고를 작성한 다음 수정revising하는 과정을 거치게 되는데, 수정은 내용과 구조 등의 주제를 다루는 큰 작업이고, 첨삭은 주로 언어 형식language forms에 문제가 있을 때 이를 고치는 작업입니다. 하지만 첨삭 작업은 단순히 단어나 문법을 수정하는 것뿐만 아니라 그 이상의 작업이 필요한 경우가 많습니다. 예를 들어 문장을 수정할 때 앞뒤 문장의 연관성을 구축하기 위해 theme–rheme의 관계를 활용하면 주장하고자 하는 바를 더 명확히 드러낼 수 있습니다. 이 절에서는 윌리엄Williams과 콜롬Colomb의 책에서 가져온 몇 가지 예를 살펴보겠습니다.[3]

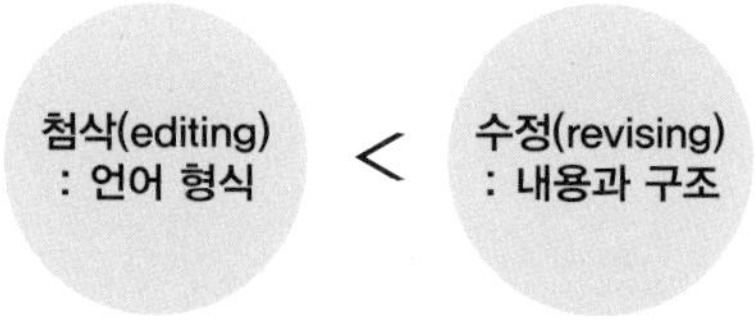

첨삭(editing)
: 언어 형식

<

수정(revising)
: 내용과 구조

그림 13-10 첨삭과 수정

A. 명사를 활용하여 문장 연결하기

이전 장에서 theme–rheme과 given–new information을 조정하여 글을 연결하는 방법에 대해 논의했습니다. 이를 실현하는 방법 중 명사구noun phrase를 사용하여 앞 문장의 내용을 뒤에 오는 문장의 주어로 연결하는 명사화Nominalization 방식이 매우 효과적입니다. 다음 문장에서 명사구가 어떻게 쓰였는지 살펴보겠습니다.[4]

3 Williams, J., & Colomb., 『Style: Lessons in clarity and grace (10ed)』Pearson, 2010

4 Turner, A., 『Seven secrets to improve your English writing』, http:://www.hanyangowl.org, 2013

(1) Kim et al. modified an existing technique for gathering data. **(2)** This modification may be applied to a number of fields. **(3)** The application of this technique might substantially impact a number of fields. **(4)** The greatest impact is likely to be in applied social sciences.

(2)의 주어인 This modification은 앞 문장의 내용을 명사구를 활용하여 내용을 전개하고 있습니다. 그리고 세 번째 문장도 같은 방식으로 명사구를 활용하여 apply를 받아서 The application으로 다음 문장의 주어로 활용하고 있습니다. 윌리엄과 콜롬은 명사구를 사용하면 다음과 같은 장점이 있다고 설명합니다.

❶ 앞 문장의 내용을 끌어내어 연결시킬 때 유용하다.

❷ 목적어가 문장이 될 때 이를 간단히 표현할 수 있다.
(예: I accepted what she requested → I accepted her request.)

❸ 문장 전체를 주어로 만들어야 할 때 유용하다.
(예: The fact that she acknowledged the problem impressed me
→ Her acknowledgment impressed me.)

이를 더 발전시켜 중심 단어key words를 구사하면 어려워보이는 글도 쉽게 읽을 수 있도록 만들어줍니다. 그렇다면 한 번 연습을 해보겠습니다.

Writing Practice 13-3 **소요시간 : 10분**

Q 명사화(Nominalization) 방식을 활용하여 다음 문단을 매끄럽게 연결해 봅시다.

(1) Nonnative speakers engage in a range of discourse tasks within their professional and daily lives, such as making arguments, narrating stories, describing things, or providing instructions. **(2)** Connected discourse is used to perform discourse tasks. **(3)** In order to be successful in their professional works, nonnative speakers should be able to initiate and construct connected discourse.

Solution 13-3

(2)의 주어인 These tasks는 앞의 문장에서 제시한 다양한 discourse tasks를 모두 포함하고 있습니다. 이렇게 시작된 문장은 다음 주제인 connected discourse로 연결됩니다. (3)에서는 connected discourse를 사용할 수 있는 능력(the ability)을 다시 사용하여 내용을 전개합니다. 이렇게 문장을 연결할 때 사용하는 표현들은 내용을 이끌어가는 주제어로도 활용되기 때문에 독자가 글을 이해하는 데 도움을 줍니다.

Sample Answer

(1) Non–native speakers engage in a range of discourse tasks within their professional and daily lives, such as making arguments, narrating stories, describing things, or providing instructions. **(2)** These tasks involve producing extended stretches of speech known as connected discourse. **(3)** The ability to initiate and construct connected discourse in real–time contexts is crucial for non–native speakers to successfully undertake various routine and professional discourse tasks.

B. 동사 선택하기

지금까지 명사화를 통해 문장을 연결하는 방법에 대해 살펴보았습니다. 이번에는 동사를 선택하여 문장을 명료하게 만드는 방법을 살펴보겠습니다. 다음에 제시된 두 문장을 살펴보고 어떤 문장이 더 잘 읽히는지 살펴보기 바랍니다.[5]

(a)	(b)
Decisions in regard to administration of medication despite inability of an irrational patient appearing in a Trauma Center to provide legal consent rest with the attending physician alone.	When a patient appears in a Trauma Center and behaves so irrationally that he cannot legally consent to treatment, only the attending physician can decide whether to administer medication.

그림 13-11 동사 선택에 관한 글 비교

5 Williams, J., & Colomb, G., 『Style: Lessons in clarity and grace (10 ed)』, Pearson, 2010

일단 (a)의 주어는 Decisions이고 이에 호응하는 동사는 rest입니다. 문제는 주어와 동사가 너무 멀리 떨어져 있어서 독자가 문장을 이해하는 데 다소 시간이 걸린다는 점입니다. 더군다나 주어인 decisions은 동작action을 지칭하는 동사를 사용하기에 어려운 추상적인 개념이므로 rest와 같은 수동적인 단어가 사용될 수밖에 없습니다.

이러한 문제를 해결하기 위해 우선 주어와 동사를 가깝게 배치해야 하고, 동사의 역할을 강화하여 누가 어떤 행위action를 하는지 그 관계를 명확히 해야 합니다. 필요하다면 종속절subordinate clause과 주절main clause로 나눠보는 방법도 생각해 볼 수 있습니다. 오른쪽에 작성된 문장(b)이 이런 방식으로 작성된 내용입니다. 우선 when으로 시작하는 종속절과 주절 모두 사람을 주어로 사용했고(the attending physician과 a patient) 여기에 맞는 동사 appears와 decide를 채택했습니다. 이렇게 행위의 주체를 정하고 동작을 나타내는 동사를 채택하면 글의 의미가 보다 명확해지면서 엘보우가 강조한 힘있는 글쓰기writing with power를 만들어내는 데에도 도움이 됩니다.

그런 면에서 강한 동사와 약한 동사를 구별할 필요가 있습니다. 예를 들어 be동사는 약한 동사입니다. 의미 자체가 '~ 이다' 혹은 '~ 있다'이므로 적극적인 동작을 나타내기에는 적절하지 않습니다. 다만 사물이나 개념 등의 상태를 나타내기 위해 명사화 혹은 수동태의 문장을 구성할 때는 유용합니다.

Writing Practice 13-4 소요시간 : 10분

Q 지금까지 학습한 내용을 근거로 다음 글을 수정해 봅시다.

The shelter will be owned by the town, but it will be run by members of the humane society and supported, in part, by funds raised by them. The bulk of the operating funds, however, will be supplied by the town.[6]

______

______

______

______

6 Cook, C., 『Line by line: How to improve your own writing』, Houghton Mufflin Company, 1985

Solution 13-4

이 문장은 be동사가 많이 쓰였기 때문에 수동태 형식을 채택했습니다. 이를 동작 동사 action verb를 활용하는 방식으로 수정하고자 하면 첫 번째 문장에서 주어와 동사를 찾아내고 이를 주절과 종속절로 변환하는 작업을 해야 합니다.

Sample Answer

While the humane society will run the shelter through fund raising, the town will own the facility and pay most of the operating expenses.

C. 답답한 명사와 복잡한 전치사구 피하기

명확하지 않아 답답하게 느껴지는 명사 ponderous noun는 가급적 사용하지 말아야 합니다.[7] 흔히 -tion, -ment, 혹은 -ence로 끝나는 단어가 그렇습니다. 우선 이와 관련된 문장을 한 번 살펴보겠습니다.

> The inference that because high school graduates are more likely to be employed than dropouts, the differences may be attributed to the possession of a diploma is suspect since dropouts and graduates may differ in a variety of ways relevant to both graduation prospects and employments status.

이 글에서는 inference, differences, possessions 등의 명사가 쓰였는데, 동작 동사를 사용하여 글에 활력을 불어넣는 방식으로 수정하면 다음과 같습니다.

> The diploma does not necessarily make high school graduates more employable than dropouts; other differences may affect both their education and their job prospects.

7 Cook, C. 『Line by line: how to edit your own writing, Hughton Mifflin Harcourt, 1988

여기서 주목할 사항은 동작 동사를 쓴다고 해서 반드시 사람을 주어로 써야 하는 것은 아닙니다. 사물이나 아이디어, 개념 등을 적절히 선택하고 이에 맞는 동사를 가져다 쓰면 됩니다.

다음은 전치사구의 활용입니다. 전치사구는 단어가 여러 개 붙어 있기 때문에 자주 사용하게 되면 문장의 힘을 떨어뜨려 의미를 희석시킵니다. 대신 주어와 동사를 적절히 선택하면 불필요한 내용을 삭제하고 주어와 동사의 관계를 명확히 하는 방식으로 수정할 수 있습니다. 다음의 예는 쿡Cook의 책에서 다시 가져왔습니다.

At the meeting, there will be a report to the stockholders on the progress of the company during the past year. A discussion period will also take place, during which the stockholders will have an opportunity to discuss matters of company interest.

이 글에서 밑줄 친 부분이 전치사구입니다. 여기서 주어와 동사를 끄집어낸 후에 전치사구를 뒤에 붙이는 형식으로 전환하면 다음과 같습니다.

At the meeting, the company will report to stockholders on the company's progress during the last year and then invite questions and comments.

여기서 company를 주어로 잡으니 많은 문제가 해결되었습니다. 마지막으로 문장에서 invite를 사용하여 보다 깔끔하게 정리했습니다. 이렇게 문장에서 필요 없는 부분들을 가려내면 문장 간 연결성이 높아져 독자가 이해하는 데 용이합니다.

Writing Practice 13-5

소요시간 : 10분

Q 다음 문장에서 불필요한 부분을 찾아보고 이를 제거하여 명확한 문장을 만들어봅시다.

The third chapter of the book deals with administrative problems and the solutions that have been proposed for these problems.

___

___

Solution 13-5

이 문장에서 어떤 부분을 생략할 수 있을지 살펴보면 the book은 이미 chapter라는 단어가 있으니 선후관계로 파악할 수 있습니다. 그리고 problems이 반복되고 있으니 이를 생략할 수 있습니다.

Sample Answer

The third chapter deals with administrative problems and proposes solutions.

앞에서 첨삭editing에 필요한 여러 가지 제안 사항을 다루었습니다. 이를 종합적으로 연습하기 위해 조금 긴 글을 수정해 보겠습니다. 다음 글은 쿠퍼와 패튼의 책에서 가져왔습니다. 일단 문장의 첫 부분에 있는 theme을 밑줄로 표시했으니 이를 중심으로 문장 간의 연결성을 살피고 그 다음에 적절한 주어와 동사를 찾는 방식으로 수정하기 바랍니다.

Writing Practice 13-6

 소요시간 : 10분

Q 쿠퍼와 패튼이 작성한 글을 읽은 후 더 간단하고 명확하게 의미를 전달할 수 있도록 수정해 봅시다.

The importance of language skills in children's problem–solving ability was stressed by Jones **(1985)** in his paper on children's thinking. Improvement in nonverbal problem solving was reported to have occurred as a result of improvements in language skills. The use of previously acquired language habits for problem articulation and activation of knowledge previously learned through language are thought to be the cause of better performance. Therefore, systematic practice in the verbal formulation of nonlinguistic problems prior to attempt at their solution might be an avenue for exploration in the enhancement of problem solving in general.

Solution 13-6

첫 번째 문장의 주어부터 살펴봅시다. The importance of language skills을 주장한 사람은 Jones인데 이를 수동태 문장으로 나타냈기 때문에 주어가 잘 드러나지 않습니다. 그래서 Jones를 주어로 바꾸어 작업하면 됩니다. 간단하고 명확하게 수정하면 다음과 같습니다.

In his paper on children's thinking, Jones **(1985)** stressed the importance of language skills in the ability of children to solve problems. He reported that when children improved their language skills, they improved their ability to solve nonverbal problems. Jones thinks that they performed better because they used previously acquired language habits to articulate the problem and activate knowledge learned through language. We might therefore explore where children could learn to solve problems better if they practiced how to formulate them.

여기서 글을 조금 더 세련되게 바꿀 수도 있습니다. 특히 주어를 사람으로 하지 않아도 되기 때문에 language skills을 주어로 삼아 다음 문장에서 다시 받는 방식으로 바꿀 수 있습니다. 이렇게 수정한 글은 다음과 같습니다.

According to Jones, language skills are important for children to solve non–linguistic problems. They allow children to articulate the problems by activating knowledge learned through language. For this reason, it is helpful for children to formulate the problems before actually solve the problems.

이번 장에서는 언어의 형식을 다루는 첨삭editing 방법에 대해 알아보았습니다. 여기서 주목해야 할 점은 이러한 작업이 단순히 형식을 바꾸는 것이 아니라 문장의 연결 상태를 바꾸는 작업도 동반해야 한다는 사실입니다. 그래야 글을 보다 논리적으로 작성할 수 있습니다. 이렇게 수정 과정에서 내용과 형식을 다루는 방법을 모두 학습했습니다.

Chapter 14

수정하여 완성하기

Revising to Completion

14.1 자기소개서 수정하기

이번 장에서는 7장에서 작업했던 자기소개서를 좀 더 수정하는 작업을 시연합니다. 그동안 학습해 왔던 주장하는 글쓰기의 내용과 형식을 모두 활용하여 주장하는 내용을 일관성 있고 설득력 있게 변환하는 작업입니다.

Section
14.1 자기소개서 수정하기

논리적 영어 글쓰기를 위해 13장에 걸쳐 많은 내용을 다루었습니다. 이제 그 결실을 볼 수 있도록 잘 마무리하는 시간입니다. 이번 장에서는 앞에서 배운 내용을 바탕으로 자기소개서를 어떻게 수정해야 하는지 연습해 보겠습니다.

A. 본인의 이력을 중심으로 자기소개서 수정하기

이번 장에서는 직장을 구하거나 장학금 신청, 혹은 유학 등을 위해서 이력서Resume와 함께 제출하는 자기소개서를 작성해 보겠습니다. 통상 자기소개는 커버레터Cover Letter 형식으로 구성되는데 이력서 내용을 잘 파악할 수 있도록 가이드라인 역할을 해줍니다. 즉, 이력서 내용을 자신에 대한 고유한 스토리로 재구성하는 것이 중요합니다. 다음에 제시된 자기소개서는 7장에서 한 번 다루었던 내용입니다.

Sogang Lee
Baekeom-ro 35
Mapo-gu, Seoul, Republic of Korea
Soganlee@gmail.com

Oct 31, 2020

Human Resources Department
Yeoido-dong3, Youngdeungpo-gu
12345 Seoul

Dear Selection Committee,

(1) I would like to express my interest in the assistant or recruiting manager in your company as was recently made in your company. **(2)** I found the announcement of your company. **(3)** Having majored in English Language & Literature and Business Administration, I wish to bring my knowledge, skills and commitment to excellence to your company.

(4) As an English major, I have developed communication ability to interact with people with diverse cultural backgrounds. **(5)** My TOEIC and OPIC test results offer evidence that I possess language skills for professional interactions. **(6)** My experience as a volunteer for international office allowed me to solve various problems and demands. **(7)** My work as a receptionist at LeeYang Law office also has me interact with various clients with different needs and characters at professional setting.

(8) My interest in recruiting was developed during the project for Sogang Dialog Lab. **(9)** Working as a research assistant, I learned how complicated it was to arrange and develop the recruiting process. **(10)** I realized that important requirements for recruiting position are credibility, communication skill, and ability to collaborate with a team in order to deliver quality services to people. **(11)** This experience gave me a desire to spend more time working in human resources management.

(12) For your convenience, I have attached my resume to review. **(13)** I would gladly accept an opportunity of an interview to discuss how my professionalism and enthusiasm will add value to your operation. **(14)** Thank you for your time and consideration, and I look forward to hearing from you soon.

7장에서는 특히 두 번째 문단의 '소통 역량'에 대해 집중적으로 수정했습니다. 여기서 소통 역량이란 단순히 영어를 잘하는 수준을 넘어 배경이 다른 사람들과 충분히 소통할 수 있다는 의미로 확장하여 기술했습니다. 특히 사회 문화적 차이점에서 야기되는 문제점을 파악하여 이를 해결할 수 있는 역량이 있다고 주장한 것입니다.

이에 대하여 첫 문장인 **(4)**에서 주장의 핵심을 두괄식으로 소개했고 다음 문장에서 이를 예증하는 방식을 취했습니다. 예를 들어 **(5)**에서는 공인된 영어 관련 점수를 명기했으며 대학의 국제처International Office에서 일한 경력을 통해 소통 및 문제 해결 역량과 연결 지어 주장했습니다**(6)**. 그리고 변호사 사무실에서 접수 담당자receptionist로 일한 경험도 '소통 역량'의 중요한 예로 기술했습니다.

여기서 주목해야 될 점은 각 문단의 주제를 첫 문장에서 두괄식으로 알릴 수 있다는 점입니다. 이 글에서는 소통 역량(communication ability)과 다양한 문화적 배경(diverse cultural backgrounds)이 중요한 주제어keyword입니다. 이 주제어는 처음부터 끌어낼 수 있었던 것이 아니라 영어 점수, 국제처 경험, 그리고 법률사무소 인턴 등의 세 가지 경험을 아우를 수 있는 상위 개념이 무엇인지 고민하는 과정에서 나온 결과입니다. 이런 방식으로 내용을 상위 개념으로 묶는 것이 개념의 위계화ladder of abstraction인데 이미 5장에서 다루었습니다. 자기소개서에서는 통상 3~4개의 개념을 포함시키는 것이 적절합니다.

이처럼 이력서 내용에서 같은 주제를 가진 스토리로 묶기 위해서는 자신의 경험과 경력을 깊이 생각해 보고 분류해야 하므로, 창의적이고 비판적인 사고가 요구됩니다. 이렇게 숙고해서 도출된 내용은 당연히 논리적이고 합리적인 글로 표현될 가능성이 높습니다. 그렇기 때문에 대학입시는 물론 각종 연구보고서나 제안서 등을 제출하는 많은 기관에서 자기소개서를 작성하도록 유도하는 것입니다.

여기서는 한 단계 더 들어가서 소통 역량에 관한 내용을 더 세밀하고 세련된 방식으로 수정할 수 있는지 연습해 보겠습니다. 다음에 기술된 내용을 추가적으로 어떻게 수정할 수 있을지 고민해 보기 바랍니다.

Writing Practice 14-1 소요시간 : 15분

Q 다음 문단을 추가로 수정할 수 있는지 살펴봅시다.

(4) As an English major, I have developed communication ability to interact with people with diverse cultural backgrounds. **(5)** My TOEIC and OPIC test results offer evidence that I possess language skills for professional interactions. **(6)** My experience as a volunteer for international office allowed me to solve various problems and demands. **(7)** My work as a receptionist at LeeYang Law office also have me interact with various clients who bring different needs and expectations to the office.

Solution 14-1

이 문단을 수정한 내용은 다음과 같습니다.

(4) As an English major, I have developed communication ability to interact with people from diverse cultural backgrounds. **(5)** My TOEIC and OPIC test results **confirm my ability to interact with and thrive in English-speaking work environment.** ~~offer evidence that I possess language skills for professional interactions~~. **(6)** My experience as a volunteer for international office enabled ~~allowed~~ me to effectively solve various problems and demands **of foreign nationals. (7) Similarly, during my work** ~~My work~~ as a receptionist at LeeYang Law office, **I successfully engaged with** ~~also have me interacting with various~~ clients from different professional backgrounds, accommodating their individual needs. ~~who bring with different needs and expectations to the office~~.

이전 수정본에서는 **(5)**에서 언급한 My TOEIC and OPIC test results를 **(4)**의 내용에 대한 증거라고 기술했습니다. 그런데 이를 보다 더 적극적으로 기술하기 위해 주제를 확장시켜 타인과 상호작용할 수 있는 내 역량을 확인(confirm my ability to interact)한다고 기술했습니다. 그리고 interact 뒤에 thrive 라고 하여 이 역량을 확장시켜 표현했습니다. 그리고 work environment를 뒤이어 덧붙이면 소통의 수준을 professional context로 확장시키는 효과를 얻을 수 있습니다. 그리고 **(6)**도 problems and demands 뒤에 foreign nationals라고 나타내어 service의 대상자를 더 구체적으로 명기했습니다.

마지막 문장인 **(7)**도 앞의 문장과 연결하기 위해 Similarly를 사용하여 보다 간결하게 시작했습니다. 더군다나 My work as a receptionist라고 쓰는 방식은 **(4)**에서 사용했으니 형식을 바꾸는 것도 괜찮습니다. 그래서 Similarly, during my work as a receptionist at Lee Yang Law office라고 하고 나를 주어로 내세웠습니다.

글을 추가로 수정한 이유는 우리가 문장이나 어휘를 수정할 때보다 더 적극적으로 기술할 방법이 다양하게 존재한다는 사실을 공유하기 위해서입니다. 사실 문장을 고치고 문단을 수정하는 작업은 매우 복잡하고 품이 많이 들어가는 과정입니다. 그러나 글을 자세히 들여다보고 고민을 하면서 본인의 스타일을 찾을 수 있기 때문에 투자할 가치가 있습니다. 특히 강조하고 싶은 부분은 문장과 문장, 그리고 문단과 문단의 연결성을 만들어가야 하는데 두괄식으로 글을 작성하면 이러한 연결고리의 방향성을 미리 제시할 수 있어서 독자에게 도움이 됩니다.

B. 직무 연관성을 고려하여 수정하기

자기소개서를 작성할 때 직무와 관련하여 어떤 주장을 넣을 수 있는지 고민해 봐야 합니다. 다음 문단에서는 채용 담당자의 보조assistant to recruiting manager 역할이 직무였는데 어떻게 기술되었는지 살펴보기로 하겠습니다.

(4) As an English major, I have developed communication ability to interact with people with diverse cultural backgrounds. **(5)** My TOEIC and OPIC test results offer evidence that I possess language skills for professional interactions. **(6)** My experience as a volunteer for international office allowed me to solve various problems and demands. **(7)** My work as a receptionist at LeeYang Law office also have me interact with various clients who bring different needs and expectations to the office.

우선 우리가 알아야 할 내용은 채용 전문가recruiting manager가 하는 일이 무엇인가를 파악해야 합니다.

그림 14-1 자기소개서를 작성하기 전 브레인스토밍

채용 전문가는 회사에 맞는 역량을 가진 사람을 찾아서 채용하는 역할을 수행합니다. 글쓴이는 Sogang Dialog Lab에서 학생 참여자를 모집하는 일을 했고 일년 동안 학생들을 관리한 경험이 있습니다. 이 내용은 채용 전문가의 직무와 관련이 있습니다. 또한 수업 조교(teaching assistant)도 언급이 되었는데 신입생 세미나에 필요한 교안(study guide)을 만들었고, 토의를 주도한 경험이 있어서 채용(recruiting)뿐만 아니라 인력 관리와 관련된 직무와도 연결 지을 수 있습니다.

그리고 연극반에서 무대 관리자(Stage Manager)를 맡은 경험이 있습니다. 무대를 꾸미려면 작가는 물론 구매 전문가, 시설 시공 전문가 등과 같이 협업을 위한 사람들과 교류가 필요했다는 점을 드러내면 좋습니다. 이런 정보를 채용 전문가(recruiting manager)의 역할로 어떻게 기술할 수 있는지 살펴보겠습니다. 우선 이전 초안을 살펴보면 다음과 같습니다.

(8) My interest in recruiting was developed during the project for Sogang Dialog Lab. **(9)** Working as a research assistant, I learned how complicated it was to arrange and develop the recruiting process. **(10)** I realized that important requirements for recruiting position are credibility, communication skill, and ability to collaborate with a team in order to deliver quality services to people. **(11)** This experience gave me a desire to spend more time working in human resources management.

일단 **(9)**에서 '연구 조교(research assistant)로서 이 작업이 얼마나 복잡한지 배웠다.'라고 했습니다. 그리고 **(10)**에서 '채용 관리에서 신뢰, 소통 역량, 팀워크 이런 것들이 중요하다.'라고 기술했고 **(11)**에서는 자신의 경험으로 인사 업무에 더 많은 시간을 쏟을 의지가 있음을 표명했습니다. 이 글을 읽고 어떻게 느끼셨나요? 결국은 예증을 통해 증거를 제시해야 하는데 우선 이력서에서 관련 경험을 끌어와야 합니다.

PROFESSIONAL EXPERIENCE

Mar 2019 – Feb 2020 International Office, Sogang University
- Assisted International Students for Academic Adjustment
- Events Planning for International Fair

Sep 2018 – Feb 2019 Research Assistant for Sogang Dialog Lab
- Assisted for recruiting student participants
- Manage Student Teams for one-year membership
- Recording and Editing Lab Conference

Sep 2018 – Feb 2020 Teaching Assistant, English Departments, Sogang University
- Study Guide for Freshman Seminar
- Lead Group Discussion for Large Lecture Class

이력서에서 관련 경험을 끌어와 작성한 글은 다음과 같습니다.

(1) I firmly believe that my knowledge and experience have prepared me well to work in an HR department, particularly in recruiting and managing new talent. **(2)** My interest in human resources developed during my work at Sogang dialog lab, where I assisted in student recruitment and managed student teams for the lab. **(3)** Furthermore, my experience as a teaching assistant in the English department provided me with the opportunity to organize and lead diverse groups of students towards achieving course objectives. **(4)** These experiences have helped me appreciate the significance of establishing credibility and fostering collaboration. **(5)** Consequently, I am confident that my insights will be valuable in the field of HR, and this experience has further fueled my desire to dedicate myself to human resources managements.

일단 관련 내용을 한 문단 안에 넣는 것이 목표입니다. 글이 한없이 길어지면 곤란하므로 한 페이지에 넣을 수 있도록 요약해서 나타내는 것이 중요합니다. 그러므로 첫 문장은 두괄식으로 문단 전체 내용을 소개했습니다**(1)**. 그리고 이런 주장에 대한 근거를 **(2)**~**(3)**에서 제시했습니다. **(2)**에서는 lab에서 수행한 조교 역할을, **(3)**에서는 teaching assistant의 경험을 기술하여 **(1)**에서 두괄식으로 제시한 주장을 뒷받침하도록 구성했습니다.

수업 조교에 관한 내용에 대해 resume을 살펴보면 seminar에서 study guide를 만들었고 group discussion을 이끌었다고 기술했습니다. 이 내용을 상위 개념으로 이끌기 위해 organize와 lead라는 표현을 썼습니다. 더 나아가 team이나 group은 여러 사람을 이끌어야 하므로 toward achieving course objectives로 목표를 기술했습니다.

C. 향후 계획과 현재 역량을 연결 지어 수정하기

직무 연관성을 염두에 두고 수정하면서 또 고려해야 할 것은 향후 계획과 현재 역량을 연결시켜야 한다는 점입니다. 이 작업을 위해 글쓴이의 초안을 다시 살펴보겠습니다.

(8) My interest in recruiting was developed during the project for Sogang Dialog Lab. **(9)** Working as a research assistant, I helped develop interview systems and manage students. **(10)** During the process, I learned how complicated it was to arrange and develop the recruiting process, **(11)** I realized that important requirements for recruiting position are credibility, communication skill, and ability to collaborate with a team in order to deliver quality services to people. **(12)** This experience gave me a desire to spend more time working in human resources management.

(10)~(11)에서 나는 배웠다(I learned), 그리고 나는 깨달았다(I realize)라고 기술했습니다. 그런데 배우고 깨달은 점이 과하게 강조되면 아직 배우고 있는 사람으로 여겨질 수 있습니다. 회사에서는 잘 배울 수 있는 사람도 중요하지만 일단 역량을 갖춘 사람을 원하는 경우가 대부분입니다. 예를 들어 이미 세 종류의 경험을 기술했으니 '이러한 경험을 통해 내가 쌓은 지식과 역량이 당신 회사의 업무를 수행하는 데 도움이 될 것이다.'라는 방식으로 좀 더 적극적으로 기술하는 것이 효과적입니다.

우선 (10)에서 채용 전문가의 일이 복잡하다는 언급을 했는데, 이러한 내용은 새로운 정보가 들어가 있지 않으니 지우고, (11)도 내가 깨달았다는 의미에서 조금 더 적극적으로 기술하는 것이 좋을 듯합니다. 다만 신뢰(credibility)와 협업(collaborate)의 측면은 경험을 연결해서 살리는 것이 좋겠습니다. 그래서 These experiences have helped me appreciate the significance of establishing credibility and fostering collaboration이라고 기술했습니다.

그 다음에 (12)에서는 주장을 정리하고 있는데, '인사과 일에 더 많은 시간을 보내고 싶다.'라고 기술했습니다. '시간을 더 많이 보낸다.'는 표현은 우리말로 '더 많은 시간을 투자한다.'는 뜻인데 이는 다소 어색합니다. 아직 채용이 되지 않았는데 시간을 더 보낸다는 문구는 논리적으로 맞지 않습니다. 그러므로 '시간을 더 보내겠다.'라고 하는 것보다는 내가 무엇을 할 것인지 보다 적극적인 문구가 필요합니다. 그래서 Consequently, I am confident that my insights will be valuable in the field of HR, and this experience has further fueled my desire to dedicate to human resources management라고 정리했습니다.

이제 문단 앞부분으로 가서 문단 전체를 두괄식으로 소개하는 문단을 작성하면 좋겠습니다. 우선 회사에서 요구하는 역량, 즉 HR에 내가 얼마나 적합한지를 기술해 보면 I firmly believe that my knowledge and experience have prepared me well, to work in an HR department.라고 할 수 있습니다. 뒤에는 강조하는 문구를 넣으면 되는데 particularly in recruiting and managing new talent로 기술하여 업무의 대상을 단순히 people이라고 하기 보다는 new talent라고 하면 좋을 듯합니다.

이제 본문 두 문단이 어느 정도 골격이 잡혔습니다. 그러면 도입부로 가서 전체 내용을 소개하는 방식으로 내용을 구성하겠습니다.

Writing Practice 14-2

소요시간 : 15분

Q 다음 문단을 읽고 매끄럽게 수정해 봅시다.

(1) I would like to express my interest in the assistant for recruiting manager in your company as was recently made in your company. **(2)** I found the announcement of your company. **(3)** Having majored in English Language & Literature and Business Administration, I wish to bring my knowledge, skills and commitment to excellence to your company.

Solution 14-2

다음과 같이 수정했습니다. 어떻게 수정했는지 파악해 보기 바랍니다.

(1) I am writing to apply for the assistant position for recruiting manager, as advertised in your job posting. **(2)** Please find my resume in the attached for your consideration. **(3)** With my background in English and Business Administration, along with my experience in diverse work environments, I am confident that I can make a substantial contribution to the HR tasks outlined in your posting. I am eager to bring my knowledge, skills, and commitment to excellence to your company.

초안에서는 I would like to express my interest라고 했는데 사실 이력서를 제출한다는 사실 자체가 관심을 갖는다는 의미이므로, 구인광고에 명기된 내용을 확인하는 방식으로 사실관계를 표현하면 글에 대한 신뢰도가 높아집니다. 원본 **(2)**는 이미 아는 이야기이니 삭제해도 무관합니다. 원본 **(3)**은 나의 의지나 희망사항을 적어 놓았지만, 의미를 부각시키기 위해서는 글을 좀 더 수정해야 합니다. 예를 들어 I am confident that I can make a significant contribution to the HR tasks outlined in your job posting.이라고 나타내어 특정 범위를 정해 놓고 소개하는 방식이 있습니다.

이 정도면 본문을 적절히 소개한다고 여길 수 있습니다. 이제 결론 부분도 손을 보아야 합니다. 결론은 본문에 기술한 내용을 요약하면서 주장을 강조하면 좋겠습니다.

Writing Practice 14-3

소요시간 : 15분

Q 다음 문단을 읽고 매끄럽게 수정해 봅시다.

(23) For your convenience, I have attached my resume to review. **(24)** I would gladly accept an opportunity of an interview to discuss how my professionalism and enthusiasm will add value to your operation. **(25)** Thank you for your time and consideration, and I look forward to hearing from you soon.

Solution 14-3

앞의 원본을 다음과 같이 수정했습니다.

(23) I deeply appreciate the rapid changes occurring in the business world, and I recognize that the work of the HR department is also evolving accordingly. **(24)** I am truly excited about the opportunity to apply my knowledge and experience to this dynamic field of business. **(25)** I am eager to learn the specific responsibilities associated with the advertised position. **(26)** Moreover, I genuinely hope to contribute to your efforts in expanding your business in Korea and beyond. **(27)** Thank you for your time and consideration, and I look forward to hearing from you soon.

원본 **(24)**는 서론 부분에 작성했으므로 삭제해도 무방합니다. 대신 현재 회사의 상황과 나의 결심 등을 연결해서 기술하는 게 좋습니다. 예를 들어 기업환경(business environment)은 항상 변하기 때문에 이것이 직무와 관련해서 어떤 의미인지 덧붙이면 좋습니다. 그래서 the work of the HR department is also evolving accordingly라고 하면서 인사업무도 마찬가지로 변한다고 기술할 수 있습니다(수정본 **(23)**). 다만 앞에서 changes라고 했으니 evolving을 사용하면 의미를 확대하면서도 다른 표현을 사용하게 되므로 효과적입니다. 이렇게 구체적으로 쓰면 나의 결심도 변화된 환경에 맞춰야 하니 조금 더 구체적으로 쓰게 됩니다. 그리고 변한다고 했으니 **(24)**에서는 dynamic을 붙이면 더 좋습니다.

그리고 나의 결심은 I am eager to라는 표현을 사용하면 됩니다(수정본 **(25)**). 그 다음에 맺는 말은 Moreover, I genuinely hope to contribute to your efforts in expanding your business in Korea and beyond.라고 수정했습니다. 이 문구에서는 회사가 확장한다는 내용을 담고 있어 글쓴이가 회사에 대해 조사했다는 증거를 포함하면서도 나의 의지와 연결하여 contribute to your efforts in expanding your business in Korea and beyond라고 나타낼 수 있습니다.

전체적으로 내용이 잘 연결되어 있고 나의 주장과 이 주장을 뒷받침하는 예들을 적절히 연결했습니다. 물론 문법이나 어휘, 그리고 표현이 어색한 부분은 조금 더 수정해야 할 필요가 있습니다. 그런 경우에는 원어민이나 주변 지인에게 한 번 더 교정을 받아보는 것을 추천합니다. 최근에는 온라인에서 자동적으로 proofreading을 해주는 프로그램이 많아졌으므로 이를 활용하는 것도 좋습니다.

언어 형식에 관한 교정
• 문법(grammer) • 부적절한 단어(inadequate word) • 어색한 표현(awkward expression)

내용 점검
• 연결 담화(connected discourse) • 논쟁(argumentation) • 실질적인 주장(substantiating argument)

그림 14-2 글 수정 시 살펴봐야 할 항목

이렇게 문장 간이나 문단 간의 연결성을 고민하는 과정에서 글쓰기 능력이 향상되고, 이와 더불어 생각을 정리하고 구안하는 과정을 통해 여러분의 사고를 확장하거나 세밀하게 고안해 내는 능력이 발전하게 됩니다. 논리적 위계성을 만들어주는 어휘나 문구를 생각해야 되고, 내용을 어떻게 나열해야 할지, 그리고 어떻게 소개하고 증명해야 할지 고민하다 보면 비판적이고 창의적인 논리가 도출되는 것입니다.

이제 논리적 글쓰기를 마무리할 때입니다. 글쓰기는 실제로 글을 작성해 봐야 늘기 때문에 이를 체계적으로 연습하기 위한 다양한 작업을 해왔습니다. 영어 글쓰기는 꾸준히 해야 서서히 발전하기 때문에 다음과 같은 방식으로 역량을 키워나가기 바랍니다.

1. 꾸준히 영어 쓰기를 연습한다.
2. 영어를 다루는 각종 수업에 참여한다.
3. 교재 기반의 글쓰기 방법을 터득한다.
4. 짧은 글로 연습한 다음 이를 확장시킨다.

마지막으로 논리적인 글을 쓰기 위해서는 글에 연결성이 있어야 하고, 주장이 드러나야 하며 주장을 지원하기 위해 예증을 사용해야 합니다.

영어 글쓰기는 많은 사람들이 우려하듯이 결코 정복할 수 없는 산이 아닙니다. 글쓰기 역량은 꾸준한 연습과 적절한 방법이 조합된다면 차츰 발전할 수 있습니다. 특히 주장하는 글쓰기 영역이라면 더더욱 그렇습니다.

참고문헌

1. Bean, J., 「Engaging ideas (2nd Ed.)」, Jossey–Bass, 2011
2. Brishtel, L 외, 「Mind wandering in a multimodal reading setting」, Sensors, 20, 2546, 2020.
3. Brooks, D., 「The Olympic contradiction」, The New York Times. July 26, 2012
4. Cook, C., 「Line by line: How to improve your own writing」, Houghton Mufflin, 1985
5. Cooper, S & Patton, R, 「Writing logically, thinking critically(7th Ed.)」, Pearson, 2011
6. Elbow, P., 「Writing with power : Techniques for mastering the writing process」, Oxford University Press, 1981
7. Gage, J., 「Why write? in Petrosky(Ed.)」, the teaching of writing. University of Chicago Press. 1996
8. Gaiman, N., https://www.neilgaiman.com
9. Gill, C. M., 「Essential writing skills for college&beyond」, Oxford, 2014
10. Halliday, M. A. K & Matthiessen. C., 「An introduction to functional grammar」, A hodder Arnold, 2004
11. Hinkel. E., 「Second language writers' text」, Lawrence Erlbaum, 2002
12. Hubbard, R. S & Power, B. M., 「The art of classroom inquiry(2nd Ed.)」, Heinemann, 2003
13. Lamott, A., 「Shitty first draft In P.Eschholz,A.Rosa,&V.Clark(Eds.)」, Language awareness: Readings for college writers. Bedford/St. Martin's, 2005
14. Kantz, M, 「Helping students use textual sources persuasively」, College English, 52, 74–91, 1990
15. Kristoff, N., 「The Olympic contradiction」, The New York Times, Oct 10, 2015
16. Lee, Y., 「Quality of coherence among passages in source–based writing by Korean writers of English」, English Language & Literature Teaching, 22, 271–292, 2016
17. Marton, F & Saljo, R., 「On qualitative differences in learning」, British Journal of Educational Psychology, 46, 4–11., 1976
18. Paltridge. B., 「Discourse analysis: An introduction(2nd Ed.)」, Continuum, 2012
19. Samovar, L., Porter, R.&McDaniel, E., 「Intercultural communication : A reader (13th Ed.)」, Thompson Wadworth, 2012
20. Swales, J & Feak, C., 「Academic writing for graduate students(2nd Ed.)」, University of Michigan Press, 2004
21. Sawyer, K., 「Explaining creativity: The science of human innovation」, Oxford University Press, 2011

22. Schleppegrell, M., 『The language of schooling : A functional linguistics perspective』, Lawrence Erlbaum, 2004
23. Shaughnessy, M., 『Error and Expectations』, Oxford University Press, 1977
24. Turner, A.,『Seven secrets to improve your English writing』, http://www.hanyang.org
25. Williams, J. & Colomb., 『Style: Lessons in clarity and grace(10th Ed.)』, Pearson, 2010
26. 금동철, 『비판적 읽기와 논리적 글쓰기』, 연암사, 2016
27. 김용규, 『설득의 논리학』, 웅진지식하우스, 2020
28. 채석용, 『논증하는 글쓰기의 기술』, 메디치, 2011

찾아보기

찾아보기

찾아보기

ㅈ

ㅊ

찾아보기